아우구스티누스
AUGUSTINUS
『고백록』
CONFESSIONES
강의

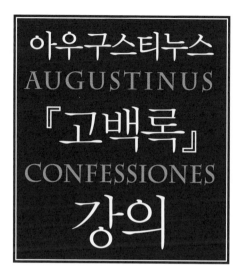

아우구스티누스
AUGUSTINUS
『고백록』
CONFESSIONES
강의

가토 신로 지음 | 장윤선 옮김

교유서가

머리말

　이 책은 내가 소년 시절부터 60년 넘게 '철학 공부'를 해오면서 아우구스티누스의 『고백록』을 어떻게 배우고, 또 그 책에 어떻게 심취해 살아왔는지를 밝히는 솔직한 '고백'입니다. 직접적으로는 1997년 4월부터 1998년 7월까지 내가 속한 가톨릭 마쓰바라 교회(도쿄)에서 신자들에게 했던 강의를 바탕으로 이번에 새롭게 쓴 것입니다.

　되도록 많은 이들이 『고백록』의 매력을 알고, 그 힘을 느낄 수 있도록 하는 것이 나의 취지입니다. 다만 본서를 처음 펼치면 라틴어 인용이 많다는 점에 놀랄 수도 있겠지만, 라틴어 부분을 모두 건너뛰고 읽어도 이해할 수 있도록 썼습니다. 라틴어를 조금 배웠거나 또는 배우고자 하는 경우, 『고백록』의 라틴어 원문의 맛이나 그 영적인 깊이를 함께 느껴보는 것도 좋겠다고 여겨왔습니다. 그래서 라틴어 원문을 자주 인용한데다, 장황하다고 여겨질 정도로 라틴어 용어를 애써 설명했습니다. 오랜 기간에 걸쳐 『고백록』에 익숙해져 있는 독자들에 힘입어, 나의 미흡한 독해를 보완하고 수정할 수 있게 된다면 다행이겠습니다.

일본어 번역으로는 야마다 아키라[山田晶, 1922~2008] 선생의 번역(『고백』, 주오코론샤, 1968/1978)을 전면적으로 활용했습니다.

『고백록』의 권·장·절은 라틴 숫자 대문자, 라틴 숫자 소문자, 아라비아 숫자로 표시하고, 『고백록』이라는 명칭을 생략했습니다. 예를 들면, III, iii, 5~6은 『고백록』 제3권 3장 5절부터 6절까지라는 뜻입니다. 『고백록』의 장·절은 아우구스티누스 자신이 아니라 후대 사람들이 붙인 것이고, 게다가 장·절의 번호는 각각 독립적으로 붙어 있습니다. 예를 들면, 위와 같이 III, iii, 5~6이라고 해도, 3장 앞부분에 1절부터 4절까지가 앞서 있는 것이 아닙니다. 3권의 경우를 예로 들면, III, i, 1; ii, 2~4; iii, 5~6; iv, 7~8; v, 9와 같이 되어 있습니다. 라틴어 원문은 Bibliotheque Augustinienne, Œuveres de Saint Augustin 13, *Les Confessions*, Livres I~VII; 14, *Les Confessions*, Livres VIII~XIII(Paris, 1962)을 사용했습니다. 본서에서 인용할 때는, 각 권의 맨 처음만 대문자로 표기했습니다. 그리스 문자는 라틴 문자로 쓰고 이탤릭체로 표기했습니다.

관련 문헌은 처음 인용하는 경우에는 서명, 논문명, 게재잡지명 등을 상세히 표기했고, 같은 문헌을 재인용하는 경우에는 첫 부분을 명기했습니다. 나의 저서와 논문 인용은 권말에 수록한 저자 관련 문헌 일람의 번호와 연대를 표기했습니다.

일러두기

1. 이 책은 加藤信朗, 『アウグスティヌス『告白録』講義』(東京: 知泉書館, 2006)를 완역한 것입니다.

2. 『고백록』 원문의 번역은 기본적으로 선한용 역, 『성 어거스틴의 고백록』(대한기독교서회, 2003/2015)을 참고했습니다. 라틴어 구절의 강조나 인용 여부에 따라 일본어 번역문의 어순과 문장 구성이 한국어판 고백록과 일치하지 않는 경우에는, 저자 가토 신로의 일본어 번역문을 한국어로 다시 번역해 조정했습니다. 또, 가토 신로가 본인의 번역임을 강조했거나, 야마다 아키라의 번역을 언급하며 자신의 번역과 비교한 경우에도, 해당 일본어 번역문을 한국어로 다시 번역해 그 차이를 비교할 수 있도록 했습니다.

3. 원서에 자주 등장하는 '憐れみの業(불쌍히 여기는 일)'이라는 표현은 대부분의 경우 '은총'이라고 옮겼습니다.

4. '예수' 또는 한국어 표기 '그리스도'에 해당하는 가타카나 표기 'キリスト'는 모두 '크리스트'로 옮겼습니다(예: 크리스트교, 예수 크리스트 등).

5. 원서에서 '神'으로 번역되어 있는 라틴어 'deus'는 문맥에 따라 '신' 또는 '하느님'으로 표기했습니다.

6. 성서의 번역은 『성경』(한국천주교주교회의, 2005)을 따랐습니다.

1강

『고백록』이라는 책

_오늘날 아우구스티누스를 배우는 의의

이제부터 15회에 걸쳐 아우구스티누스의 『고백록Confessiones』이라는 책을 여러분과 함께 읽고, 오늘날 아우구스티누스를 읽는 의의도 짚어보려 합니다.

우선 『고백록』이라는 책에 관한 일반적인 이야기를 하겠습니다.

『고백록』은 아우구스티누스가 주교로 서품 받은 후인 기원후 400년경, 그로부터 약 10여 년 전(386년)에 겪은 자신의 회심 과정을 떠올리며, 자신을 회심으로까지 이끈 신의 사랑의 위대함을 칭송하기 위해 쓴 책입니다. 자기 스스로를 돌아보고, 지난날의 자신을 숨김없이 있는 그대로 표명하려 한 것으로, 유럽 문예사에서는 내성內省문학 또는 자전문학(autobiography)의 효시로 여겨집니다.

그러나 그것은 자신의 과거를 속속들이 파고들어, 남들에게 자신의 비밀을 밝히고자 하는 주관적 폭로문학과는 다릅니다. 그것은 아우구스티누스라는 개인에게 신의 은총이 어떻게 실현되었는가에 관한 기록입니다. 따라서 그것은 때로는 그 스스로도 당시에는 알 수 없었던 사건 속에서 신의 숨겨진 은총이 어떻게 작용하고 있었는지, 그것이 그를 어떻게 회심으로 이끌었는지를 말해주는 것이면서, 또한 그것을 위한 탐구이자 기록이기도 합니다. 아우구스티누스는 여기에서 자신을 돌아보고, 스스로에게 물으면서 자신의 과거를 있는 그대로 밝혀가려고 합니다. 그런 의미에서 이것은 자기 자신과의 대화입니다. 그러나 이러한 있는 그대로의 자기 과거는 가끔은 스스로에게도 숨겨진 것이므로, 있는 그대로의 자신이 무엇이었는가를 진리 자체인 신에게 물어보고 그 답을 기다려야만 합니다. 따라서 이러한 자기와의 대화는 진리 자체인 신과의 대화를 통해 이루어집니다. 그렇기 때문에 여기에서는 자기의 진실은 자신만이 알 수 있다는 의미에서의 **진리의 내면성**과, 자기의 진실은 신만이 알 수 있다는 의미에서의 **진리의 초월성**이라는 두 가지가 동시에 성립됩니다. 여기에서는 단지 아우구스티누스 개인의 역사가 아니라 아우구스티누스라는 개인으로 예시된, 신과 인간의 내적인 본성적 관계가 해명되는 것이며, 나아가 인간 일반에 대한 신의 은총의 거대함이 입증되는 것입니다.

'진리의 내면성'은 『고백록』을 유럽 문예사 또는 세계 문예사에서 달리 비교할 수 없는 단 하나의 문예로 만들어주는 특징입니다. 아마도 크리스트교 문예를 통틀어, 아우구스티누스의 『고백록』에 비할 수 있는 책은 없을 것입니다. 비슷한 책들이 얼마든지 있는 책이 있는가 하면, 단 한 권뿐인 책도 있는데, 그것이 바로 '고전'입니다.

아우구스티누스의 『고백록』은 '크리스트교 문예'로서의 그러한 고전 중 하나입니다. 그것은 '크리스트교'를 자기의 생명으로 여기며 살았던 사람이 자기에게 나타난 신의 거대한 은총을 다른 사람들에게 보여주기 위해 쓴 책이기 때문입니다. 각각의 시대와 문화 속에서 '크리스트교 문예'라고 부를 만한 몇몇 예를 들 수 있을 텐데, 파스칼의 『팡세』, 도스토옙스키의 소설, 또는 토마스 아퀴나스의 『신학대전』 등이 그러한 예일 것입니다. 그에 비해 아우구스티누스의 『고백록』은 독특한 특징을 갖고 있습니다. 이것을 배우는 것이 『고백록』 읽기의 매력인 동시에 어느 시대의 누구에게라도 의미 있는 일입니다.

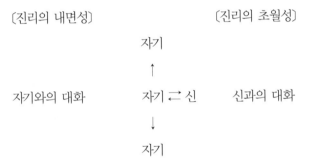

더구나 『고백록』은 서유럽의 정신세계를 형성하는 점에서 큰 의미를 지닙니다. 그것은 『고백록』이 아름답게 다듬어진 고전 라틴어로 쓰여 있고, 고대 지중해 세계의 서방 라틴어권 고전문화를 직접 계승한 서유럽의 중세 및 근대 세계에서 널리 읽히며 정신성과 영성을 형성하는 데 큰 힘을 가졌기 때문입니다. 고대 지중해 세계가 동방 그리스어권과 서방 라틴어권에 걸쳐 있다가 중세 유럽 세계가 형성되면서 이 두 문화권이 동-서의 분열을 겪고 현대에까지 이른 것은 오늘날 종교사적으로나 문화사적으로 큰 문제를 낳게 되었습니다. 이것은 중세 로마를 중심으로 하는 가톨릭교회의 종교문화권을 직접 계승한 근현대 서구 문화권과 콘스탄티노폴리스를 중심으로 하는 그리스 정교회 및 이슬람 국가들을 계승한 동방 문화권의 분열을 가져왔고, 특히 21세기에 들어 큰 문제를 일으키고 있습니다.

아우구스티누스가 살았던 세계는 아직 고대 지중해 세계가 하나의 통일성을 유지하던 시대였습니다. 그는 그리스어보다 라틴어를 사랑해서 모범적인 라틴어로 책을 썼고, 활동 범위도 서방세계에 한정되어 있었습니다. 그런 점에서 아우구스티누스의 사색의 세계에 고유성이 갖춰졌고, 이것이 서방 유럽 세계의 정신성을 형성하는 데 힘을 가졌던 것은 확실합니다. 그러나 아우구스티누스는 이러한 고대 지중해 세계에서 자라고 그 안에서 살았던 인물이므로, 그의 내면에는 동방적 요소도 살아 있었습니다. 그래서 그에게는 이후의 서방세계로 향하는 면과, 이전의 동방세계를 포함하는 지중해 세계의 전체성을 유지하는 면이라는 양면이 있습니다. 아우구스티누스가 이런 양면을 지닌 인물임을 인식하는 것이 우리에게는 특히 중요하다고 봅니다. 서구 세계에서 바라볼 때에는 놓치기 쉬운 아우구스티누스의 이런 면을 주시하는 것은 오늘날의 지구화 시대에 요구되는 인류 공통의 이해를 만들어내는 데도 매우 중요하다고 생각합니다. 우리가 아우구스티누스를 배우는 의의도 거기에 있습니다.

『고백록』이라는 제목에 대해

『고백록』이라는 책제목의 원어 confessiones는 confessio라는 명사의 복수형입니다. confessio는 confiteor라는 동사에서 유래했는데, confiteor는 con-이라는 강조의 접두사와 '말하다'를 뜻하는 fateor로 이루어진 합성어입니다. fa라는 것은 인도유럽어에서 '말하다'를 의미하는 어근입니다.[1] 따라서 confiteor는 '확실히 그렇다고 말하다'라는 뜻입니다. 또 fateor의 어미 -or는 동사의 수동형에 붙는 어미입니다. 이 수동형은 동사의 동작이 자기 자신에게 돌아오는 경우에 사용되는 형태입니다. 그래서 confiteor라는 동사는 자신과 관계 있는 것을 표현하고, 자신이 확실히 그러하다는 점을 분명하게 확언하는 것으로, '자기 자신의 진실'을 표명한다는 의미를 갖고 있습니다. 그러므로 그것은 '고백하다'라는 의미를 갖게 됩니다.[2] 이러한 자신의 진실은 『고백록』의 경우 '신으로부터 벗어나 있던 본연의 자기'인 동시에, '신으로부터 떨어져 있던 본연의 자기이자, 있는 그대로의 신의 은총'이기도 합니다. 거기에 자신의 진실이 있는 것입니다. 회심한 아우구스티누스에게 자신의 진실을 그대로 밝히는 것은 그 자체로 신의 은총의 위대함을 나타내는 것이기도 합니다. 따라서 이 '고백'은 주관적인 죄의 고백이 아니라 신의 은총을 표명하는 것이고, 신의 위대함에 대한 '찬미'인 것입니다. 그렇기 때문에 『고백록』은 곧 『찬미록』이기도 합니다.[3]

아우구스티누스의 생애와 저작

먼저 아우구스티누스 생애의 주요 내용을 살펴보겠습니다.

생애

아우구스티누스는 354년, 북아프리카의 로마 제국 속주 중 하나였던 누미디아의 소도시 타가스테Thagaste에서 태어났습니다. 이곳은 오늘날 알제리의 수크 아라스Souk Ahras인데, 훗날 아우구스티누스가 주교를 지냈던 히포 레기우스(오늘날 알제리의 안나바Annaba)로부터 남쪽으로 100km 떨어진 곳입니다. 아버지 파트리키우스Patricius는 비크리스트교도[4] 로마인으로, 유복하다고는 할 수 없지만 얼마간의 토지를 소유하고 있었고, 타가스테의 참사회원(decurio)을 지냈습니다.[5] 어머니 모니카Monnica는 크리스트교도[6]로, 아우구스티누스는 어린 시절에 어머니의 영향으로 크리스트교의 분위기 속에서 자랐습니다. 이렇게 아우구스티누스가 당시 로마 제국의 변두리였던 아프리카 소도시 출신인데다 유복한 가정에서 태어난 것도 아니고 또 뼈대 있는 가문 출신도 아니었던 점은 장차 그의 교양과 사상의 형성에서 중요한 역할을 합니다. 이는 나중에 아우구스티누스가 밀라노에서 회심할 때에 큰 영향을 끼쳤던 암브로시우스의 출신 배경과 비교해보면 확실하게 드러납니다. 암브로시우스는 로마의 유수한 가문 출신으로, 아버지가 갈리아의 장관을 지내고 있을 때에 아우구스타 트레베로룸(독일 트리어)에서 태어나 귀족 자제로서의 교양을 어린 시절부터 익히며 로마에서 변론술 (rhetorica)을 배웠고, 당시 로마 황제가 머무르던 밀라노 지방의 주지사로 임명되어 부임했습니다. 암브로시우스가 밀라노의 주교가 된 것은 민중의 요청에 따른 일이었다고 합니다. 훗날 아우구스티누스가 밀라노에 변론술 교사로 부임했을 때, 두 사람 사이에는 출신상의 격차가 컸을 것으로 짐작됩니다. 더구나 교양과 사상 형성 면에서도 큰 차이가 있었고, 이것이 아우구스티누스의 정신세계를 독특하게 구성했습니다.[7] 또 아우구스티누스에게 아프리카 토착민인 베르베르인의 피가 섞여 있었는지 여부는 확증하기 어려운 듯합니다. 로마의 속주가 된 뒤에 이주해온 로마인과 토착민 사이에는 피가 제법 섞였을 것으로 생각되지만, 아우구스티누스의 부모도 그러했으리라는 확실한 증거는 없습니다. 적어도 그의 집에서는 라틴어가 모어였기 때문에, 라틴 문화권에서 태어나 자랐던 것으로 봐야 할 것입니다.[8]

학업에 소질이 있었던 아우구스티누스는 고향과 인근의 소도시 마다우라Madaura에서 초중등 교육을 받은 후, 고향의 한 유력자의 도움으로 370년에 대도시 카르타고로 유학하여, 당시 최고의 교육과정을 이수하고 변론술 교사가 되었습니다. 이 점에서도 아우구스티누스의 가문이 훌륭하고 유복한 가문은 아니었다는 것을 알 수 있습니다.[9] 카르타고에서의 학습을 통해 그는 당시의 로마식 생활에 익숙해졌고, 어린 시절의 크리스트교적 분위기로부터 멀어지게 되었습니다. 연극 관람을 즐기거나 검투경기장에 드나들었고, 애욕을 추구하며 한 여성과 함께 살다가 아들을 얻었습니다. 학생으로서

대학에서 공부하는 동안, 어린 시절의 크리스트교적 분위기는 잊은 채 당시의 로마식 생활을 하게 되었습니다. 수재였던 것은 틀림없지만, 이때는 타락에 젖어 있었노라고 훗날 고백하게 됩니다.

열아홉 살 때의 학습 과정에서 키케로Cicero의 저작 『호르텐시우스Hortensius』(철학을 권장하는 내용으로, 오늘날에는 전하지 않음)를 접하고 '불멸의 지혜(immortalitas sapientiae)'(III, iv, 7)를 향한 사랑에 몰입했다고 합니다. 『고백록』에 따르면 이것이 그에게 주어진 신에 대한 회귀의 첫 계기입니다. 그러나 키케로의 책에는 어린 시절에 익숙했던 예수의 이름이 없어서 만족하지 못하고 성서를 펼쳤습니다. 다만 성서의 문체는 키케로와 비교할 수도 없었고, 익숙해지기도 어려웠습니다(III, iv, 8). 그러다가 진리를 가르친다고 주장하는 마니교에 몸담게 됩니다. 마니교는 선악의 두 가지 원리를 세운다는 데에 특징이 있는 페르시아 기원의 종교인데, 합리적인 형태로 진리를 가르쳐준다는 점에서 아우구스티누스는 여기에 의지하려고 했습니다.10

그후 한동안 고향에서 변론술을 가르친 후 카르타고로 떠나, 그곳에서 변론술을 가르칩니다. 그때 마니교도 학자로 유명한 파우스투스Faustus와 만났으나 특별한 인상을 받지는 못했고, 이런 경험에서 아우구스티누스는 마니교로부터 멀어지게 된 듯합니다. 『고백록』의 서술에 따르면, 신에게 되돌아가는 과정의 시작은 다음 두 가지에서 찾을 수 있을 것입니다. 하나는 키케로의 책을 읽고 불멸의 지혜에 대한 동경에 사로잡힌 것입니다. 그러나 그것은 오히려 그를 크리스트교로부터 멀어지게 하고 마니교 쪽으로 돌려세웠습니다. 또

하나, 그가 마니교에서 가장 위대한 인물이라고 여기던 사람을 만나보니 그리 대단한 인물은 아닌 듯해서 자연스레 마니교에 대한 열정이 식었고, 따라서 신으로부터 멀어지려던 마음도 한풀 꺾이면서 그는 마니교로부터 벗어나게 되었던 것입니다. 『고백록』에서 말하고 있는 것은 그러한 내용으로, 이처럼 신의 보이지 않는 손이 움직이고 있었음을 밝혀가는 것이 『고백록』이라는 책입니다.

그러나 어디에서 불멸의 지혜를 구하면 좋을지, 어떻게 하면 좋을지 모르는 채로, 그 시기 철학에서 중요한 학파의 하나였던 회의주의파의 주장에 따라 모든 동의를 보류하려 했습니다. 뭔가를 그렇다고 하는 단정은 결코 할 수 없으며, 인간은 그러한 근거를 가지고 있지 않다는 것이 아카데미아학파의 회의론입니다. 그러한 회의론에 이끌려, 지식인의 길은 진리의 발견이 아닌 진리의 탐구에 있다고 한 것인데, 아우구스티누스에게는 그것이 불가능했습니다. '모든 동의를 보류하는' 것은 '스스로를 옥죄는' 것이어서 숨이 막히는 듯했습니다(VI, iv, 6; cf. V, xiv, 24~25).[11] 따라서 무척 번민하게 되고, 이것이 『고백록』의 서술에서는 신에게 되돌아가는 첫 여정이 됩니다.

384년에는 밀라노로 가서 그곳 주교 암브로시우스Ambrosius와 만났습니다. 이것이 결국 아우구스티누스를 회심으로 이끌게 됩니다. 그 계기 역시 『고백록』의 서술에 따르면, 암브로시우스가 변론 분야에서 매우 뛰어난 인물로 알려져 있어서 대체 이 사람이 그 분야에서 어느 정도나 뛰어난지 관찰해보겠다는 기분으로 교회에 나가 암브로시우스의 설교를 들었다고 합니다(V, xiii, 23). 그런데 그 설교가 예상했던 것과는 아주 달라서 상당히 놀랐던 모양입니다. 암브로시우스의 주위에는 지적인 크리스트교도 집단이 있었는데, 그들은 크리스트교를 하나의 철학적 종교로 중시한 플라톤주의 집단이었던 것 같습니다.[12] 아우구스티누스는 여기에서 그들과 접촉하게 되었고, 이로써 그의 내면에서 큰 전환이 일어나기 시작한 듯합니다. 여기에서는 세 가지 요소를 구별할 수 있습니다. 하나는 당시의 플라톤주의자, 즉 플라톤의 학설을 새롭게 다시 연구하고 서술하려 했던, 철학사에서는 신플라톤주의라고 하는 학파[13]를 창시한 플로티노스의 저작을 처음으로 접했던 것입니다. 라틴어 번역[14]을 통해서이긴 했지만, 플로티노스라는 그리스 철학자의 책을 직접 접한 경험은 아우구스티누스에게 영적 존재(=정신)의 자존성, 즉 정신이 정신 그 자체로 존재한다는 것을 가르쳐주었습니다. 정신의 자존성이란, 인간은 정신과 육체로 이루어진다고 해도, 그 정신은 육체에 의존해 존재하는 것이 아니라 정신은 정신 그 자체로, 즉 자기로서 존재한다는 것입니다. 반대로, 물체적 사물은 오히려 그 자체로 존재하는 것이 아니라, 영적인 존재에 의존해 존재하는 것입니다. 이렇게 존재하는 것들 사이에 있는 존재의 질서와 근거형성의 구조를 플로티노스의 철학으로부터 배웠다는 것입니다. 이것이 당시 아우구스티누스가 고민하던 악의 존재 근거에 관한 난제를 해결해주었습니다. 그것은 악의 비자존성이라는 것으로, 요컨대 악은 그 자체로서 존재하는 것이 아니라는 점입니다. 왜냐하면 존재한다고 말할 수 있는 것은 반드시 모종의 완전성을 갖춘 하나의 완전한 것이어야 하며, 이렇게 완전성을 가진 것을 두고 거기에 하나의 결함이 있다고 할 경우, 그 결함이자 존재를 훼손하는 것이 악이기 때문입니다. 따라서 선한 존재를 전제하지 않고서는 악도 없다는 것을, 플라톤 철학을 공부함으로써 알게 되었다는 것입니다. 그리하여 아우구스티누스는 마니교의 이원론으로부터 해방되었습니다. 이원론은 선과 악이 대등한 자격으로 대립하며 존재한다고 주장하는 것이므로, 이 이원론으로부터 해방되면 물질주의로부터도 해방되는 동시에 아카데미아학파의 회의론으로부터도 해방되는 셈입니다.

또하나, 아우구스타 트레베로룸의 궁정 신하들 사이에 크리스트교적 수도생활의 완덕完德이라는 이상에 대한 갈망이 있어서, 이것이 아우구스티누스를 크게 각성시켰습니다. 그 무렵에 『안토니우스의 생애』라는 책[15]이 읽혔는데, 로마식의 사치스러운 생활을 포기하면서 모든 것을 버리고 사막의 수도생활로 들어가는 것이 완덕의 길이자 진정한 생명의 길이라고 강조했고, 실제로 궁정 신하 중에서 관직을 버리고 그런 생활로 돌아선 사례가 소개되었습니다(VIII, vi, 15). 이것이 실제 생활에서의 일로 고민하고 있던 아우구스티누스를 강하게 자극했던 것입니다.

그리고 또 한 가지는, 암브로시우스의 설교가 가르친 성서의 영적 독해법이 성서 서술의 유치함이라는 방해 요소를 제거해주었다는 점입니다. 이것은 암브로시우스의 설교에서 자주 반복된 '문자는 사람을 죽이고 성령은 사람을 살립니다'(『코린토스2』 3:6)라는 바울 서간의 구절에 제시된 부분입니다. 성서의 외면적 문자에 사로잡혀서는 안 되고, 문자가 나타내는 영적 의미를 이해해야 한다는 가르침이 그것입니다.[16] 아우구스티누스의 경우에는 인간과 같은 존재로 의인화되어 있는 구약성서의 신이 오히려 『성서』에 가까이 다가서는 것을 방해했는데, 암브로시우스의 이와 같은 말에 의해 그런 곤란에서 벗어날 수 있었습니다.

이러한 것들에 힘입은 바울 서간 읽기는 아우구스티누스를 최종의 회심으로 이끌게 됩니다. 그 절정은 『정원 장면』(VIII, xii, 28~30; cf. VIII, viii, 19)에서 극적으로 서술되어 있습니다. '들고 읽어라(tolle, lege)'라는 아이들의 노랫소리를 듣고 성서를 펼쳤고, 바울의 말씀 '음악을 즐기고 술에 취하는 일 없이, 예수 크리스트를 입어라'라는 구절을 보고 눈물이 흐른 그 순간에 극적으로 회심이 일어났다는 것이 『고백록』의 설명입니다.

회심 후에는 교사 자리에서 물러나 밀라노 근교 카시키아쿰 Cassiciacum에 있던 지인의 별장에서 어머니, 젊은 친구들과 함께 이듬해(387년 부활제)의 세례를 준비하는 수행(관상) 생활을 했습니다. 이곳에서 쓴 저작이 오늘날 남아 있는 첫 저작들로, '카시키아쿰 저작'이라 불립니다. 또한 이 무렵부터 집중적으로 시도한 성서 연구는 그의 크리스트교 신자로서의 영적 성숙을 도왔고, 그의 내면에 크리스트교 사상을 형성해나갔습니다.

세례를 받고 나서 고향으로 돌아가는 배를 기다리는 동안, 로마의 외항 오스티아에서 어머니는 세상을 떠났습니다. 『고백록』의 자전적 서술은 여기에서 끝납니다. 『고백록』은 제13권까지 계속되지만, 자서전 부분은 제9권에서 마무리됩니다.

귀향 후에는 친구들과 함께 크리스트교적 연구생활에 나섰는데, 마침 후계자를 찾고 있던 히포의 주교 아우렐리우스Aurelius의 눈에 띄어 사제가 되었고, 그후 396년에 히포의 주교가 되었습니다. 처음에는 철학적인 생활을 하고 싶었지만, 일련의 계기로 이렇게 사제가 되고 주교가 되었습니다. 고대의 교회에서 사제가 되거나 주교가 되는 데는 이러한 과정이 있었던 모양입니다. 오늘날의 교회 제도를 전제한다면 이런 경우는 머리에 떠올리기 어렵겠지만, 크리스트교가 원초의 생명을 유지하고 있던 고대에 그와 같은 일이 있었다는 점은 지금 다시 생각해봐도 좋을 듯합니다.

그동안 성서연구는 계속되었고, 분주한 교회사목 생활 속에서도 저술활동 역시 활발하게 계속해나갔습니다. 그 저작들은 당시는 물론이고 현대에 이르기까지 꾸준히 영향을 끼쳤습니다.

아우구스티누스는 북방의 반달족이 아프리카로 침입했던 430년에 세상을 떠났습니다.

이쯤에서 그의 생애와 관련해 더 주목해두면 좋을 두세 가지를 언급해놓고 싶습니다.

(a) 태어난 지역은 타가스테, 학업에 나선 지역은 카르타고, 그후 로마와 밀라노에서 교사, 회심, 귀향, 히포의 주교와 같이, 아우구스티누스가 생애를 보냈던 장소는 경도상으로는 거의 같은 선 위에 있음을 알게 됩니다. 이것은 동시대 사람이었던 히에로니무스 Hieronymus(영어로는 제롬Jerome)와 비교하면 차이가 뚜렷한데, 거기에서 아우구스티누스의 사상 형성의 바탕을 인식할 수 있습니다. 즉, 아우구스티누스는 지중해의 동서가 하나였던 시대에 태어나기는 했지만, 주로 서쪽인 라틴 세계에서 살았던 인물인 것입니다.

(b) 학업에 나선 지역인 카르타고는 포에니 전쟁(기원전 218~146)에서 로마와 싸우다가 결국 패배하고 지중해의 패권을 넘겨주게 된 나라의 도시입니다. 원래는 페니키아계 도시이자, 아프리카적인 정열의 도시였습니다. 아우구스티누스가 살았던 시대에 크리스트교는 이미 로마의 국교가 되어 있었고, 로마 황제는 크리스트교도였습니다. 카르타고에도 박해시대부터 유명한 크리스트교 사상가나 주교가 있었습니다. 그러나 아우구스티누스의 경우에 카르타고에 가서 변론술을 배우는 것은 고대의 교양으로서의 학문을 배우는 것이었지, 크리스트교적 학문을 익히는 것은 아니었습니다. 카르타고에는 고대 로마의 어떤 도시에나 있을 법한 극장도 있었고, 검투경기장도 있었습니다(cf. III, ii, 2~4; VI, vii, 11~12). 아우구스티누스와 절친한 사이였던 아리피우스는 특히 검투경기장을 좋아했다고 『고백록』에 나와 있습니다(VI, vii, 11~12). 으레 그런 생활이었습니다. 이것은 이후의 크리스트교적 유럽에서는 '이교적'이라고 여겼을 테지만, 당시로서는 당연한 일이었습니다. 그런 의미에서는 우리가 오늘날 대도시에 살면서 유명 대학에 들어가 어딘가에 취직하는 것 같은 상황과 아주 유사합니다. 아우구스티누스도 그랬습니다. 그래서 어린 시절에 접한 크리스트교는 잊어버렸던 것입니다. 물론 카르타고에도 교회나 주교가 있었지만, 카르타고의 교회에는 별로 가지 않았을 것으로 짐작됩니다.

(c) 역시 카르타고에 대해서는 언급해둘 것이 더 있습니다. 카르타고는 고대고전기 이후, 지중해를 제패하고 있던 카르타고라는 나라의 수도였습니다. 아우구스티누스는 어린 시절 공부할 때에 베르길

리우스의 『아이네이스』를 탐독하며 디도의 죽음에 눈물을 흘렸다고 술회했습니다(I, xiii, 20). 카르타고의 여왕 디도는 표류해온 아이네아스를 따뜻하게 맞아주었고, 아이네아스를 사랑했습니다. 디도는 분명 아이네아스가 이후에도 오랫동안 자기 곁에 머무르며 자신의 동반자이자 카르타고의 왕으로서 남아주리라고 믿고 있었을 것입니다. 그러나 신의 뜻은 이와 달라서, 아이네아스에게는 이탈리아로 건너가 그곳에서 로마 도시의 기초를 다지라는 사명이 부여되어 있었습니다. 이러한 신의 의지를 거스르지 않고, 아이네아스는 디도를 버린 채 배를 타고 떠났습니다. 디도는 그를 뒤쫓도록 명령하지만, 아이네아스의 냉정한 태도와 스스로의 덧없는 운명을 한탄하며 직접 목숨을 끊는다는 것이 이 대목의 『아이네이스』 내용입니다. 젊은 아우구스티누스는 이런 디도의 덧없는 운명을 슬퍼하며 눈물을 흘렸다고 합니다. 고향 아프리카 여왕의 운명에 대한 공감, 이를 냉정하게 팽개친 로마 건국의 시조 아이네아스에 대한 분노가 이후에도 아우구스티누스의 내면에 잊을 수 없는 이야기로 간직되었으리라는 점은 상상하기 어렵지 않습니다. 로마는 아우구스티누스에게 어디까지나 그의 출신지인 아프리카에 대한 정복자이자 지배자일 뿐이었던 것이 아닐까요. 로마의 유력가문들로부터 느끼는 소외감은 분명 그의 내면에 오래도록 남아 있었을 것입니다. 로마는 크리스트교 신자인 황제를 받아들였지만, 아우구스티누스에게는 역시 디도를 외면해버린 아이네아스에게서 비롯되어 로물루스가 아우를 살해하고 세운 나라, '지상의 나라'일 뿐이었습니다.[17]

(d) '변론술'에 관해서입니다. 변론술 학습은 당시에는 최고의 학

습 과정이었습니다.[18] 이 시대의 변론술이란 우선 고대 그리스·로마의 고전 전적들을 배우며 교양을 쌓는 것이었고, 나아가 어떻게 논술을 구성할지, 그 방식을 익히는 것이었습니다. 그것은 곧 말을 통해 상대를 설득할 방도를 확보하는 것이었습니다. 변론술이란 기원전 5세기에 그리스에서 발달한 인간의 자기교양을 향한 길입니다. 변론술이란 '영혼을 이끄는 것(*psychagoge tis*)'[19]이라는 정의는 그것을 잘 나타냅니다. 이론적인 학문인식이 아니라, 실제적인 논법의 학습이었습니다. 그것에 의해 얻을 수 있는 것은, 정치적 사안에 대해 어떤 식으로 논의를 펼쳐나가고 정치적 논리를 세울 것인가, 법정에서는 어떻게 대응할 것인가, 상대에게 고소당했을 때는 자신의 정당함을 어떻게 변호할 것인가, 나아가 어떤 공적인 식전에서 어떻게 발언할 것인가 등의 논의 방식입니다. 아리스토텔레스의 『변론술』이라는 저작의 도입부에서 제시하는 변론의 세 종류는 그러한 것들입니다.[20] 일본의 전통적인 교양으로 이해한다면, 에도 시대의 유학 공부가 대체로 그런 내용이었다고 볼 수 있을 것입니다. 그것은 중국에서도 마찬가지로, 사서오경 학습을 통해, 황제의 고관이 되면 어떻게 시를 지을 수 있을까, 각종 사안을 어떤 식으로 논의해나갈 수 있을까를 배우는 것과 비슷한 절차가 로마 시대에도 있었던 것입니다. 로마 시대에 이것은 키케로, 퀸틸리아누스 등의 인물에 의해 좀더 새로운 형태로 구체화되었습니다. 더구나 아우구스티누스가 살았던 로마 시대 말기는 역시 새로운 시대였습니다. 즉, 공화정기 로마의 이상을 내건 키케로 시대, 또 토박이 로마인이 황제로 있었던 2세기까지의 로마 제정기와 달리, 토박이 로마인이 아닌 변경 출신 장군이 로마 황제가 되는 시대였습니다. 또 본고장 로마인이 아닌 사람들에게도 로마 시민권이 널리 부여되었고, 정치체제도 크게 바뀌어 있었습니다. 변론술을 배워 변론에 능한 사람은 로마 제국의 관료가 될 수 있고, 출세하면 지방고관이 될 가능성도 열려 있었습니다. 따라서 변론술을 배운다는 것은 곧 당시 최고의 학문을 익히는 것이자 지배자가 되는 법을 배우는 것이었습니다. '말하는 데에 특히 뛰어난 사람(vir eloquentissimus)'이야말로 교양의 정점에 있었고, 존경의 대상이 되었습니다.[21] 『고백록』에서는 변론술 교사였던 시절을 회고하면서 '사기술'을 팔고 있었다(IV, ii, 2)고 했지만, 당시 아우구스티누스에게는 이 세상에서의 성공이 참으로 절실한 목표였을 것입니다. 아우구스티누스의 부모 역시, 무엇보다 '당신의 충실한 존재(fidelis tua)'이며 '정결하고 경건하고 견실한 과부(vidua casta, pia et sobria)'(III, xi, 19~20)였던 어머니 모니카마저 아들의 그런 세속적 성공을 바라고 있었던 것으로 보입니다(II, iii, 8). 카르타고에서 어머니를 놔두고 로마로 향한 아우구스티누스의 가슴속에는 분명 수도 로마에서 자신의 가능성을 시험해보고자 하는 야심이 있었을 것입니다. 분명하게 서술되어 있지는 않지만, '거짓을 파는 기술'이라는 말에 그것이 잘 드러나 있고, 『고백록』이 신에게 등을 돌리는 과정으로서 이 시대를 회상하는 주된 이유에 그러한 부분이 있었다고 생각됩니다. 아우구스티누스가 로마에서 밀라노로 옮겨가, 이 황제의 도시에서 변론술 교사라는 영예로운 자리를 얻게 된 것 역시 그러한 경우로 짐작됩니다. 마니교도의 추천도 받으며 반反크리스트교적인 로마의 유력자이자 원로원의 실세 의원인 로마시장 심마쿠스에 의해 밀라노 전속 변론술 교사가 된 것이었습니다(V, xiii, 23). 그러나 그것은 암브로시우스를 만나게 되면서 크리스트교로 회심하는 계기가 되었습니다. 이것 역시 신의 보이지 않는 손이 움직인 것입니다.

저작

저작은 다수 있고, 소중하게 보존되어왔습니다. 주요 저서로는 『고백록』 전13권(397~400), 『삼위일체론De Trinitate』 전15권(399~419), 『신국De Civitate Dei』 전22권(413~426)이 있는데, 이들 세 편이 특히 중요합니다. 아우구스티누스의 가장 근본적인 사고방식이 이 세 작품 안에 표명되어 있습니다. 특히 『고백록』은 아우구스티누스의 성숙한 세계파악(세계를 어떻게 이해할 것인가, 자기 자신을 어떻게 이해할 것인가)을 처음으로 형성한 저작이라 할 수 있습니다. 그다음의 『삼위일체론』이나 『신국』은 모두 『고백록』을 전제로 전개되고 있습니다. 따라서 『고백록』을 제대로 이해하는 것은 아우구스티누스를 파악하는 데에 매우 중요한 의미를 지닙니다.

『고백록』 도입부 첫 줄의 음독

'주여, 당신은 위대한 분입니다. 크게 찬미받으실 만합니다.' 이것은 『고백록』 도입부의 첫 줄입니다. 야마다 선생의 번역과는 조금 다르지만, 내가 시도한 번역입니다. 라틴어 원문은 Magnus es, domine, et laudabilis valde.(*Confessiones*, I, i, 1)입니다. 여러분은 이 대목을 그대로 발음해보시기 바랍니다.

마그누스 에스 도미네 에트 라우다빌리스 발데.

이것은 아우구스티누스 시대에도 대체로 이렇게 발음되었고, 이렇게 들렸던 소리입니다. 무척 아름다운 소리이지요. 이것은 『시편』 구절에 근거하고 있는데, 여기에서는 아우구스티누스의 마음 깊은 곳에서 나온 소리로 울리고 있습니다. 이 첫 줄은 『고백록』의 전체 내용을 이미 표현하고 있습니다. 이것은 아우구스티누스의 마음 깊은 곳에서 나와, 아우구스티누스를 회심으로 이끈 신을 찬미하는 말이기 때문입니다. 『고백록』 전체는 이것을 위해 기술되어 있습니다. 문자 그대로 읽으면, 이것은 소리로서 울리고, 이 울림에 의해 읽는 이와 듣는 이의 마음이 요동칩니다. 마음이 말이 되고 소리가 되어 나오며, 소리는 듣는 사람의 마음속으로 스며들어 마음을 움직인다는 것이 아우구스티누스의 표현입니다.[22]

2강

제1권 도입부의 두 행에 대해

_『고백록』의 구성과 해석상의 문제

1강 마지막에서 여러분과 함께 읽는 법을 공부했던 『고백록』 도입부의 첫 문장에 대해 여기서 좀더 자세히 살펴보려 합니다. 저번에 대략적인 발음에 대해 배웠지만, 이것을 라틴어로 좀더 정확하게, 기초적인 라틴어 문법도 살피면서 공부했으면 합니다.

Magnus es, domine, et laudabilis valde.
마그누스 에스 도미네 에트 라우다빌리스 발데.

소리나는 대로 표기하면 대체로 이렇습니다. 일본의 가나문자 역시 음표문자(음성을 문자기호로 나타낸 것)입니다. 이런 점에서는 유럽어의 알파벳과 같습니다. 다른 점이 있다면 가나문자는 '음절문자'인 데 비해, 유럽어의 알파벳은 음절을 구성하는 요소를 모음과 자음으로 분절해 표기하는 것입니다. 영어에서 '음절'을 뜻하는

syllable이라는 단어는 그리스어 *syllabe*에서 유래한 말입니다. 그리스어 *syllabe*는 *syn*-과 *lab*가 합성된 말로, *syn*-은 '함께'를 의미하고, *lab*는 '잡다'를 의미하는 동사의 어간입니다. 따라서 *syllable*의 뜻은 '함께 잡을 수 있는 것', 즉 '함께 발음되는 것'을 의미합니다. 언어는 '하나로 이어진 소리의 흐름'인데, 이러한 일련의 소리의 흐름이 하나의 완결된 의미를 구성해 '그러하다'거나 '그렇지 않다', 또는 그에 대한 '긍정', '부정'을 표명할 수 있게 될 때, 이것을 '문장'이라고 부릅니다. 위의 구절에서는 magnus es가 한 문장이고, 거기에 domine라는 부르는 말이 더해져 계속해서 et laudabilis valde로 이어집니다. 이 뒷부분에는 es가 생략되어 있는 듯하며, 이것 역시 하나의 문장이라고 봅니다. 그러면 이 하나의 문장은 두 개의 문장(magnus es, domine와 et laudabilis [es] valde)으로 구성된 합성문인 셈입니다. 한 칸 띄어 표기함으로써 그 각각이 하나의 '단어'임을 나타내고 있습니다. '단어'란 '문장'을 구성하는 단위이면서 각각 하나의 의미를 지니는데, 그것만으로는 아직 문장이 아니어서 '그렇다'(긍정)거나 '그렇지 않다'(부정)고 할 수 없는 것입니다. 예를 들면 '번쩍이다'와 '번개'는 각각 일정한 의미를 가지는 하나의 단어이지만, 그것만으로는 '문장'이 아니고, '번개가 번쩍이다'라고 합쳐질 때에 '하나의 문장'이 됩니다. '단어' 역시 하나의 소리의 흐름입니다. 이런 소리의 흐름이 함께 발음되는 최소 단위(함께 발음되는 것)가 곧 '음절(*syllabe*)'입니다. 거기에서 음절문자인 가나문자로 표기되는 경우와, (음절을 구성하는 소리의 단위로, 모음과 자음으로 구별되는) 음소문자인 알파벳으로 표기되는 경우에 차이가 생깁니다. '마그누스(マグヌ

ス)'라고 가나문자로 표기한 경우, 이를 알파벳으로 표기하면 ma-gu-nu-su와 같이 4음절로 이루어지는 단어가 됩니다. 그러나 라틴어로는 mag-nus라고 표기되는, 2음절로 이루어지는 단어입니다. mag- 뒤에 모음이 없고, nus 뒤에도 모음이 없는 것에 주의할 필요가 있습니다. mag-nus 각각이 하나로 이어진 소리의 단위이고, 각각이 하나의 음절입니다.

이상은 라틴어 문법의 첫걸음입니다. 이를 바탕으로 『고백록』 첫 문장을 소리 내어 정확하게 읽는 법을 공부해보려 합니다.

Magnus es, domine, et laudabilis valde.

이어서 라틴어 문법의 다음 한 걸음을 공부하겠습니다.

magnus는 '거대한'이라는 뜻의 형용사입니다. 라틴어의 형용사는 성, 수, 격의 어미변화를 합니다. magnus는 남성, 단수, 주격형입니다. es는 '있다'를 뜻하는 동사(영어의 be에 해당)의 직설법, 현재, 2인칭, 단수형입니다. '당신은 ~이다'를 의미합니다.

또 라틴어에서 인칭대명사는 의미를 강조하거나 대비하는 경우를 제외하고는 사용하지 않습니다. 동사가 인칭과 수에 따라 변화하기 때문입니다. es가 인칭대명사 없이 '당신은 ~이다'를 의미하는 경우가 그것입니다. 따라서 magnus es.는 이것 자체로 '당신은 위대한 분입니다'를 의미하는 하나의 문장이 됩니다. 형용사 laudabilis 역시 남성(여성형도 같음), 단수, 주격형으로 '찬미받을 만한 존재'를 의미합니다. valde는 '매우', '대단히'를 뜻하는 부사로, 여기에서는

laudabilis를 한정하고 있습니다. 그래서 laudabilis valde는 '크게 찬미받을 만한 존재'를 의미합니다. 그리고 이미 설명했듯이 여기에서는 magnus es의 es가 그대로 울리고 있으므로, '당신은 크게 찬미받을 만한 존재입니다'를 의미하는 한 문장이 됩니다. 다음으로, 이두 문장 사이에 끼어 있는 domine는 '주인'을 뜻하는 명사 dominus의 단수, 호격형입니다. 따라서 domine는 '주여'라는 부르는 말이고, magnus es라는 문장의 주어가 되는 부분을 부르고 있습니다.

그렇기 때문에 '당신은 위대한 분입니다, 주여, 당신은 크게 찬미받으실 만한 분입니다'가 라틴어 어순에 따른 번역문입니다.

야마다 아키라 선생은 이 domine 부분을 '위대하도다 주여. 참으로 찬미해야 하노라'라고 번역했지만, 나는 일단 이것을 '주여, 당신은 위대한 분입니다. 크게 찬미받으실 만합니다'라고 번역했습니다. 유럽어에서는 상대를 부르는 말을 문장 사이에 끼워넣는 것이 보통이지만 일본어에서는 생경한 방식이어서, 맨 처음에 '주여'라고 부르는 것이 자연스럽다고 생각합니다. 또한 내용상 domine(주여)라고 부르는 말은 이 첫 문장 전체를, 말하자면 그 근저에서부터 지탱하면서 추동하고 있으므로, '주여'라고 아우구스티누스가 방금 부르는 존재가 있고, 그쪽을 향해 '당신은 위대한 분입니다'라는 말이 아우구스티누스의 마음 깊은 데에서 우러나, 말이 되어 있는 것입니다. 그런 의미에서 '주여'라는 말은 이 첫 문장을 이끄는 말이고, 그래서 맨 밑에 자리잡고 있다고 생각합니다.

앞에서 domine는 '주인'을 뜻하는 명사 dominus의 단수, 호격형으로 '주여'를 의미한다고 했는데, 이를 좀더 세밀하게 설명하고자 합니다. 라틴어의 명사에는 '격(casus)'이 있고, 격에 따라 어미변화를 합니다. 격에는 '주격', '호격', '속격', '여격', '대격', '탈격' 등 여섯 가지가 있습니다. '격'은 그 명사가 문장 속에서 어떠한 작용을 하는가를 정하는 것입니다. 일본어로 말하면, 라틴어의 여섯 개의 격은 '주는', '주여', '주의', '주에게', '주를', '주에 의해(또는 주로부터)'처럼 조사를 붙인 형태에 해당한다고 설명할 수 있습니다. 그러나 일본어로 표기하면 '주'라는 명사가 있고 여기에 조사가 붙어서 문장에서의 명사의 기능이 결정되지만, 라틴어의 경우에는 이런 구별이 없이 명사와 조사가 엮여 있어, 각각 '주는', '주여', '주의', '주에게', '주를', '주에 의해'가 된다고 보면 되겠습니다.[1] 즉 '주', '주인'을 뜻하는 명사의 추상적 형태는 존재하지 않고, dominus라고 할 때에 그것은 이미 '주는'을 의미하면서 문장의 주어가 되는 것을 전제합니다.

이러한 이해를 바탕으로 domine라는 말에 주목해보면, do-mi-ne(도·미·네)라는 세 개의 음절이 이어져 발음될 때에 '주여!'라는 부르는 말이 되고, 누군가가 누군가에게 '주여'라고 부르며 말을 거는 것을 의미합니다. 즉, 이 do-mi-ne라는 세 개의 음절이 허공에 퍼질 때, 이 말은 허공을 뚫고 울리면서 거기에 '주여'라고 불리는 존재와 '주여'라고 부르고 있는 존재를 분리하는 동시에 이들을 '주여'라는 관계로 엮는 역할을 합니다. 『고백록』 도입부의 '주여'라는 말이 되어 아우구스티누스의 마음 깊은 데에서 우러난 이 말이 바로 아우구스티누스가 이 책에서 말하고자 했던 스스로의 회심 과정을 이끌었던 것입니다. 여기에서는 아직 그것이 '신'이라고는 이야기되지 않습니다. '신'이라는 일반적인 말로 부르기에는 어쩐지 가까이 있으며, 자신에게 친숙한 존재입니다. 따라서 이 말이야말로 『고백록』의 이야기 전체를 자아내는 말이라고 봐야 할 것입니다.

라틴어에서 domine라는 말은 '주여'라고 부르는 표현으로만 기능합니다. 따라서 이 domine 즉 '주여'라고 말하는 것은, 이미 설명했듯이, '주여'라고 불리는 존재와 '주여'라고 부르고 있는 이 두 존재를 구분하는 동시에 이어주는 역할을 하고 있습니다. domine라는 말에는 domine라고 불리는 존재와 domine라고 상대를 부르는 존재가 있어, 이들은 구분되는 동시에 결합되는 것입니다—이는 언어의 생명과 같은 것인데, 그런 예가 여기에 나타나 있는 것입니다. 그리고 이 domine라는 말은 『고백록』을 쓰고자 했던 아우구스티누스의 가장 근원적인 말이자 아우구스티누스의 온몸을 관통하며 외침이 되어 끓어오르는 말이었습니다.

언어는 분명 우리가 아침에 일어나서 밤에 잠들 때까지 늘 입에 올리는 것이지만, 이처럼 domine라고 말하는 순간, 그토록 다양한 모든 것은 날아가버립니다. 모든 것이 말하자면 허공 또는 어둠이 되고, 그 어둠 속에서 domine라고 불리는 존재와 domine라고 부르고 있는 존재가 두 개의 극으로 분리되는 동시에 결합되는 것입니다. 그러한 domine라는 말이 『고백록』이라는 책을 쓰고자 했던 아우구스티누스의 온몸에서 끓어올랐던 것입니다. 그런 의미에서 나는 일본어로 번역할 때, '주여'라는 말을 맨 앞에 두었습니다. 이것이 내가 첫 문장을 읽는 방식입니다. Magnus es, domine, et laudabilis valde라는 구절에서, domine라고 부르는 말이 이 문장을 이끌어내는 힘이 되고 있다는 것입니다.

이어서 이 domine라는 부름에 의해 따라오는 것은 우선 magnus es.("당신은 위대한 분입니다")라는 말입니다. es는 이미 설명했듯이 '어느(부정법 esse)'의 직설법, 현재, 2인칭, 단수입니다. 부름을 받는 대상이 '어떤 존재인가', 그 '존재'가 '어떠한 상태로 **있는**가'를 서술하고 있습니다. '직설법'이란 '현재 있는' 것을 말하는 서술법입니다. '현재형'은 그것이 바로 지금, 실제로 있는 존재 방식을 말하는 시칭時稱입니다. 따라서 이 문장은 주라고 불리는 존재가 참으로 '위대한 존재'임을 말하고 있는 것입니다. 이 경우의 '거대함'은 공간적 크기를 말하는 것이 아님은 분명합니다. 그것은 '가치적 크기'라고 해도 좋을 텐데, 한자로 '위대偉大'하다고 표현되는 것입니다. '주는 위대'하다는 것이 이 첫 문장이 말하고 있는 내용이고, 이것은 대부분의 종교에서 신적 존재를 표현할 때에 쓰는 말입니다. 예배의 대상이 되는 존재는 '거대한 것', '위대한 것'이라고 표현되고, 이것은 종교를 성립시키는 근원어라고 할 수 있을 것입니다.2 『고백록』에서는 아우구스티누스를 회심으로 이끈 신이 여기에서 '주여'라고 불리고, 그 주가 '거대한 존재', '위대한 존재'라는 점이 우선 처음으로 선언되고 있는 것입니다. 그것은 '주여'라고 불리는 대상의 '존재'에 관한 선언이라고 할 수 있습니다.

이어서 '위대한 존재'라고 말한 부분이 laudabilis(찬미받기에 합당한 존재)라고 제시되어 있는데, 이것은 '위대한 존재'라고 선언된 데 대한 이쪽의 응답이자 행위라고 할 수 있습니다. '거대한 존재', '위대한 존재'와 대면할 때, 이쪽에서 자연스럽게 나오는 응답은 우선 무엇보다도 '찬미'라는 것입니다. '위대한 존재'를 상대로 바치기에 적절한 것은 '찬미'뿐입니다. '희생'이나 '감사의 마음'은 이 위대한 존재에게 바치기에는 충분하지 않은 것이며, '찬미'만이 그에 걸맞은 것입니다. laudabilis라는 말은 laudo(부정법 laudare=찬미하다, 칭송하다)라는 동사에서 유래합니다. -bilis라는 것은 '그럴 만하다'라는 뜻의 형용사를 만드는 접미사입니다. valde는 '매우'라는 뜻의 강조 부사입니다. 따라서 도입부의 첫 문장 후반은 '거대한 존재'가 '무척 칭송받을 만한 존재이다'라고 선언하고 있는 것입니다. 왜 -bilis라는 접미사가 붙었는가 하면, 모든 사람이 '실제로 기꺼이 칭송하고 있다'고는 단언할 수 없기 때문입니다. 이 첫 문장은, 기꺼이 칭송하지 않는 사람이 있다고 해도 이 '거대한 존재'는 참으로 '칭송받을 만한 존재'임을 밝히고 있는 것입니다. 그것은 '거대한 존재'가 마주하고 있는 쪽으로부터의 '응답·행위'를 나타내며, 이 '응답·행위'의 '당위(마땅히 해야 하는 짓)' 및 '기준'을 표현하고 있습니다. 따라서 『고백록』의 첫 문장은 이 책에서 아우구스티누스가 의지하는 '주여'라고 불리는 신에 관해, 그 자체의 '존재'와 그에 걸맞은 응답을 표현하는 한편, 아우구스티누스의 깊은 내면에서 우러난 신앙고백이자, '종교' 본연의 존재 방식을 근원에서 규정하고 있다고 할 수 있습니다. 그런 점에서 나는 이 문장을 이어지는 다음의 한 문장과 함께 '종교의 단락'이라고 부릅니다.

여기에서 et laudant omnes gentes라고 하면, '모든 국민이 찬미하고 있다'는 의미가 됩니다. 그러나 아우구스티누스는 여기에서 그렇게 말하고 있지는 않습니다. 찬미받기에 걸맞은 존재라고 말하고 있습니다. 모든 사람이 찬미하고 있는 것은 아닙니다. 그리고 자기 역시 찬미하지 않고 있었던 것입니다. 『고백록』은 아우구스티누스에게 자신의 가장 근원적인 회심을 말하고 있는 것이어서, 지난날의 자기에 대해 말할 때는 분명 찬미하지 않았던 자신이라는 존재의 상태가 눈앞에 떠올랐겠지요. 그것은 부끄러운 자신의 모습일 것입니다. 따라서 그러한 것도 포함해서, 모든 사람이 찬미하고 있는 것은 아니지만, 찬미받기에 합당한 존재(laudabilis)라고 말하고 있는 것입니다. 이런 의미로 첫 문장을 이해할 때, 그것은 『고백록』의 전체를 요약하고 있다고 볼 수 있을 것입니다.

또 여기에는 두 가지 면이 있음을 알 수 있습니다. 하나의 의미에서, domine라고 불리는 존재는 아우구스티누스 자신을 최종의 회심으로 이끈 주이고, 아우구스티누스의 입장에서 '나의 주(dominus meus)'라고 말할 수 있는 존재, 개인적인 주입니다. 그러나 또하나의 의미에서는 자신이라는 한 명의 인간을 통해 제시된 신의 커다란 은혜가 찬미받을 만하다는 것입니다. 그러므로 여기에서 '주여'라고 불리고 있는 존재는 아우구스티누스에게 '나의 주'이자, 또한 모든 사람들의 주이고, 모든 피조물의 주입니다. 따라서 그 모든 피조물의 주라는 점에서 거대한 존재이고, 찬미받기에 합당한 존재라고도 말하고 있습니다. 자기 자신의 가장 근원적인 주와의 관계가 언급될 때 '신(deus)'이라는 말이 나오지 않는 것은 놀랄 만한 일입니다. 이것은 매우 중요한 부분입니다. '신'이라는 말은 일반명사이고, 다른 신들을 부르는 말이기도 합니다. 이에 비해, 아우구스티누스에게 근원적인 것은 domine(주여)라고밖에는 부를 수 없는 존재인 것입니다. 그래서 여기에서는 '신'이라는 말이 나오지 않는 것입니다.

'신은 위대하다'고 말하는 방식도 있지만, 그렇게 시작하지 않는 것이 『고백록』의 언어를 형성하고 있는 근본적인 부분입니다. 이렇게 봄으로써 『고백록』의 구성도 살필 수 있게 됩니다.

여기에서 덧붙여두어야 할 점은, 이 첫 행이 『시편』 47편이나 95(신공동역 96)편 또는 144(145)편에 근거한다는 것입니다. 아우구스티누스가 읽고 있던 『시편』은 70인역이라고 불리는 『그리스어 성서』에 근거한 라틴어 『성서』였습니다. 이에 따르면,

"주님은 위대하시고, 크게 찬미받을 분이시다"

Magnus Dominus et laudabilis nimis (*megas kyrios et ainetos sphodra*) Ps. 47:1

Quoniam magnus Dominus, et laudabilis nimis (*hoti megas kyrios kai ainetos sphodra*) Ps. 95:4

Magnus Dominus, et laudabilis nimis (*megas kyrios kai ainetos sphodra*) Ps. 144:3

입니다(이탤릭체는 『70인역 그리스어 성서』). 여기에서 '주'는 '주는 (dominus)'과 같이 주격으로 표명되어 있어서 3인칭의 est(이다)가 동사로 자리잡고 있습니다. 『시편』은 이스라엘 민족의 찬가로, 회중이 부르는 것입니다. 『고백록』이 이와 다른 점은 '주'가 '주여(domine)'라고 호격으로 제시되고 '당신'이라는 친숙한 존재로 등장하는 점입니다. 『고백록』에는 『시편』의 구절들이 흩어져 있어서 마치 고블랭 직물(여러 가지 색깔의 실로 무늬를 짜넣어 만든 장식용 벽걸이 천. 15세기 프랑스의 염색업자 고블랭Gobelins의 이름에서 유래—옮긴이) 같은 것을 떠올리게 합니다. 언제나 문맥에 어울리게 이야기되고 있고, 더구나

성서 구절의 인용이라기보다는 아우구스티누스의 마음 깊은 곳에서 음미되고 우러난 그 나름의 언어로 표현되고 있습니다. 이 역시 『고백록』을 독특한 문학으로 만들어주는 하나의 특징입니다.

이어서 1장 도입부의 두번째 문장에서는
"당신의 능력은 심히 크시고, 당신의 지혜는 헤아릴 수 없습니다"
magna virtus tua et sapientiae tuae non est numerus.
라고 노래합니다. 여기에서는 제1행에서 표명된 주의 '위대함'이 '힘(virtus)'과 '지혜(sapientia)'로 갈라져 표현됩니다. 따라서 이 제2행은 제1행의 반복이자 후렴구처럼 울린다고 할 수 있습니다. 이 행도『시편』146(147)편에 근거하고 있는 것으로 여겨지는데,[3] 따라서 여기에서도 3인칭의 주가 2인칭으로 바뀌어 있는 것은 제1행과 같습니다. 그러나 여기에는 더 놀랄 만한 부분이 있습니다. '주의 힘, 주의 지혜'는 '예수 크리스트'라는 것이 사도 바울의 신앙고백으로서 표명되고 있기 때문입니다. 『코린토서1』 1:24에는 "크리스트는 하느님의 힘이시며 하느님의 지혜이십니다"(Christum Dei virtutem, et Dei sapientiam [*Christon theou dynamin kai theou sophian*])라고 되어 있습니다(이탤릭체는 그리스어 성서 원문). 바울 서간의 이 구절이 아우구스티누스에게는 근원적인 의미를 지니는 바울의 말이었음을 확인할 수 있습니다. 왜냐하면 이 구절이 회심 직후의 저작인 카시키아쿰 저작에서 후기의 『삼위일체론』에 이르기까지 아우구스티누스가 일관되게 인용하고 있음을 우리는 확인할 수 있기 때문입니다.[4] 아우구스티누스의 회심이 직접적으로는 바울 서간을 여러 번 읽은 데서 비롯되었음은 '정원 장면'의 서술이 전형이라고 말할 수 있는데, 회심의 발단부터 아우구스티누스를 줄곧 이끌었던 것은 바울 서간의 이 '하느님의 힘, 하느님의 지혜인 크리스트'라는 구절이라고 할 수 있습니다. 따라서 『고백록』 도입부에서 제1행에 이어 제2행이 서술될 때, 이것은 『시편』 146(147)편으로부터의 인용이지만, 그렇다고 제1행의 후렴으로 덧붙여진 것만은 아니라는 점을 알 수 있습니다. 그러니까 제2행을 서술할 때, 아우구스티누스는 내심 『시편』의 이 구절을 떠올리며 바울의 『코린토서1』 1:24의 구절을 함께 노래했을 것으로 짐작됩니다. 그것은 무엇을 말하는 것일까요. 그것은 이 『고백록』 도입부에서 '주여'라고 불리는 존재가 '크리스트론'적으로 이해되고 있다는 점입니다. 그리고 성령의 비춤으로 예수 크리스트를 신으로 이해하게 된 것이라면, 『고백록』의 도입부는 이미 삼위일체론적 신 이해를 바탕으로 서술된 것입니다.[5]

『고백록』의 구성

『고백록』이 아우구스티누스를 최종의 회심으로 이끈 신의 은총의 증명이자 찬미일 뿐만 아니라 아우구스티누스라는 개인을 통해 제시된 인류 일반에 대한 신의 은총의 증명이자 찬미임은 거듭 이야기해온 것입니다. 이렇게 이해하면, 때로는 알기 어려운 듯한 『고백록』 전체의 구성도 이해하기 쉬워집니다.

『고백록』은

제1부 제1~9권   회심에 이르기까지의 자전적 부분
제2부 제10권   메모리아(의식)론
제3부 제11~13권   창세기 해석

의 세 부분으로 이루어져 있습니다.

『고백록』을 자전문학으로 읽으면, 9권에서 끝나버립니다. 10권은 별도의 메모리아(의식)론으로 되어 있습니다. 또 11, 12, 13권에서도 여타 권들과는 별 관계가 없는 듯한 창세기 해석이 전개됩니다. 이렇게 보면, 『고백록』은 얼핏 정리되지 않은 세 부분으로 구성되어 있어, 하나의 통일성을 지닌 저작으로 보기가 어렵습니다. 그러나 앞에서 설명했듯이 이 저작은 아우구스티누스라는 개인의 역사에서 실현된 신의 은총에 대한 고백이고, 그것에 의해 인간과 신의 본질적인 관계를 해명하면서 신의 위대함을 세상에 공언하고 찬미하기 위한 저작이라고 이해하면, 이 세 부분의 내적 관계도 투명한 것이 되어, 밀접한 유기적 관계를 가지는 한 권의 책으로 구성되어 있음을 알 수 있습니다. 2부는 1부에서 밝혀진 방식대로, 아우구스티누스 자신에게 관여해온 신이 무엇인가를 현재의 자기에게 주어진 의식(=메모리아)의 여러 층으로 파고들어 탐구하려고 하는 부분입니다. 그것은 의식의 자기성찰적 고찰의 효시로 유명하며 가장 철학적인 부분이라고 하는데, 그것은 본래 회심이라는 사건을 통해 자기를 파악한, 신이란 '무엇인가', 그 신은 '어디에 있는가'를 자기의 식의 깊은 곳으로 파고들어 탐색하려고 하는 부분입니다. '신의 장소론'이라고 할 만한 부분입니다. 이 고찰은 '주여, 내가 당신을 사랑함은 어떤 모호한 느낌에서가 아니고 확실한 의식(conscientia)을

가지고 하는 것입니다(non dubia, sed certa conscientia, domine, amo te.)'(X, vi, 8)라는 말로 시작되는데, 그것은 자신을 회심으로 이끈 신의 사랑을 표현한 것입니다. 9권까지는 이런 신의 사랑의 움직임을, 스스로가 회심에 이른 과정을 돌아봄으로써 충실하게 따라갑니다. 10권에서는 신이 어디에 있는가, 즉 '신의 장소'를 자신의 의식 속에서 찾아가는 것입니다.

신은 자기 외부가 아니라 내면에서 찾아지는 것임을 아우구스티누스는 플로티노스에게 배웠습니다. "나는 이 책을 통해 나 자신 안으로 들어가라는 권고를 받고 당신의 인도하심을 따라 내 영혼 안으로 깊숙이 들어가게 되었습니다(et inde admonitus redire ad memet ipsum intraui in intima mea duce te et potui.)"(VII, x, 16)라고 『고백록』에 쓰여 있습니다. 10권에서 신의 장소가 자기 안, 즉 '자기의 의식(=메모리아) 안에서 찾아집니다. 그러나 신은 '내 위에 계시는 당신 안에서만(in te supra me)'(X, xxvi, 37) 존재함을 제시하는 데에 이 탐구의 종극이 있습니다. 그것이 "내 자신의 깊은 내면보다 더 깊은 내면에 계시며 내가 높이 도달할 수 있는 그 높이보다 더 높이 계셨습니다(interior intimo meo, superior summo meo)"(III, vi, 11)라고 『고백록』에서 강조한 신의 장소입니다. '나를 넘어서서, 그 자체 안에 있는 신'에게 가까이 다가가는 길은, '신의 말씀'을 담은 『성서』에서 듣고, 거기에 해명되어 있는 것을 밝혀가는 성서 해석의 길입니다. 11권 이후의 『창세기』 해석이 그렇게 시작됩니다. 이에 따라 신이 주관하는 세계와 자기에 관한, 신의 사랑의 관련성의 전모가 단서부터 결말에 이르기까지 추적되는 것입니다. 11권부터 13권은 이 길을 따라갑니다.

이러한 구조임을 전제하고 읽을 때, 『고백록』은 하나의 전체로서 긴밀한 구조를 가지는 것으로 파악할 수 있습니다.

회심은 『고백록』을 쓰기 15년쯤 전에 일어난 일입니다. 『고백록』은 지난날의 그런 일을 지금 회상하고 있습니다. 아우구스티누스는 지금 주교입니다. 근래에는 성서 연구가 활발하게 이루어져, 크리스트교에 대한 이해가 점점 깊어지고 있습니다. 다만 『고백록』은 주교인 아우구스티누스가 신자들을 교화하기 위해 쓴 책이고, 그 내용은 아우구스티누스의 있는 그대로의 과거가 아니라 픽션이라는 설이 제기되어, 『고백록』 해석의 큰 문제로 부각되었습니다.[6] 확실히 회심 직후에 쓴 카시키아쿰 저작을 읽어보면, 거기에 나타난 아우구스티누스는 『고백록』의 아우구스티누스와는 다른 것처럼 보입니다. 그래서 이 카시키아쿰의 아우구스티누스가 회심 직후의 진짜 모습이고, 『고백록』에 서술된 회심 과정은 픽션일 뿐이라는 생각도 듭니다.

이 문제는 20세기 전반에 한동안 논의되었습니다. 그러나 줄곧 이야기했듯이, 그와는 다르게 볼 수 있습니다. 지난 일의 모든 의미가 당시의 자신에게 분명했던 것은 아닙니다. 자기 스스로가 그때 무엇이었는가, 그때 일어난 일 하나하나가 어떤 의미를 지닌 것이었는가는 이제 와서야 밝혀진 것입니다. 성서 독해를 통해 신이 주관하는 일이 무엇인지 이해하기 시작하면서 비로소 알게 된 것입니다. 아, 그때 그런 일이 있었는데, 그때 그런 일이 있었던 것은 그런 것이었구나 하고 이제야 알게 된 것입니다. 『고백록』은 특히 1권에서 9권까지의 자전적 부분에서 그것을 적고 있습니다. '당신의 말씀이 내 마음을 관통하면서(percussisti cor meum verbo tuo)'(X, vi, 8), 나는 그것에 의해 마음 깊은 곳에서부터 당신을 사랑하게 되었다, 아니 이제 당신을 사랑하고 있다는 사랑의 기존성을 알아차린 데에서 1권부터 9권까지의 자전적 부분이 서술되어 있습니다. 10권은 그런 식으로 과거의 자기에게 관여해왔던 신이, 지금의 나에게 어떤 존재인가를 문제삼고 있습니다. 신은 감각 세계 어딘가에 있는 것인가, 아니면 자기 내면에서 찾아야 하는 것인가, 그도 아니면 정신 안의 어딘가에서 찾아야 하는 것인가—이렇게, 신의 처소를 점차적으로 물으며 마침내 자신의 내면을 넘어서는 것에서, '내 자신의 깊은 내면보다 더 깊은 내면에, 내가 높이 도달할 수 있는 그 높이보다 더 높은 곳(interior intimo meo, superior summo meo)'에 스스로의 바탕을 돌파하는 진리 자체로서 신이 있음을 확인해가는 과정이 10권입니다. 이렇게 확인되면서, 신은 '내 위에 있는 존재(supra me)'로서 '신 그 자체의 내면에' 있다는 것 역시 확인됩니다. 이것이 당신은 '당신 안에(in te)' 존재한다는 것으로 표명됩니다. 따라서 신 그 자체로 존재하는 신에게 어떻게 하면 가까이 다가갈 수 있는지가 10권 후반의 문제입니다. 거기에서 '마음이 깨끗한 자는 신을 본다'는 예수의 말씀에 이끌려, '깨끗해지는' 것은 어떠한 것인지가 10권 후반에서 물어집니다. 11권부터는 성서로 돌아가, 성서 안에서 신을 탐구해가게 됩니다. 『창세기』 도입부에서, 세계와 인간을 만들었다고 하는 신의 일이란 무엇인가를 명확히 함으로써 비로소 이 신의 일, 거대한 것으로서의 신의 일이 무엇인지가 밝혀집니다. 12권과 13권은 그렇게 쓰여 있습니다. 이런 식으로 읽으면 『고백록』의 세 부분이 하나로 이어지게 됩니다.

이것이 『고백록』의 구성입니다.

3강

'거대한 존재'

_『고백록』 도입부(I, i, 1)의 해석

이번에는 『고백록』 도입부의 한 절(I, i, 1) 전체를 이해해보고자 합니다. 다음에 제시하는 것은 나의 번역입니다. 함께 읽어봅시다.

【제1단락】 (종교의 단락)

주여, 당신은 위대한 분이십니다.

크게 찬미받을 만하십니다.

Magnus es, domine, et laudabilis valde.

당신의 힘은 거대하고, 당신의 지혜를 헤아릴 수는 존재하지 않습니다.

magna virtus tua et sapientiae tuae non est numerus.

【제2단락】 (신학의 단락)

인간은 당신을 찬미하기를 마음 깊은 곳에서 원하고 있습니다.

당신이 만드신 존재들 중 극히 일부일 뿐인 인간이기는 하지만.

그 자체로 유한한 본성을 몸에 지니고 있는 인간입니다.

그것은 저의 죄의 표시입니다.

교만한 자에게는 당신이 저항한다는 표시입니다.

그럼에도 인간은 당신을 찬미하기를 마음 깊은 곳에서 원하고 있습니다,

당신이 만드신 것들 중 극히 일부일 뿐인 인간이기는 하지만.

et laudare te vult homo,

aliqua portio creaturae tuae,

et homo circumferens mortalitatem suam,

circumferens testimonium peccati sui

et testimonium, quia superbis resistis:

et tamen laudare te vult homo,

aliqua portio creaturae tuae.

당신은, 당신을 찬미하는 것이 기쁨이 되도록, 고조되게 하십니다,

당신은 우리를 당신에게로 향하도록 만드셨기 때문입니다.

따라서 우리의 마음은, 당신 안에서 안식할 때까지, 쉬는 일이 없습니다.

tu excitas, ut laudare te delectet,

quia fecisti nos ad te

et inquietum est cor nostrum, donec requiescat in te.

【제3단락】 (철학의 단락)

부디 주여, 나에게 알려주시고, 이해하게 해주십시오,

당신을 간절히 부르는 것과 찬미할 수 있는 것 중 어느 것이 먼저인가를,

당신을 아는 것과 당신을 부르는 것 중 어느 것이 먼저인가를,

그래도 당신을 모르면서 당신을 부르려는 자가 누가 있을까요.

모르면, 당신이라고 생각해 다른 존재를 부르려 하는 경우도 있을 것이기 때문입니다.

아니면 당신을 알기 위해 부르려 하는 것일까요.

그럼에도 사람들이 아직 믿고 있지 않은 존재를 부르는 것과 같은 일이 어째서 일어나는 것일까요.

또, 알려지지 않았는데도 사람들이 믿는 일이 어떻게 있을 수 있는 것일까요.

da mihi, domine, scire et intellegere,

utrum sit prius invocare te an laudare te

et scire te prius sit an invocare te.

sed quis te invocat nesciens te?

aliud enim pro alio potest invocare nesciens.

an potius invocaris, ut sciaris?

quomodo autem invocabunt, in quem non crediderunt?

aut quomodo credunt sine praedicante?

【제4단락】 (탐구와 선교의 단락)

이렇게 주를 찾는 사람들은 주를 찬미하겠지요.

왜냐하면, 찾는 사람들은 주를 찾아냅니다. 그리고 찾아냈을 때, 주를 찬미할 것이기 때문입니다.

et laudabunt dominum qui requirunt eum.

quaerentes enim inveniunt eum et invenientes laudabunt eum.

주여, 당신을 부르며, 당신을 찾고 싶습니다.

왜냐하면, 당신은 우리에게 이미 알려져 계시기 때문입니다.

주여, 나의 신앙이 당신을 부르고 있습니다.

이 신앙은 당신이 나에게 주신 것입니다.

당신이 인간이신 당신의 아들을 통해 나에게 숨을 불어넣어주신 것입니다.

당신의 선교자의 봉사를 통해 나에게 숨을 불어넣어주신 것입니다.

quaeram te, domine, invocans te

et invocem te credens in te:

praedicatus enim es nobis.

invocat te, domine, fides mea,

quam dedisti mihi,

quam inspirasti mihi per humanitatem filii tui,

per ministerium praedicatoris tui.

이 도입부는 이처럼 네 단락으로 나누어 이해하는 것이 좋다고 봅니다. 1단락은 '종교의 단락'으로, 종교의 언어로 기술되어 있습니다. 2단락은 '신학의 단락'으로, 신학의 언어로 구성되어 있습니다. 3단락은 '철학의 단락'이며, 철학의 언어로, 4단락은 '탐구 방법' 또는 '선교의 단락'으로, 탐구 방법의 언어 또는 선교의 언어로 구성되어 있습니다. 탐구 방법의 언어가 선교의 언어라고 하면 이상하다고 여길지도 모르지만, 아우구스티누스의 경우에는 그렇게 되어 있다고 나는 생각합니다. 선교되어야 할 신앙이 무엇인가를 탐구하고 그 신앙을 이해하는 것, 즉 '신앙의 이해(intellectus fidei[1])'가 선교하는 존재의 내면에 확고하지 않다면, 선교의 언어는 헛된 것이 된다고 아우구스티누스는 생각하고 있었던 것처럼 보이기 때문입니다. 이때 2, 3의 신학 단락과 철학 단락의 언어는 결국 이 탐구와 선교의 언어에 흡수되어간다고 보면 좋을 것입니다. 오히려 1단락은 『고백록』 도입부의 첫 문장으로, 아우구스티누스의 온몸과 정신에서 나오는 최초의 말이자 근원적인 발언입니다. 따라서 이것을 근원적인 '종교의 단락', 근원적인 종교의 언어라고 부르고 싶습니다. 신학의 언어, 철학의 언어는 그 전개로서 나오는 것입니다. 각 단락의 언어는 저마다 고유한 언어영역(sphere)을 가진 채 그 안에서 움직입니다. 그렇게 언어가 움직이는 언어영역을 동등하게 할 때 각각의 언어는 하나로 연결되고, 하나로 연결된 고유의 특징을 지닌 형태를 나타내게 됩니다. 신학의 언어, 철학의 언어는 각각 그렇게 덩어리로 엮인 언어입니다. 그리고 이들이 탐구 및 선교의 언어로 전체적으로 집약되어가는 구조를 보인다고 생각합니다. 이 대목을 이런 구성을 가진 것으로 이해할 때, 비로소 이 도입부의 1장은 올바른 빛 안에 놓일 것입니다.

1단락 도입부의 첫 문장에 대해서는 이미 이야기했습니다. 그럼, 어떤 이유에서 2단락을 신학의 언어라고 하는 것일까요. 2단락은 '인간은 당신을 찬미하기를 마음 깊은 곳에서 원하고 있습니다'라고 시작합니다. 맨 앞에 '인간은(homo)'이라는 말이 놓여 있습니다. '인간'이라는 말은 '일반어(general term)'이고, 다양한 사물을 구분하고 분류하는 '분류어'의 하나입니다. '일반어'로 제시되고 생각되는 것은 개별 존재가 아니라 그 종류에 속하는 것을 총괄하는 것입니다. 그것은 '보편(universal)'이라고 불립니다. '인간'이라는 말은 '아우구스티누스'나 '암브로시우스'라는 개인을 나타내는 것이 아니고, '로마인'이나 '그리스인' 등의 인간에 속하는 어느 특수한 부류를 나타내는 것도 아닙니다. 인간이라는 종에 속하는 모두를 총칭하는 것입니다.

1단락에서는 '인간'이라는 말은 없었습니다. '나는'이라는 말도 없었습니다. '주여(domine)'라고 부르는 주체는 분명 아우구스티누스이고, 아우구스티누스인 '나'이지만, 그것은 이 첫 문장의 바탕에 놓인 것이지 문장 표면에는 나타나지 않습니다. 도입부의 첫 문장은 그 바탕에 놓여 있는 아우구스티누스라는 '나'의 전체에서 나온 것이며, 따라서 이것을 '외침'이라고 불렀습니다. 그러나 2단락에서는 '인간은(homo)'이라고 이야기되었습니다. '인간'이란 1단락에서 '주여'라고 불렀던 '내'가 '한 명의 인간'으로 그 안에 총괄되어 있는 듯한 '일반존재'로서의 '인간'입니다. 즉 도입부 첫 문장의 바탕에 놓여 있던 '내'가 여기에서는 한 명의 '인간'으로 새롭게 파악되고, '인간'이라는 존재의 모습으로 말하는 방식이 된 것입니다. 이것은 반성의 언어이자, 상상하거나 사고하는 것을 대상화해 객관화하는 언어입니다. 학문은 모두 이러한 반성의 언어로 이야기되는 것입니다. 주관의 표출이 아니라, 객관적 세계를 이야기해 드러내는 것입니다. 과학의 언어, 철학의 언어는 모두 그러한 성질을 지닙니다. 2단락은 그러한 학문의 언어로 이야기되지만, 과학이나 철학과 같은 학문과는 조금 다릅니다. 여기에서 '인간'은 곧 '당신이 만드신 존재들 중 극히 일부분(aliqua portio creaturae tuae)'이라고 새롭게 이해되고 있기 때문입니다. 여기에는 '만든 것'과 '만들어진 것'의 구분, '창조자'와 '피조물'의 구분이 전제되어 있습니다. 즉 '창조(creatio)'라는 것이 전제되어 있고, '만들어져 있는 것(=피조성被造性)'이 이른바 '인간이라는 것의 조건'으로 제시되어 있습니다. 이는 이미 '이스라엘의 신앙', 나아가 거기에 근거하는 '크리스트교 신앙'을 전제하고 있습니다. 따라서 이런 언어는 크리스트교 신앙을 전제해 이야기되는 언어이고, 그런 의미에서 이 단락을 '신학의 단락'이라 부르는 것입니다. 이어서 인간이 몸에 걸치는 것으로서의 '유한한 성질(mortalitas)'이라는 말에 대해서도 똑같이 언급할 수 있습니다. 인간 일반을 말하는 것으로 고대 그리스에서도 '유한자(brotos)'라는 말이 있었습니다. 이것은 '불사의 존재(athanatos)'인 신들과는 다른 존재인 인간을 구별하는 말이었습니다. 그러나 2단락에서는 이런 '유한한 본성'이 '인간'에게 처음부터 갖춰진 본성이 아니라, 어떤 일정한 조건 하에서만 생겨난 것이라는 점이 제시되고 있습니다. 요컨대 '유한한 본성'이란, 인간이 스스로 짊어진 '자신의 죄의 표시(testimonium peccati sui)'인 것입니다. 이것은 물론 크리스트교 신학을 전제하고 이야기할 수 있는 것입니다. 그것이 인간의 '유한한 본성'에 대한 크리스트교 신학의 이해입니다. 또 여기에서 '자신의 죄의 표시'는 '교만한 자에게는 당신이 저항한다는 것(quia superbis resistis)'의 '표시'라고 설명됩니다. 인간이 '만들어진 존재'라는 본분을 잊고, 스스로를 만든 것과 동등하게 여기는 '교만함(superbia)'을 가질 때, 이 '교만한 존재에 대해 당신이 저항하는 것(quia superbis resistis)'의 '표시'라고 이야기되고 있는 것입니다. 그런 '교만함'에 의해 인간은 '생명' 자체인 신으로부터 단절되어, '유한한 존재'라는 성질을 몸에 걸치게 되는 것입니다.[2] 이것은 확실히 크리스트교 신학의 언어입니다. 따라서 이 단락은 크리스트교 신앙을 전제로 이야기되고 있습니다. 여기에서는 한 명의 인간인 자기 자신 역시 어떻게 존재하는지를 크리스트교 신학을 전제하고, 반성하며 전개하고 있는 것입니다.

3단락은 이렇게 되어 있습니다.

"부디 주여, 나에게 알려주시고, 이해하게 해주십시오,

당신을 간절히 부르는 것과 찬미할 수 있는 것 중 어느 것이 먼저인가를,

당신을 아는 것과 당신을 부르는 것 중 어느 것이 먼저인가를,

그래도 당신을 모르면서 당신을 부르려는 자가 누가 있을까요.

모르면, 당신이라고 생각해 다른 존재를 부르려 하는 경우도 있을 것이기 때문입니다."

여기에 나오는 말을 살펴보면 '알다', '이해하다', '부르다', '찬미하다'라는 네 개의 동사가 있어, 그 상호관계가 문제시됩니다. 라틴어

에서 '알다'는 scire, '이해하다'는 intellegere입니다. intellegere는 '구분하다' 또는 '이해하다'로 번역하면 좋은 말입니다.[3] 또 '부르다'는 invocare, '찬미하다'는 laudare입니다. 이 네 개의 동사는 누구라도 사용하는 말이고, 이 동사들에 의해 의미가 주어지는 것은 우리 인간에게는 친숙하게 이해되는 내용입니다. 이에 따라 이 동사들의 상호관계가 문제시되는 것입니다. 그래서 이것을 '철학의 단락'이라 부릅니다. 신학의 언어는 여기에서는 중심 역할을 맡고 있지 않습니다.

'알다'라는 것은, 예를 들어 '나는 도쿄를 알고 있습니다', '달이 있음을 알고 있습니다', '지구가 있음을 알고 있습니다' 등으로 말하는, 극히 일상적으로 숙지되는 '알고 있다'는 뜻입니다. 자동차가 움직이고 있는 것은 알지만, 그것이 왜, 어떻게 움직이는지는 알지 못하는 경우도 있습니다. 그것은 자동차가 움직이는 구조를 알지 못한다는 의미입니다. '구분하다(=이해하다)'라는 말은 '알려져 있는 것'이 그 내용을 성립시키는 구조에서부터 '구분한다(=이해한다)'는 것입니다. 이 단락이 처음에 '부디, 나에게 알려주시고(scire), 이해하게 해주십시오(intellegere)'라고 할 때, '알게 하다', '이해하게 하다'라는 두 개의 동사를 거듭 사용하고 있는 것은 수사적 강조 어법이라고 볼 수도 있습니다. 그러나 그것은 앞에서 언급한 네 개의 동사로 표현되는 것의 상호관계를 '알고', 나아가 그 구조와 내실이 어떠한 것인지를 '이해하게 해주십시오'라고 말하고 있는 것으로 읽을 수도 있습니다. 그렇게 읽는 것이 이 단락의 의미를 한층 분명하게 이해하도록 해줄 것입니다.

그러면 '알게 하고, 이해하게 해주십시오'라고 말하며 문제삼고 있는 것은 무엇일까요. 거기에서는 '찬미하는 것(laudare)', '부르는 것(invocare)', '아는 것(scire)'의 세 개의 동사가 다뤄지며, 그것들이 둘씩 짝을 이뤄 두 그룹이 되고, 각각의 그룹에 대해 그들 두 개의 동사끼리의 선후관계가 문제시되고 있는 것입니다. 즉 '찬미할 수 있는 것(laudare)'과 '부르는 것(invocare)' 중에서 어느 쪽이 먼저인가, 또 '부르는 것(invocare)'과 '아는 것(scire)' 중에서는 어떤 것이 먼저인가가 문제시되고 있습니다.

'찬미하는 것(laudare)'이라는 동사는 도입부 첫 문장에서 '크게 찬미받을 만하십니다(laudabilis valde)'라고 형용사로 사용되었습니다. 또 '부르다(invocare)'라는 동사도 도입부 첫 문장에서 '주여(domine)'라고 부를 때, 그 '부름'의 언어의 바탕에 전제되어 있었습니다. 2단락에서도 '찬미할 수 있는 것(laudare)'은 이 단락의 중심을 이루는 언어입니다. '찬미할 수 있는 것'은 본래 『고백록』의 주제입니다. 이에 비해 '아는 것(scire)'은 이 단락에서 처음으로 나오는 말로, 이 단락을 특징짓습니다. 따라서 이 단락에서는, 도입부 첫 문장과 2단락에서 문제시된 것이 이번에는 '안다'는 말이 기능하는 장면, 즉 철학의 장면에서 문제시되고 있는 것입니다. '안다' 또는 '이해한다'는 것은 그야말로 철학의 차원이기 때문입니다. 그래서 이것을 철학의 단락이라고 부릅니다. 여기에서 신학의 언어는 중심적인 역할을 하지 않습니다.

그러면 이 3단락 초반의 일련의 물음 끝에 나오는 말에 주목해봅시다.

"그래도 당신을 모르면서 당신을 부르려는 자가 누가 있을까요.

모르면, 당신이라고 생각해 다른 존재를 부르려 하는 경우도 있을 것이기 때문입니다."

이것은 플라톤 철학과 관계있는 말입니다. 그것은 '탐구의 역설'이라 해서 플라톤 철학에서 문제시되고 있는 것과 관계가 있습니다. '탐구의 역설'이란, '모르는 것을 탐구한다는 것이 어떻게 가능할까' 하는 문제입니다.

"탐구되어야 할 것이 자신이 전혀 모르는 것이라면, 어떻게 이것을 탐구할 수 있을까. 무언가 발견되었다 해도, 자신이 전혀 알지 못했던 것이라고 어떻게 판별할 수 있을까. 왜냐하면 그것은 몰랐던 것이기 때문이다. 또 한편으로 이미 알고 있는 것이라고 한다면, 그것을 굳이 탐구할 필요는 없지 않을까. 따라서 탐구 같은 것은 애초에 있을 수 없다"라는 역설이 그것입니다.[4]

물론 이것이, '당신을 알고는 있지만 이름을 알고 싶어 물어보려한다'거나 '주소는 알고 있지만, 가는 방법을 모르니 가르쳐줬으면한다'는 식의 일상적으로 경험하고 있는 '묻는 일'을 부정하는 것은 아닙니다. 다만 앞에서 언급한 이치를 언어상으로 나열해보면 문제가 생긴다는 것입니다. 이것은 그리스 철학자들이 했던 언어를 바탕으로 한 논의였습니다. 여기서 아우구스티누스의 말은 이 '탐구의 역설'을 모방하듯 진행되고 있습니다. 탐구의 대상이 '상대방의 이름'이든, '상대방의 주소를 찾아가는 방법'이든, 일상적 경험으로 숙지하고 있는 것과 관련되는 한, 이 역설은 언어상의 일에 불과합니다. 그러나 이것이 일상적 경험의 대상도 아니고 일상생활의 필요가 아닌, 일상적 경험을 넘어선 '신 그 자체의 탐구'—여기에서 '당신'이라고 아우구스티누스가 부르는 존재—인 경우에는 이 역설이 실질적 의미를 가집니다. 인간에게는 '신이란 무엇인가' 하는 것은 숨겨진 부분이기 때문입니다. 특히 2단락에서 명시된, '원죄' 상황에 놓여 신 자체로부터 분리된 인간의 처지에서 이것은 심각한 문제가 됩니다.

'당신을 모르면, 당신이라고 생각해 다른 존재를 부르려 하는 경우도 있을 것이기 때문입니다'라는 말은 이제 실질적인 의미를 지닙니다. 그리고 여기에서 3단락 말미의 물음을 통해 3단락은 4단락으로 옮겨갑니다.

따라서 '어떻게 당신을 부를 수 있을까요. 모르면, 당신이라고 생각해 다른 존재를 부르려 하는 경우도 있을 것이기 때문입니다'라는 물음은 여기에서 심각한 문제를 만듭니다. 이 물음을 계기로, 3단락은 4단락으로 진행됩니다.

"아니면 당신을 알기 위해 부르려 하는 것일까요.

그럼에도 사람들이 아직 믿고 있지 않은 존재를 부르는 것과 같은 일이 어째서 일어나는 것일까요.

또, 알려지지 않았는데도 사람들이 믿는 일이 어떻게 있을 수 있는 것일까요."

'당신을 알기 위해 부르려 하는 것일까요'라는 물음이 가지는 의미는 중요합니다. 이것은 '부르다'라는 것이 '알게 되는' 것의 발단이 될 수 있음을 암시하는 말이기 때문입니다. 이미 설명했듯이, '주여'라는 도입부 첫 문장의 '부름' 속에 '부르다'라는 것이 아우구스티누스의 온몸과 정신을 관통하는 언어로 놓여 있었습니다. 이렇게 '주를 부르는' 외침이야말로 구름에 가린 땅바닥에서 하늘을 향해 올라가, 하늘로 가는 길을 열어젖히는 울림이 되는 것입니다. 그것은 참으로 종교의 장場을 열어젖히는 외침입니다. '주여'라고 부름을 받는 존재와 '주여'라는 부르고 있는 존재를 구분하거나 연결하여, 거기에서 견고한 언어의 폭을 열어갈 잠재적 힘이 되는 그런 외침입니다. '부르는 것'이 '아는 것'을 여는 것입니다. 이렇게 '부르다(invocare)'라는 말과 '찬미하다(laudare)'라는 말은 『고백록』을 구성하는 가장 근간적인 말이 됩니다.

3단락은 "그럼에도 사람들이 아직 믿고 있지 않은 존재를 부르는 것과 같은 일이 어째서 일어나는 것일까요. 또, 알려지지 않았는데도 사람들이 믿는 일이 어떻게 있을 수 있는 것일까요"라는 물음으로 마무리되며 4단락으로 옮겨갑니다. '부르는 것'과 '아는 것' 사이에 만들어지는 엄격한 긴장(=모르면서 부른다는 것이 가지는 긴장)은 이렇게 '믿는 것'이라는 새로운 일이 그 사이에 투입됨으로써 서로 묶여, 차분한 연속을 이루게 됩니다. '믿는 것'은 '아는 것'과 '모르는 것' 사이의 엄격한 틈새에 들어가 이 양쪽을 어떻게든 이어주는 동시에 거기에서 '부르는 것'을 가능케 하며, 인간으로 하여금 '모르는 것'을 '묻는 것'으로 탐구하도록 이끄는 것이기 때문입니다. 이것은 다시금 종교의 장을 마련하는 것이고, 이렇게 3단락은 4단락으로 옮겨갑니다.

4단락은 처음에

"이렇게 주를 찾는 사람들은 주를 찬미하겠지요.

왜냐하면, 찾는 사람들은 주를 찾아냅니다. 그리고 찾아냈을 때, 주를 찬미할 것이기 때문입니다"

라고 서술하고, 『복음서』에 전하는 주의 말을 떠올리며 여기에 후렴구처럼 자신의 언어를 덧붙여 전개하고 있습니다.

『마태복음서』 7:7**5**에 나와 있습니다.

"청하여라, 너희에게 주실 것이다. 찾아라, 너희가 얻을 것이다."

주의 말씀을 신뢰하며 주를 찾으려 할 때, 주를 찾아내는 것은 사람에게 약속되어 있는 것입니다. 그리고 주를 찾아내고, 주를 알게 될 때, 사람은 주의 위대함을 알고 찬미할 수밖에 없습니다.

여기에는 '주를 믿는 것'이 전제되어 있습니다. 신의 아들인 예수의 힘의 발현, 즉 기적이 일어나는 곳에는 언제나 '믿는 것'이 전제되어 있었습니다. 최초의 제자들이 소명에 응할 때, 그물질을 하고 있던 그들에게 예수가 다가가 '그물을 버리고 따라오라'고 말을 걸었을 때, 그들은 예수에게서 신의 권위가 발현되고 있음을 알고 곧 그물을 버리고 따랐습니다. 그것이 신앙의 시작점입니다. 크리스트 신앙의 시작점은 예수와 사도들의 이 만남에서 사도들이 지녔던 신앙에 있습니다. 『복음서』란 그 제자들이, 그럼에도 육신의 예수와 함께 생활하고 있는 동안, 얼마나 줄곧 예수를 오해했는가의 역사에 대한 자세한 이야기라 해도 과언이 아닐 것입니다.**6** "나를 보내신 아버지께서 이끌어주지 않으시면 아무도 나에게 올 수 없다"고 예수는 말했습니다(『요한복음서』 6:44, 6:65). 그리고 수난을 앞둔 최후의 '고별 설교'에서는 자신이 제자들에게서 떠나는 것이 제자들에게 유익하다고 말했습니다(『요한복음서』 16:7~15). 그것은 아버지가 성령을 보내주시고, 그 성령에 힘입어, 제자들이 자신들과 함께 생활하던 예수가 진실로 어떤 존재였는가를 비로소 이해하는 부분이기 때문입니다. '성령강림'이란 그러한 것입니다. 베드로 역시 이때 처음으로 '예수가 어떤 존재인가'를 공식적으로 말하기 시작했습니다(『사도행전』 2:14 이하).

4단락에서는 다시 1단락과 같은 1인칭 형태로 돌아가, 아우구스티누스 자신의 온몸과 정신에서 우러난 외침이 언어가 되어 흘러넘칩니다.

"주여, 당신을 부르며, 당신을 찾고 싶습니다,

당신을 믿으며, 당신을 부르고 있습니다."

이것은 이미 신앙의 말입니다. 사도들이 입에 올린 것과 같은 신앙의 언어입니다. 따라서 나는 quaeram이라는 1인칭 접속법을 소망의 접속법으로 받아들여 이렇게 번역했습니다. 이 장을 마무리하는 마지막 몇 행은 이 신앙이 결국 어떻게 해서 주어졌는가를 극명하게 설명하고 있습니다.

신앙은 선교하는 주체가 있어, 그것이 전해지는 것이라는 점, 거기에서 설명되고 전해지는 '신앙'은 '주'인 당신으로부터 주어진 것임을 설명하고 있습니다. 또한 그것은 당신이 인간이신 당신의 아들을 통해 나에게 숨을 불어넣어주셨다고 선언하고 있습니다. '인간이신 당신의 아들'이란 물론 '육화(肉化(incarnatio, 강생降生)'를 가리킵니다.[7] 그러나 영혼의 숨 불어넣기가 없다면, 이 육화의 신비를 받아들이고 '믿는' 일이 없다는 것도 이 대목은 짧은 말로 명확히 선언하고 있습니다.

"이 신앙은 당신이 나에게 주신 것입니다. 당신이 인간이신 당신의 아들을 통해 나에게 숨을 불어넣어주신 것입니다"라는 말씀이 지닌 의미는 그렇기 때문에 매우 중요합니다. 그것은 도입부의 "주여, 당신은 위대한 분이십니다. 크게 찬미받을 만하십니다. 당신의 힘은 거대하고, 당신의 지혜를 헤아릴 수는 존재하지 않습니다"라는 구절과 호응하며, 『고백록』 도입부의 첫 장을 마무리하고 있습니다.

마지막 한 문장, "당신의 선교자의 봉사를 통해 나에게 숨을 불어넣어주신 것입니다"라는 부분에서 '당신의 선교자(praedicator tuus)'가 누구를 가리키는지에 대해서는 학자들 사이에 의견이 갈립니다. 그러나 이것은 아우구스티누스가 다른 대목에서도 같은 말로 그렇게 부르고 있는 사도 바울을 가리킨다고 보는 것이 자연스러울 것입니다.[8] 이렇게 읽을 때, 도입부에서 '당신의 힘', '당신의 지혜'라고 예수 크리스트를 부르던 이가 바울이었다는 것도 떠오르고, 아우구스티누스의 회심은 무엇보다도 바울 서간의 반복적 읽기를 통해 이루어졌음을 생각하게 합니다.

이러한 구조를 바탕으로 『고백록』 도입부의 한 장(I, i, 1)을 읽을 때, 이 장의 긴밀한 구성이 파악되고, 이것이 『고백록』 전체의 시작에 걸맞은 장임을 잘 이해하게 될 것입니다.[9]

4강

제1권 2~6장

이제까지 도입부 첫 부분을 살펴봤습니다. 오늘은 다음으로 넘어가겠습니다.

제1권 2장부터 5장까지는 『고백록』의 도입부 중에서도 극히 철학적인 부분입니다. 이 부분은 '변증론적 논법'으로 논의되고 있습니다. '변증론적 논법'이란 헤겔의 변증법과도 연결되는 것으로, 유럽의 학문 탐구에서는 플라톤 이후 오늘날에 이르기까지 오랜 기간 계승되어온 기본적 탐구방법의 하나입니다. 그리스어로는 *dialektike*, 라틴어로는 dialectica라고 합니다.[1] 기본적인 것을 잠시 설명하겠습니다. 우리는 인간의 언어를 사용해 사물을 생각합니다. 이 경우, 일반적으로 통용되는 언어를 사용하는 것이 원칙입니다. '변증론적 논법'이란 이런 방식으로 어떤 하나의 논제에 대해 어떻게 생각할 수 있는가를 되도록 다양하게 그려보는 데에서 시작됩니다. 이렇게 생각해보면, 각각의 주제에 대해서는 그에 걸맞은 각각의 방식으로 논하는 것이 적절하다는 것을 알게 됩니다. 이렇게 논제의 종류에 따른 논법 구별을 처음으로 제시한 사람이 아리스토텔레스인데, 이것은 *Topica*(『논제론』이라고도 번역할 수 있다)라는 저작에서 논의되어, 중세에 이르기까지 유럽의 학문론에서 고전으로 전승되어왔습니다. 어떤 논제에 대해서는 이렇게도 생각할 수 있지만, 동시에 그와 별개로도 생각할 수 있다는 입장이 생겨나고, 같은 주제에 대한 상반되는 귀결이 역시 합리적으로 사고되어, 서로 흑백의 결론을 내기 어려운 경우가 생깁니다. 일상적 경험을 넘어서는 주제를 문제삼을 때에는 그런 일이 일어납니다. 세계의 시작이나 끝이라든가 신과 같은 주제가 그렇습니다. '변증론적 논법'이라고 할 때는 실제로 이 두번째 논법을 말하는 경우가 많은 듯합니다.

이 『고백록』 도입부에서 아우구스티누스는 '회심(conversio)'이라는 스스로의 근원체험을 통해 스스로의 바탕을 뒤흔들어, 자신에게 관여해온 '주'라고 부르는 존재에 관해, 그 '주'가 자신에게 '무엇'인지를 조금이라도 이해하고 싶어하고, 그 존재와의 연관성을 되도록 분명히 하고자 했습니다. 1장 역시 그러한 시도이지만, 2장에 들어서면 아우구스티누스가 논의하는 방식은 한층 주체적이 되고,[2] 변증론적 논법을 사용해 '주'라고 불러온 존재와 자기의 연관성을 명확히 하려고 시도합니다. '주'는 도입부 첫 문장에서는 '거대한 존재'임이 입증되었습니다. 그런가 하면 '거대한 존재'를 부르고 있는 자신은 필연적으로 '작은 존재'입니다. '거대한 존재'와 '작은 존재'의 대비, '크고 작음'의 구별은 일상적 경험 속에서 우리에게 익숙한 일이고, 우리는 그러한 언어 이해 속에서 살아갑니다. 그렇게 '거대한 존재'에 대해 '작은 존재'인 자신이 '말을 걸고, 부르는(invocare)' 것이 어떻게 가능할까 하는 의문이 이 장의 논의를 이끌어냅니다. 이 경우, '~에게 말을 걸고, ~를 부른다(invocare)'는 말에 포함되어 있는 '~에게', '~를' 같은 요소가 여기에서의 변증론적 논법을 성립시키는 열쇠입니다. 이 열쇠는 라틴어로 invocare에 포함되어 있는 in-이라는 접두사에 들어 있습니다. 또 '부르다(vocare)'라는 동사에 포함된 운동성 및 방향성에 들어 있습니다. '무언가에 말을 걸고, 무언가를 부른다'면, 그렇게 '부르고 있는 존재'는 그 무언가를 '어딘가로' 오도록 부르고 있는 것은 아닐까요.[3] 그러면 그것은 '어디로'인 것일까요. 이렇게 invocare(말을 걸고, 부르다)라는 동사를 사용하면, '누구를 부르는 것인가' 하는 점과 함께 '어디로 부르고, 불러들이는 것인가' 하는 방향성이 문제가 됩니다. 그것은 '자기의 내면으로'가 아닐까요. 그러나 자기가 '작은 존재'라면, 어떻게 이 '작은 자기' 안에 '거대한 존재인 주'를 불러들이는 것이 가능할까 하는 점이 문제가 됩니다. 이 문제가 이 부분의 변증론적 논의를 성립시키고 있습니다.

여기에서는 '말의 의미의 분석'과 그에 따라 생기는 상식적 이치—이것을 '논리(logic)'라고 일컫습니다—가 하나가 되어, 얼핏 해결 불가능해 보이는 문제가 생겨납니다. '작은 존재' 안에 '거대한 존재'를 들이는 것은 당연히 불가능하기 때문입니다. 이렇게 언어를 나열하는 것에 의한 '문제' 제시가 '변증론적 논법'입니다. '사실'이 어떠한가보다는 **언어상으로, 논리상으로** 어떻게 그것이 가능한가 하는 점이 문제인 것입니다.

한편으로는 어리석다고 여겨질지도 모릅니다. 그러나 여기에는 인간이 이해할 수 있는 언어를 다해 인간을 초월한 '무엇인가'에 다가가려 하는, 말하자면 '초인적 시도'(=초월론적 사고)라고도 할 수 있는 '철학의 장場'4이 있습니다. 우리가 인간의 언어로 자기와 세계를 이해하고 그 안에서 살아간다고 한다면, 세계를 넘어선 존재가 이 세계 안에 있는 자기와 연관될 때에는, 그에 대응하려면 당장 인간의 언어로 인간 지혜를 다해 그것에 관여하고자 하는 것이 인간으로서의 '성실함(veracitas)'입니다. 그 밖에는 우리 인간이 '진리'를 따를 길은 없습니다. 이러한 상태를 '경건함(pietas)'이라고 일컫습니다. 아우구스티누스에게 '경건함'이란 그런 것이었고, '진리에 따라, 진리를 행한다(veritatem facere5)'는 것이 아우구스티누스의 평생에 걸친 과제였습니다.

이러한 변증론적 논법을 통해 인간은 비로소 이 논법을 통해 관련되었던 것 안으로 이끌려 들어가고, 그에 걸맞은 언어 사용이 이루어져, 우리는 그 안에서 새롭게 만들어지는 것입니다. 거기에 '진정한 종교(vera religio)'가 있습니다.

이 2장에서는 처음으로 '하느님(deus, 신)'이라는 말이 도입되는 것에도 주목하면 좋을 것입니다. '하느님'이라는 말은 '인간'의 경우와 마찬가지로 '일반어(general term)'이고 '분류어'입니다. 즉, 이 장은 1장과는 다른 일반적인 철학적 논의의 맥락에 놓여 있는 것입니다. 그래도 그 도입부의 신중한 언어사용 방식을 주목하게 됩니다.

"**나의 하느님**(deum meum)을 어떻게 부를 수 있습니까? **나의 주 되신 하느님**(deum et dominum meum)을."

quomodo invocabo deum meum, deum et dominum meum,

'하느님'은 하느님이지만, 이미 '나의 하느님(deus meus)'이고, '하느님(deus)이면서 나의 주(dominus meus) 되신 존재'라고 이야기되는 것입니다. 고찰은 이제 철학의 장으로 옮겨가는데, 문제가 되고 있는 부분은 역시 도입부에서 언급되었던 '나의 주'입니다.

여기에서 전개되는 변증론의 줄기를 따라갈 때, 이 변증론을 통해 '나의 하느님'이자 '주 되신 하느님'의 존재 방식이 어떻게 명확해지는지, 또 그 존재 자체와 자기의 연관성이 어떻게 제시되는지가 훌륭한 변증론적 논법에 따라 아름답게 전개됩니다.

그러면 그 내용을 잠시 이야기해보겠습니다. 아우구스티누스의 말은 일상 언어로 이해되는 것을 사용하다가 갑자기 언어가 일상어의 이해를 초월하는 형태로 움직여간다는 것을 깨닫게 됩니다.

2장(I, ii, 2)

"나의 주 되신 하느님을 부를 때, 그를 내 안으로 들어오시라 구하는 것인데 내 안에 하느님이 들어오실 무슨 자리(quis locus)가 있단 말입니까? 어떻게 하늘과 땅을 지으신 하느님이 내 안에 들어오신다는 말입니까? 대체 내 안에 '당신을 포용할 어떤 무엇(quod capiat te)'이 있습니까?"

여기에는 무언가를 담을 수 있는 '그릇'과 그릇에 들어갈 '내용물'이라는 일상적 경험에서의 언어가 기능하고 있습니다. 그리고 '크고 작음'이라는 공간적인 대비가 작용하며, '작은 존재'인 내 안에 '거대한 존재'인 주 되신 신을 '포용할' 자리가 없는 것으로 추정되고 있습니다.

거기에서 물음은 전환되어, 그러면 당신이 만드신 존재인 온 천지가 당신을 받아들일 수 있는지 묻게 됩니다. 온 천지가 나보다도 훨씬 큰 존재라는 것은 의심할 수 없기 때문입니다.('범신론'적으로도 해석될 수 있는 이런 언급 방식에 대해, 아우구스티누스는 더이상 언급하지 않고 지나가고 있습니다.)

"아니, 그렇다면 **당신 없이는, 아예 '있는 것**(=존재하는 것, quidquid est)'**이 존재하는 일은 없으므로, 무엇이든 '있는 것**(=존재하는 것)'**은 당신을 받아들일 수 있는 능력을 가지고 있는 것입니까?**"

여기에서 언어는 완전히 새로운 차원으로 옮겨갑니다. 나중에 '존재(esse)의 철학'이라고 하는 철학적 사변을 선취하는 어법의 차원으로 갑자기 비약하고 있는 것입니다. 이 철학적 사변에 대해 이 자리에서 상세히 논할 수는 없겠지만, 대략적인 내용은 다음과 같습니다. 무언가가 '존재하고 있다'면, 그것은 그 자체와는 다른 어떤 것을 근거로 존재하도록 되어서 존재합니다. 따라서 각각의 '존재하고 있는 것' 안에는 '그것을 존재하도록 하는 것'이 그 근거로 내포되어 있다는 것이 논점입니다. 그러면 '존재한다'는 것을 근거 짓고 존재하도록 하는 것은 무엇일까요. 그것은 역시 다른 것에 의해 존재하도록 되어 있어서 존재하는 것이 아니라, 그 스스로에 의해 존재하는 것이라고 생각됩니다. 이러한 것을 '존재 그 자체(esse ipsum)'라고 합니다. 이렇게 사고를 진행해가는 사변의 방식을 '존재의 철학'이라고 합니다. 신은 이렇게 모든 것에 '존재하는 것'을 부여하고 있는 존재이므로 '존재 그 자체(esse ipsum)'라고 일컬어집니다. 그리고 이 존재가 『탈출기』 3:14에서, 호렙 산의 타오르는 덤불 속에서 모세 앞에 나타나 이집트에서 괴로워하는 이스라엘 민족을 파라오로부터 구출하도록 명령한 신이고, 이에 대해 모세가 민족에게 당신의 이름을 무엇이라고 알리면 좋겠습니까 하고 물었던 것에 대해, '**나는 있는 나다**(ego sum qui sum; *ego eimi ho on*)'라고 답했다는 내용과 관련해, 신의 이름은 '있는 존재(qui est)'라고 알려졌습니다.[6] '존재 그 자체'라는 이름을 둘러싼 이와 같은 사변은 이미 아우구스티누스로부터 시작되었습니다. 『고백록』에서는 신을 qui est 'est'('있다인 존재')라고 부르는, 라틴어로는 파격적인 용법도 제시됩니다.[7]

여기에서 사변은 더 계속됩니다. 그리고

"지금 존재하고 있고 당신이 내 안에 계시지 않았다면 존재할 수 없었던 내가, 왜 당신에게 빌어 내 안에 들어오시도록 하는 것입니까?"라고 묻습니다. 이것은 앞에서 언급한 '존재의 철학'으로부터 비롯되는 귀결입니다.

그리고 이 물음에 대해

"그러므로 나의 하느님, 당신이 내 안에 계시지 않으면, 내가 존재할 수 없겠지요, 결코 존재할 수 없을 것입니다"라고 스스로 답합니다. 이것은 자기 내면에서의 자신의 존재 근거인 '신의 내재'에 대한 증언입니다.

그러나 여기에서 사변은 반전됩니다.

"그래도 내가 당신 안에 존재하지 않았다고 한다면, 나는 존재하지 않는 것이겠지요. '모든 것이 당신 안에 있고, 당신으로 인해 있고, 당신을 통해 있는'(『로마서』 11:36) 것이기 때문입니다."

여기에서 '당신이 내 안에 있다'는 표현은 '내가 당신 안에 있다'는 표현으로 갑자기 전환됩니다. '자기 안에서의 신의 내재'와 '신 안에서의 자기의 내재'라는 차이입니다. '내 안에 있다(in me esse)'는 표현, 그리고 이와 표면적으로 상반되는 '당신 안에 있다(in te esse)'는 표현은 아우구스티누스가 '주'라고 부르는 신과의 연관성을 표명하는 데 빠질 수 없는 한 쌍의 표현입니다. 그것은 신의 '내재'와 '초월'이라 말해도 좋을 부분인데, 『고백록』 전체는 이 관련성을 분명하게 드러내기 위해 구성되었다고도 볼 수 있습니다. '내 안에 존재하는 신'의 '안에 있는 존재'로서, 내가 어떻게 해서 확고해져가는가에 '회심(conversio)'이라는 주제가 있고, 그것이 어떻게 달성될 수 있는가를 언명하는 부분에 『고백록』의 주제가 있습니다.[8]

3장(I, iii, 3)

3장에서 변증론적 탐구는 다시 '받아들이는 것=그릇'과 '받아들여지는 것=내용'이라는 일상 언어의 차원으로 돌아가, '받아들여지는 것=내용'이 액체로 여겨지면서, 인간이라는 그릇이 하느님을 받아들일 수 있을까, 받아들였다고 해도 넘치지는 않을까, 또 그릇이 부서진다면 내용은 흘러서 흩어져버리는 것이 아닐까 하는 식으로, 자연의 사물을 예로 들면서 문제를 전개한 다음, 신과 인간의 관계는 그런 것이 아님을 어떤 신비적 색조를 지닌 언어로 표명해갑니다.

"당신은 흩어지심이 없이 우리를 하나로 모으십니다. 그러나 당신이 모든 것을 채우신다고 할 때 당신의 전부를 통틀어 채우십니까?…… 그렇지 않으면 당신은 어디에든지 전체적으로 편재하시되 세상에 있는 아무것도 당신 전부를 포용할 수 없는 것입니까?"

et cum effunderis super nos, non tu iaces, sed erigis nos, nec tu dissiparis, sed colligis nos. sed quae imples omnia, te toto imples omnia. … an ubique totus es et res nulla te totum capit?

4장(I, iv, 4)

4장은 다시 변증론적 논법의 처음으로 돌아가 "제가 묻사오니 그러면 나의 하느님 당신은 누구십니까? 주님이 아니시고 누구십니까? 주님 외에 누가 하느님이십니까?"라고 물은 뒤, 하느님을 서술하는 갖가지 상반되는 한정어가 열거되며, 이런 상반되는 한정어의 '반대의 일치(coincidentia oppositorum)'로 하느님을 표현합니다.

"당신은 지극히 높으시고 선하시며, 전지전능하시며, 지극히 자비로우면서도 의로우시며, 지극히 은밀히 계시면서도 가장 가까이 현존하시며, 지극히 아름다우면서도 지극히 강하시며, 항상 계시되 어디에 의존해 계시지 않으시며, 스스로는 변하지 않으시되 모든 것을 변화시키시며, 새롭게 되거나 옛것으로 돌아가지 않으시되, 모든 것을 새롭게 하십니다. 그러나 당신은 교만한 자들을 노쇠하게 하시니 그들은 이것을 알지 못합니다.

당신은 항상 일하시되 안식하시고, 부족함이 없으시나 거두시며, 계속 받들어주시고, 채워주시고, 보호해주십니다. 당신은 항상 창조하시고, 양육하시며, 완성하십니다. 당신은 부족함이 없으시나 찾으시고, 사랑을 하시되 (욕심으로) 불타지 않으시며, 질투를 하시나 괴로워하지 않으시고, 뉘우치시나 슬퍼하지 않으시며, 노하시되 안정하십니다. 당신이 하시는 일을 바꾸시되 당신의 뜻과 계획은 바꾸지 않으시며, 당신이 무엇을 찾으셨다 할 때 아주 잃어버린 것을 찾음이 아니십니다.

당신은 결코 궁핍함이 없으시나 무엇을 얻을 때 기뻐하시며, 욕심이 없으시나 이자를 요구하십니다. 사람들은 당신께 필요 이상 더 바쳐 당신을 인간에게 빚진 자로 만들려 하나 사실 인간이 가진 것 중에 당신 것이 아닌 것이 어디 있습니까? 당신은 인간에게 빚진 것이 하나도 없으시나 마치 빚진 것처럼 그들에게 갚아주십니다. 또한 당신에게 진 빚을 없이 해주신다 해도 그것 때문에 당신은 손해 보는 것이 없으십니다.……"

이렇게 하느님은 인간의 언어로는 다 표현하기 어려운 존재이지만, 그럼에도 '당신에 대하여 침묵을 지키는 자들에게는 화가 있을 것입니다(vae tacentibus de te)'라고 마무리합니다.

5장(I, v, 5~6)

5장은 변증론적 논법의 결론부가 되며, 신비주의적 언어로 가득 차 있습니다. 이제 이 '거대한 존재'가 '작은 존재'인 자신의 영혼 속으로 들어옴으로써 안락하게 쉴 수 있다는 것입니다.

"누가 나를 이끌어 당신 안에서 쉬게 할 수 있겠습니까? 누가 당신을 내 마음에 오시게 하여 내 마음을 취하게 하고 나로 하여금 내 죄악을 잊게 함으로 나의 유일한 선이 되시는 당신을 포용할 수 있게 하겠습니까? 당신은 나와 무슨 상관이 있습니까? 자비를 베푸사 나로 하여금 당신께 말하게 하여주소서. 나는 당신과 무슨 상관이 있기에 나를 명하여 당신을 사랑하지 않으면 진노하셔서 비참함을 느끼도록 위협하십니까? 당신을 사랑하지 않음이 사소한 비참함밖에 안 됩니까? 그렇지 않습니다. 내 주 하느님이여, 당신은 나와 무슨 상관이 있습니까? 자비로써 말씀하여주소서. 내 영혼에게 '나는 너의 구원이다'라고 하소서. 나로 하여금 그 말씀을 듣게 하소서. 오, 주님, 내 마음의 귀가 당신의 면전에 있사오니 내 귀를 열어주소서. '나는 너의 구원이다'라고 내 영혼에게 말씀해주소서. 내가 그 말씀을 좇아 따라가 당신을 붙들겠습니다.9 당신의 얼굴을 나에게서 돌리지 마소서. 내가 당신의 얼굴을 봄으로써 내 육신이 죽게 된다고 할지라도 내가 살기 위하여 당신의 얼굴을 뵙고자 하옵니다."

여기에는 『시편』 구절이 몇 번이나 반복되고 있음을 깨닫게 됩니다. 매우 유명한 결말부를 직역하면, '죽고자 합니다, 죽지 않도록, 당신의 얼굴만을 보기 위해(moriar, ne moriar, ut eam videam)'가 되는데, 사랑에 대한 마지막 소원을 제시하는, 번역이 거의 불가능한 문장입니다.

이것은 '신비적인 사랑' 고백의 극치라고 할 수 있을 것입니다. 신비주의 문학 전통에서는 이러한 표현이 많이 등장합니다. 연인들의 달콤한 사랑의 속삭임에서조차 이와 비슷한 표현을 볼 수 있는 '사랑의 정담'이라고 할 수 있습니다. 그것은 영혼이 주로서의 하느님에게 말을 걸고 있는 마음 깊은 곳에서의 애달픈 사랑 고백인 것입니다.

이것은 아름다운 결말입니다. 시적 언어, 종교적 언어라고 해도 좋을 테지만, 오히려 그야말로 종교 자체이며 기도이고, 아우구스티누스를 살아 있게 하는 언어입니다. 이러한 언어가 합리적 논구(ratiocinatio)의 종극에 하나의 기도로 흘러넘치는 데에 아우구스티누스 언어의 특징이 있습니다. '기도'는 기도로서 그 자체로 고립되어 있는 것이 아닙니다. '기도하시오'라는 말을 듣고 기도하는 것 역시 하나의 기도일 것입니다. 또 견디기 힘든 역경에 빠진 채, 자기를 넘어서는 위대한 힘에 의지할 수밖에 없어 기도하는 것도 하나의 기도일 것입니다. 이러한 기도는 종교의 원초 형태로서 존재하며, 거기에 원시종교가 있을 것입니다. 그런 기도에서는 '은혜'를 구하는 것과 '숭배'를 두려워해 피하는 것이 하나가 되어 있습니다. 그러나 여기에서 보이는 아우구스티누스의 기도는 그와 다릅니다. 우리가 살아가고 있는 현실을 성립시키는 것으로서 ratio(합리성, 합리적 질서)가 있는데, 그 ratio에 의해 마지막까지 생각한 끝에 ratio로서 살아가는 우리의 일상성을 깨는 것, 일상성을 넘어선 것이 나타나고, 나아가 그러한 일상성을 넘어선 것과의 연관성이 우리를 살아가게 하는 것임을 분명하게 확인하는 데에서 언어는 저절로 '기도'로 바뀝니다. 이것이 아우구스티누스의 언어입니다. '고백하다'를 의미하는 라틴어 confiteri는 '말하다'를 의미하는 fa라는 어근에 강조의 con이 덧붙어 〔동작이 주어 쪽을 향해 이루어지는〕 중동태中動態로 말하는 것이고, 또 자신과 관계되는 것에 관해 분명하게 그렇다고 확언하는 것이라고 했습니다. 이렇게 자기 모습의 있는 그대로의 진실을 표현하고 확언할 때, 그것이 기도가 되어 분출되는 것입니다. 이것이 아우구스티누스 언어의 생명입니다.

이렇게 읽음으로써 5장의 언어의 의미를 한층 잘 알 수 있었을 것입니다. 그리고 맨 마지막 언어로 결말짓고 있듯이, 아우구스티누스에게는 '주의 얼굴을 보는 것(faciem tuam uidere)'이 최종 목적입니다.

더구나 이런 신비적인 사랑 고백이 한동안 계속되면서 그것이 '고백'의 실마리가 되고, 그로부터 6장의 유아 시절 회고로 옮겨갑니다.

"내 영혼의 집은 당신이 들어오시기에 너무 비좁으니 넓혀주소서."

angusta est domus animae meae, quo uenias ad eam: dilatetur abs te.(I, v, 6)

우리는 여기에서 '당신께서 제 마음을 넓혀주셨기에(dilatasti cor meum)'라는 『시편』118(119):32 구절을 떠올릴 수 있을 것입니다. 또 철학자 하이데거의 '열림(Offenheit, 존재의 열림)'설[10]을 떠올려도 좋을 것입니다. 우리가 우리 자신을 근거 짓고 있는 것을 향해 우리 자신을 열 때, 그곳에 진정한 자유의 장소인 '열림'이 가능한 것입니다.

"폐허가 된 집이니 수리해주소서."

ruinosa est: refice eam.

여기에서도 '지식은 교만하게 하고 사랑은 성장하게 합니다(scientia inflat, charitas vero aedificat.)'—보통 '덕을 세우다'라고 번역됩니다—라는 바울의 말(『코린토서1』8:1)의 여운이 울리고 있다고 해도 좋을 것입니다.

이어지는 부분에서는 스스로가 '죄(delicta)'로 더럽혀진 존재임을 인정하고, 진리 자체인 주가 그것을 허락하여 자기도 깨닫지 못하고 있는 자신의 과오로부터(ab occultis meis) 자신을 정화해주시도록, 또 자기가 스스로를 속이는 일이 없도록, 진리 자체인 하느님에게 청합니다. 이 부분은 장차 시작될 자기의 반생에 관한 『고백록』회고의 시작으로, 진리 자체인 하느님의 빛을 구하고, 진리 자체인 하느님과의 대화를 통해 진실한 자기 자신의 모습을 밝혀내는 『고백록』의 음미의 기록입니다.

그러면 6장(I, vi, 7)으로 옮겨가봅시다. 유명한 말이 나옵니다. 다름아닌 '죽음에 이르는 생명(vita mortalis)', '생명에 이르는 죽음(mors vitalis)'이라는 말입니다. '살아가는 주검'이라 해도 좋을 것입니다. 요컨대 우리가 평소처럼 살아가는 이 삶은 죽음일 뿐이라는 것입니다. 그것은 '생명' 자체인 신으로부터 단절되어 있는 '삶'이고, 그것이 원죄라는 상황 속에 있는 인간의 존재 방식(human condition)으로서의 '삶'의 양상입니다. 따라서 그것은 '죽음에 이르는 생명(vita mortalis)', '생명에 이르는 죽음(mors vitalis)'이라고 불립니다. '원죄'란 '생명' 자체인 신과의 관계로부터 단절된 상태를 말합니다. 아담과 이브의 이야기는 이 내용을 이야기로서 설명하는 것인데, 신에게 등을 돌리고 생명 자체인 신과의 관계를 끊어버린 상태에 있는 이러한 인간의 처지가 '원죄'라는 상황입니다.

이어서 2단락에서는 시적인 표현으로 '자신은 어디로부터 이 세상에 온 것인지 모른다'고 말합니다. 누구라도 한 번쯤은 이렇게 생각한 적이 있을 테지만, 일상을 살아가다보면 그런 것은 잊어버립니다. '나는 내가 태어난 것을 기억하고 있다'고 말할 수 있는 사람은 없습니다. 마찬가지로 '나는 죽었다'고 말할 수 있는 사람도 없습니다. 그렇지만 자신이 태어난 존재인 것은 누구나 알고 있습니다. 자신이 어느 한순간에 태어난 것이 아니라, 줄곧 이 세상에 계속해서 살아왔다고 말할 수 있는 사람은 없습니다. 또 자신이 언제가 죽을 것이라는 사실을 부정할 수 있는 사람도 없을 것입니다. 그럼에도 어디에서 온 것인지는 모르는 '그러한 삶 속에 놓여 있다'는 것이 '죽음에 이르는 생명(vita mortalis)', '생명에 이르는 죽음(mors vitalis)'이라는 것입니다. 그것은 진정한 빛을 잃어버린 상황입니다. 『요한복음서』도입부에는 '말씀' 안에 '생명'이 있고, 이 '생명'은 인간을 비추는 빛이라고 되어 있습니다. 그 빛을 잃어버리는 상황이 '원죄'라는 인간의 처지인 것입니다. 따라서 그런 상황에서 우리가 무언가를 추구하거나 한다면, 권력이나 재력을 원하거나, 애욕을 추구하게 됩니다. 그러나 그것은 본래의 자기 자신이 아닌 존재로 향해가는 운동입니다. 그것이 원죄라는 상황입니다.

우리는 태어났다는 것은 알고 있습니다. 자신이 존재하고 있다는 것도 알고 있습니다. 이 존재는 부모로부터 받은 것이므로 자기 존재의 수여자는 부모라고 할 수 있습니다. 유교 전통에서는 '부모의 은혜는 산보다도 높고, 바다보다도 깊다'[11]고 하면서, '효'가 인간의 도리라고 말합니다. 또 생물학적으로 인간은 부모로부터 태어나는 것도 확실하지요. 그럼에도 이것만으로 모든 것이 설명된다고 할 수 있을까요. 부모로부터 자기 존재를 받았다는 것만으로는 끝나지 않는 부분이 있지 않을까요. 아우구스티누스는 여기에서 '당신은 나의 육신의 부모님들로부터 그리고 그들 안에서 적당한 때에 나를 지으셨습니다(ex quo et in qua me formasti in tempore)'(I, vi, 7)라고 말했습니다. 그러니까 존재의 수여자는 '당신', '주님이신 나의 하느님'이라고 말하고 있는 것입니다. 불교에서도 탄생은 '연緣'이라고 합니다. 이 세상에 태어난 나와 부모 사이는 기연機緣이지만, 나의 탄생 자체는 부모를 넘어선 것과 관계됩니다.

이 문제는 중요합니다. 여기에서 중요해지는 것은 인간의 '자기'라는 것이고, 자기의 '정신성'이라는 것입니다. 아우구스티누스에게서 유래한 발상을 근대에 전개한 19세기 철학자 키에르케고어는 다음과 같이 말했습니다.

"인간이란 무엇인가, 인간이란 정신이다. 정신이란 무엇인가, 정신이란 자기이다. 자기란 무엇인가, 자기란 자기 자신에 대한 관계이다. 이 자기의 자기 자신에 대한 관계는 자기가 맺은 것이거나, 자기가 아닌 어떤 존재가 맺어준 것, 둘 중 하나이다. 그것이 모종의 존재에 의해 맺어진 것이라면, 자기는 자기 자신에 대한 관계인 동시에, 그 관계를 맺어준 존재에 대한 관계이기도 하다."12

이것을 조금 설명하겠습니다. 우선 '자기'란, '자기가 자기를 자기로서 안다'는 자기의 자기 자신에 대한 관계가 없이는 있을 수 없겠지요. 고양이가 이런 의미로 자기를 알고 있는지 어떤지는 의문스럽습니다. '자기'라는 말을 사용하는 존재만이 자기를 알고 있다고 할 수 있습니다. 그리고 이러한 관계는 자기가 맺은 것이라고도 할 수 없고, 자기는 이 자기 관계 안에서 태어나게 된 것이라고밖에 말할 수가 없는 것은 아닐까요. 거기에서 키에르케고어는 인간의 이런 정신성에 '절망'의 원인이 있다고 생각하고, 있는 그대로의 자기 자신을 받아들이지 않고 자기 자신으로부터 도망치려 하는 것에 '절망'이 있다고 보면서, 절망의 두 종류를 구별하여, 자기가 자기 자신일 것이라는 절망과, 자기가 자기 자신일 것이라고 하지 않는 절망, 두 가지가 있다고 했습니다. 이것은 니시다 기타로[西田幾多郎, 1870~1945] 선생도 애호했던[13]『죽음에 이르는 병』의 서두에서 전개되는 인간의 정신성에 대한 설명입니다. 이러한 정신성에서 인간의 초월성이 제시되고 있는 것은 아닐까요.

『고백록』으로 돌아가면, 이어지는 서술은 어린아이 안에 뿌리내린 일종의 에고이즘 분석으로 향합니다. 이것 역시 원죄 문제와 관련이 있습니다.

6장 10절(I, vi, 10). 여기에서는 시간과 영원의 문제가 나옵니다. 이것은 주로 11권에서 전개되는 문제인데, 신의 '현재'는 언제까지라도 지나가지 않는다는 것을 어떻게 해석할지, 이 '현재'의 문제가 근본문제이며, 그것은 『고백록』 전체를 관통하고 있다고 말할 수 있을 것입니다. 이처럼 영유아 시기의 회상 부분에서도 이미 이 문제가 얼굴을 내미는 것입니다.

9장(I, ix, 14). '세상에서 번영하는 것이 마땅하다……', 이 말은 남의 일이 아닙니다. 여러분 중에도 자녀를 둔 분들이 많을 텐데, 지금의 도쿄의 현실이 아우구스티누스가 말하고 있는 것과 다르다고 부정할 수 있을까요. 이것 역시 죽음에 이르는 생명이라는 것입니다.

11장(I, xi, 17). '십자가 낙인과 소금을 바르는 것'은 세례는 아니지만, 세례 지원자에 대한 낙인이고, 독실한 신자인 어머니 곁에서 크리스트교적으로 자랐다는 것을 알 수 있습니다. 아버지는 평범한 로마인으로 크리스트교도는 아니었지만, 가정은 어머니가 주도하고 있었을 것입니다. 당시에는 세례는 되도록 나중에 받는 것이 좋고, 세례를 받고 나서 죄를 짓는 것은 좋지 않다는 통념이 있었습니다.

13장(I, xiii, 20). '당신을 떠나서 죽어가고 있다'고 했지만, 이것은 『아이네이스』에 푹 빠진 무렵의 자신을 말하는 것입니다. 이미 설명했듯이 『아이네이스』는 아우구스투스 황제 시대의 로마 시인 베르길리우스가 쓴 서사시인데, 트로이아 왕족이었던 아이네아스가 트로이아 멸망 후 온갖 고초를 겪다가 마침내 이탈리아 땅에 도착해 로마 건국의 기초를 정한 과정을 노래한 서사시입니다. 앞에서도 언급했듯이, 그런 편력 과정에서 카르타고에 흘러들어 카르타고 여왕 디도의 후한 대접을 받고 기운을 되찾았지만, 그후 줄곧 카르타고에 머물러줄 것으로 기대했던 여왕 디도의 소원을 신의 뜻에 따라 외면하고, 디도를 버린 채 배를 타고 이탈리아로 가버렸습니다. 슬퍼서 스스로 목숨을 끊은 디도의 운명을 한탄하며, 아우구스티누스는 눈물을 흘렸다고 여기에 쓰여 있습니다. 디도는 카르타고의 여왕이라서, 그것은 카르타고의 이야기이기도 했습니다. 이 이야기는 아우구스티누스를 죽는 날까지 붙들고 있었던 것으로도 보입니다. 또 베르길리우스는 『신국』에서도 중대한 의미를 가지고 있어,[14] 아우구스티누스에게 큰 영향을 끼쳤다고 봅니다.

5강

회심의 과정(이향離向과 귀향歸向)

_이향(aversio)의 과정

'자전적 부분'의 해석에 대해

이미 설명했듯이, 『고백록』은 아우구스티누스 개인의 역사에서 실현된 하느님의 은총을 공언하고 그 위대함을 찬미하기 위해 기록된 책입니다. 1부에 해당하는 자전적 부분(1~9권)이 이를 어떠한 과정에서 실현된 것으로 서술하고 있는지를 파악하는 것이 『고백록』을 해석하는 데 필요합니다. 그것은 이 부분을 어떠한 '묘사'로서 읽을 것인가 하는 점이기도 합니다.

이제까지 줄곧 유지되어온 읽기 가운데 하나는 다음과 같은 단락 구성으로 읽는 것입니다. 이것은 내가 공부하기 시작하던 무렵에 널리 받아들여진 방식입니다.

제1권 유년기에 싹튼 악 (자기애), 소년기의 악행 (절도)

제2권 청년기의 방탕 (애욕)

제3권 진리에 대한 사랑의 자각

제3·4·5권 마니교로의 전락 (선악 이원론)

제6권 회의주의

제7권 지성의 회심 (악의 비존재, 자유의지)

제8권 의지의 회심 (두 가지 규칙, 바울이 말하는 영혼의 규칙과 육체의 규칙), '들고 읽어라(tolle, lege)' (정원 장면)

이것은『고백록』을 일종의 심리주의적 내성문학으로 읽는 방식이자, 철학적 방황형의 독해라고 할 수 있을 것입니다. 철학적 종교인의 '참회록'이라는 느낌이 강한 주관주의적 읽기입니다.

그리고 또다른 읽기의 가능성으로서,『고백록』을 그 나름의 구조를 지닌 것으로 전제하고 읽는 방식도 있습니다. 즉, 1권부터 9권까지의 이른바 '자전적 부분'을 아우구스티누스 자신에게서 하느님의 은총이 실현된 것으로 구성되어 있다고 전제하고 읽는 것입니다. 이것을 구성적 해석이라고 부르려 합니다.

이러한 구성적 해석에 따르면 회심 과정은 하느님으로부터 멀어져가는 '이향(aversio)'의 과정과 하느님에게 되돌아가는 '귀향(conversio)'의 과정으로 이루어지는데, 그것은 다음과 같이 묘사되고 있다고 봅니다.

1권 하느님 곁(=어머니 모니카의 신앙)에 있는 영혼. 이 부분에서 아우구스티누스가 유년기에 어머니의 신앙 속에서 자란 사실은 그의 생애와 회심의 과정을 관통하며, 이를 움직이는 기동력이 되고 있습니다.

2·3·4권 이향의 과정. 이것은 소년기에서 청년기로 향하는 방탕의 과정으로, 배를 훔친 사건이나 카르타고에서의 애욕, 변론술 학습, 마니교로의 전락 등을 서술합니다.

5·6·7·8권 귀향의 과정. 이 대목은 파우스투스와의 만남, 회의주의, 암브로시우스와의 만남, 플라톤주의, 바울 서간 읽기, 정원 장면의 극적인 회심 등을 서술합니다.

9권 하느님 곁(=어머니 모니카의 신앙)에 있는 기쁨과 평안.

그러니까 앞에서 제시한 주관주의적인 철학적 방황형의 읽기에서는 9권이 회심 과정의 구성에서 벗어나는데, 이 권은 매우 중요합니다. 로마의 외항 오스티아에서 고향으로 갈 배가 떠나기를 기다리면서 어머니와 함께 시간을 보내며 천국에 대해 이야기하고 천국의 행복에 대해 명상한 일을 서술하면서, 머지않아 어머니가 세상을 떠난 것에 대해 이야기합니다. 『고백록』의 클라이맥스 중 하나가 이 대목에 있습니다. 여기에서 자전적 부분이 끝나는 것은 『고백록』의 구성상 대단히 중요한 점입니다. 『고백록』 집필 당시, 아우구스티누스는 이미 주교가 되어 있었습니다. 그러나 오스티아에서의 경험 이후, 고향으로 돌아가고 나서 어떤 일이 있었는지, 또는 어떤 경위로 성직자가 되고 주교까지 되었는지, 그 과정에 대해서는 일언반구도 없습니다. 이것은 『고백록』이 자전문학이 아니라는 것을 보여주는 확실한 증거입니다. 하느님에게서 멀어졌다가 다시 돌아오는 방황의 과정에서도 고비마다 어머니의 기도에 의지했다고 쓰고 있습니다.[1] 따라서 이러한 방황을 거쳐 결국 9권에서 어머니 곁으로 돌아가 어머니와 신앙의 기쁨을 함께하는 것으로 이 자전적 부분이 마무리되도록 묘사되어 있는 것입니다. 이와 같은 읽기를 이 자전적 부분의 구성적 해석이라고 일컫습니다.

이런 해석의 장점으로는

(1) 1권과 9권의 위치 규정

(2) 어머니 모니카의 의미

(3) 균형을 이루는 구성

(4) 그 밖의 문헌학적 근거 (어째서 9권에서 끝나는가)

등 여러 가지가 분명해진다는 것을 들 수 있습니다. 이것은 앞에서 제시한 방식보다 더 종교적이고 신학적인 읽기이면서, 『고백록』의 취지에도 부합된다고 믿습니다.

이향의 과정

그러면 이 회심의 과정을 구성하는 첫 부분인 이향 과정에 대해 생각해보겠습니다.

먼저 '이향(aversio)'이라는 말에 대해서는 이렇게 이야기할 수 있습니다. 하느님에게서 떠나가는 과정이 '이향'이고, 하느님에게 되돌아가는 과정이 귀향(conversio)입니다. 둘 다 verto라는 동사로 이루어져 있습니다. verto는 '방향을 바꾸다'라는 뜻의 동사이고, 각각 'a(떨어져)'와 'con(원래로 돌아가다)'이 덧붙어 만들어진 말입니다.

문제는 거기에서 이 이향의 과정이 어떻게 묘사되고 있는가 하는 점입니다. 이를 다음과 같은 구조를 이루는 것으로 생각해보았습니다.

(i) 하느님 곁에 있는 영혼 (1권)

(ii) 이향 (2·3권)

(iii) 호르텐시우스 체험 (III, iv, 7~8), 마니교로의 경도 (III, vi, 10)

(iv) 귀향의 단서, 5권 서두 (V, i, 1; cf. VIII, i, 1), 파우스투스 체험 (V, vi, 10~11; vii, 12~13)

(a) 이향은 2권에서 시작되지만, 우선 3권 서두부터 함께 음미해 보고 싶습니다. 이것은 카르타고에 갔던 때의 이야기인데, 매우 아름답게 서술되어 있습니다.

"나는 드디어 카르타고로 왔습니다. 그곳은 가증한 사랑으로 가득찬 프라이팬(sartago)이 내 주위에서 펄펄 끓고 있는 곳이었습니다. 나는 아직 사랑하고 있지는 않았으나 사랑하기를 사랑하고, 깊이 숨겨진 욕구불만에서 내가 그 욕구불만을 더 강하게 느끼지 못함을 스스로 미워했습니다."

veni Carthaginem, et circumstrepebat me undique sartago flagitiosorum amorum. nondum amabam et amare amabam et secretiore indigentia oderam me minus indigentem.(III, i, 1) T. S. 엘리엇은 시집 『황무지』에서 '나는 드디어 카르타고로 왔습니다(To Carthage then I came)'라는 『고백록』의 이 구절을 인용해 '방황'을 상기시키고 있는데, 이미 읽어본 분들도 있을 것입니다.[2] 이 부분을 라틴어 원문에 따라 좀더 상세하게 살펴보겠습니다.

'veni Carthaginem(나는 드디어 카르타고로 왔습니다)', 'circum(내

주위에서)', 'strepebat(펄펄 끓고 있었습니다)', 'undique(여러 곳에서)', 'sartago flagitiosorum amorum(가증한 사랑으로 가득찬 프라이팬이)'. 대단한 문학적 표현입니다. 현대는 고대 말기에 가깝다고들 하는데, 오늘날의 우리 역시 늘 이런 상황에 처해 있는 것은 아닐까요. 물론 당시의 황제는 크리스트교도였고, 카르타고에도 유력한 주교좌가 있었습니다. 그러나 아우구스티누스가 교회에 열심히 다녔다고는 생각할 수 없습니다. 그곳에는 고대 로마적인 모든 것, 즉 극장이나 검투경기장, 애욕의 장소 등이 있었습니다. 검투경기장에서는 실제로 칼로 찌르거나 했을 테니, 지금의 프로레슬링보다 잔인한 정도가 훨씬 심했을 것입니다. 이어서 'nondum amabam(나는 아직 사랑을 하고 있지 않습니다)'이라고 되어 있습니다. 또 (아우구스티누스는 그것을 아쉬워하며) 'amare amabam(사랑하기를 사랑하고 있었습니다=애욕에 사로잡히기를 동경했습니다)'이라고 썼습니다. 『고백록』의 이 부분에는 그 무렵의 자기 상황을 직시하고 스스로의 부끄러운 모습을 있는 그대로 묘사하면서, 이를 '하느님으로부터의 이향(aversio, 방황)'으로 규정하는 관점이 있습니다. 이어지는 문장은 이것을 확실히 표현하고 있습니다.

"그리고 나는 당시 그다지 굶주림을 느끼지 않던 자신을 증오하고 있었지만, 사실 그것은 한층 더 숨겨진 굶주림에 의한 것이었습니다."

et secretiore indigentia oderam me minus indigentem.

그러니까 직역하면 이렇게 되는 이 구절은 조금 어려운 문장입니다. '그다지 굶주림을 느끼지 않던 자신'이란 무엇을 말하는 것일까요. '그 무렵 아직 애욕이 그다지 강하지 않았던 자신을 부끄럽게 생각했다'는 뜻은 아닐까요. 그것은 '사랑하기를 사랑하고 있었습니다(애욕에 사로잡히는 것, 정사에 탐닉하는 것을 동경하고 있었습니다)'라는 앞의 문장과 똑같은 의미가 됩니다. 그리고 그렇게 했던 것은 사실 당시에 자신에게 숨겨져 있어 스스로 알아차리지 못했던 자기 자신의 마음 깊은 곳의 굶주림에 의한 것이었다고, 지금 술회하고 있는 것입니다. '한층 더 숨겨진 굶주림'이란, 그것이 신으로부터의 이향 상태였음을 깨닫지 못하고 있었다는 것을 말합니다. 따라서 이 문장은 애욕을 모르는 자신을 부끄럽게 여기던 당시의 자신을 지금 부끄럽게 생각하고, 있는 그대로의 내용을 진리인 하느님 앞에서 말로 나타내고 있는 것입니다.

(b) 이어서 4장을 살펴보겠습니다(III, iv, 7). 여기에는 학습 과정에서 키케로의 책 『호르텐시우스』를 읽고 '불멸의 지혜(immortalitas sapientiae)'를 갈망하는 마음이 고조되어, "당신에게 돌아가기 위해 일어섰습니다(surgere coeperam, ut ad te redirem)"라고 되어 있습니다. 그러니까 아우구스티누스에게는 키케로의 책을 읽는 것 자체가 신으로의 귀향을 위한 단서였던 것입니다. 그러나 '일어서기 시작하였다(surgere coeperam)'라는 표현에 담겨 있는 일종의 초조함 같은 것도 느껴집니다. 즉, 일어서고는 있지만, 아직 완전히 일어서지는 않은 것입니다. 그는 키케로의 책을 거듭 읽으며 진리를 탐구하고자 열망했는데, 사실은 그런 노력이 오히려 이때 그를 크리스트교로부터 멀어지게 하고 마니교로 깊이 빠져들게 한 계기가 되었기 때문입니다.

어째서 그렇게 된 것일까요. 『고백록』은 이것을

"내 마음이 지혜로의 갈망으로 불타고 있었으나 그 책에 한 가지 석연치 않았던 것은 크리스트의 이름이 그 속에 없었다는 것이었습니다. 오, 주님, 그 이름, 당신의 아들, 내 구주 되신 그 이름을 당신의 은총은 나의 어린 마음으로 하여금 어머니의 젖과 함께 정성스럽게 먹게 하셨고 대단히 귀중하게 내 마음속 깊이 간직하게 하셨습니다"(III, iv, 8)

라고 설명하고 있습니다. 거기에서 아우구스티누스는 『성서』를 손에 들게 되는데, 『성서』는 키케로의 우아한 문체와는 비교도 되지 않을 만큼 유치해 보여서, 그 속으로 빠져들 수는 없었습니다. 이런 경위에 대해 『고백록』 3권 5장은 다음과 같이 설명합니다.

"그러므로 나는 성서로 마음을 돌려 그것이 어떠한가 알아보기로 했습니다. 그러나 그 책은 교만한 자들에게는 이해하기 힘들고 어린아이들에게는 확실치 않으며, 처음은 나지막하여 쉬운 듯하나 더 나아갈수록 태산 같아 신비에 싸여 있는 것이었습니다. 나에게는 그때 성서의 뜻에까지 꿰뚫고 들어갈 수 있는 능력이 없었고 그 말씀에 고개를 숙이고 따를 겸손함도 없었습니다."(III, v, 9)

이처럼 성서로 들어가려면 몸을 굽히고 자신을 낮춰야만 한다고 설명합니다. 고개가 뻣뻣해서는 안 된다는 것입니다. 교만(=오만)에 의한 고개의 뻣뻣함과 자신을 낮추는 겸손함의 대비가 여기에서 신체론적 언어로 서술되고 있습니다.[3]

그리하여 마니교에 좀더 깊이 빠져들게 됩니다. 마니교는 크리스트의 이름을 입에 올리면서도 진리를 이성적으로 가르친다고 했기 때문입니다(III, vi, 10). 그런 뒤로 아우구스티누스는 한동안 마니교도로 머무르게 됩니다. 이 6장에 서술되어 있는 말도, 아우구스티누스가 키케로의 책을 읽고 진리를 향한 사랑에 불타며 괴로워하면서도 진리를 향해 나아갔음을 증언하는 말로 자주 인용되는 부분입니다.

"오, 진리, 진리여, 그들(마니주의자들)이 나에게 계속하여 여러 가지 면으로 많은 책과 말로 당신의 이름을 약간 속삭여주었을 그때마저 내 영혼의 골수는 얼마나 당신을 (내적으로) 열망했었습니까?"

o veritas, veritas, quam intime etiam tum medullae animi mei suspirabant tibi(III, vi, 10)

'그때마저(etiam tum)'란, '마니교라는 잘못된 길에 들어섰던 때마저'를 의미합니다. 여기에서 '내 영혼의 골수'라고 말하고 있는데, 이 경우 '영혼의 골수'는 '뼈의 골수'와 유비적으로 사용됩니다. 요컨대, 뼈의 바깥 부분과 달리, '뼈의 골수'는 외부에서 보기에는 숨겨져 있는 뼈의 깊은 내부를 의미합니다. 마찬가지로 여기에서 '영혼의 골수'는 영혼의 바깥쪽이 아닌 영혼의 깊은 안쪽을 뜻합니다. 따라서 이 문맥에서 말하자면, 그때의 자신에게는 숨겨져 있어서 스스로 깨닫지 못했던 '영혼의 골수'를 말하고 있는 것으로 봐야 합니다. 여기에는 표층적인, 자신에게 의식되고 있는 의식적인 자기와, 당시의 자신에게는 의식되지 않았지만 그 깊은 내면을 이루고 있던 심층적인 자기가 구별되고, 나아가 그 심층적인 영혼의 바탕이 '진리 자체'인 존재(='당신'이라고 불리는 존재)를 애써 원하고 있었음을 설명하고 있는 것입니다. 비록 입으로는 성서는 유치하고, 무지한 대중의 것이라고 말하면서요. 여기에서 진리 자체인 하느님에게 되돌아가는 귀향의 과정과, 하느님으로부터 떨어져나가는 이향의 과정은 **병존하면서** 서로 맞물려 교차하고 있습니다. 즉, 아우구스티누스는 그때 이미 내적으로는 하느님의 손안에 놓여 있으면서도, 겉으로는 오히려 하느님으로부터 벗어나는 과정에 있었던 것입니다. 왜냐하면 아우구스티누스는 크리스트교의 반대자이자 비판자인 마니교에 더욱 깊숙이 빠져들게 되었기 때문입니다. 따라서 이것은 아직 이향의 과정이기도 합니다.

그렇다면 하느님에 대한 이런 반발은 과연 어디에서 무너진 것일까요. 5권 서두의 파우스투스와 만나는 대목을 살펴보겠습니다. 이 부분은 매우 명징한 표현으로 시작됩니다. 앞에서 살펴본 3권 도입부의 '나는 드디어 카르타고로 왔습니다'라는 말과는 전혀 다른, 오히려 모든 것이 차분해지는 고요하고도 편안한 글로 시작되고 있습니다.

"나의 혀가 당신께 드리는 나의 고백의 제물을 받아주소서. 당신의 이름을 찬미하기 위해 당신은 내 혀를 만드셨고 또한 그 혀를 움직이게 하셨습니다. 오, 주여, 나의 모든 뼈를 고쳐주시어, 고침을 받은 그 뼈들이 '당신과 같은 자 누구리오?'라고 고백하게 하소서."

accipe sacrificium confessionum mearum de manu linguae meae, quam formasti et excitasti, ut confiteatur nomini tuo, et sana omnia ossa mea, et dicant: domine, quis simis tibi?(V, i, 1)

이는 그야말로 장중한 표현입니다. 아우구스티누스의 혀가 읊조리는 고백의 말들은 주님인 당신에게 바치는 제물로서 이야기되고 있고, 그 혀는 주님인 당신이 만들어주신 것이며, 그 혀가 주님인 당신의 이름을 찬미하도록 당신이 움직이게 하신 것4이라고 말하고 있습니다. 이 부분에서 무언가 거대한 일이 일어나리라는 것을 예시하는 듯합니다. 사실, 이어지는 구절, "고침을 받은 그 뼈들이 '당신과 같은 자 누구리오?'라고 고백하게 하소서"는 회심의 성취가 제시되는 8권 도입부에서도 반복되는 말입니다(VIII, i, 1). '주님, 누가 당신과 같습니까', 이것은 1권 도입부의 '주여, 당신은 위대한 존재이십니다'라는 표현과 같은 것입니다. 그것은 창조주인 유일한 주님만이 주님이신 하느님이라는 것을 표명하는 말이고, 창조자와 피조물의 원리적 차이를 표명하는 것으로, 피조물이 창조주에게 바치기에 적절한 찬미의 말입니다. 유럽의 학자들은 이런 '뼈'와 같은 표현을 비유라고 말하지만, 나는 그렇지 않다고 봅니다. 진짜로 뼈가 흔들리는 것입니다. 내가 이 표현을 문자 그대로 받아들이는 것은, 이것들이 『시편』의 구절에서 온 것이기 때문입니다.5 『시편』의 내용은 유럽적인 심신이원론, 플라톤 철학과는 다릅니다. 『시편』은 육체적인 표현으로, 예를 들면 혀가 찬미한다고 말하는데, 그것은 혀는 찬미하지만 마음은 찬미하지 않는다는 뜻이 아니라, 온몸으로 표현함으로써 온몸이 신과의 관계 속에 놓여 있다는 것을 말해줍니다.6 그것이 '아우구스티누스의 언어'입니다. 그리고 이런 아우구스티누스의 언어 자체로 돌아가는 것이 우리에게 종교의 진정한 장소를 알게 해준다고 나는 믿고 있습니다.

그러면 왜 5권 도입부에서 8권 도입부와 똑같은 말을 사용했을까요. 그것은 5권부터 아우구스티누스의 신으로의 귀향 과정이 시작

됨을 예시하기 위해서라고 생각합니다. 그리고 그 귀향 과정은 마니교로 귀의해 진리를 추구하고자 한 그가 마니교의 가장 위대한 인물로 믿고 있던 파우스투스를 막상 만나보니 그다지 특별한 인물은 아님을 알게 되면서, 그의 마음속에서 무엇인가(이제껏 유지해온 자기 고집)가 무너져내린 때였던 것입니다. 그토록 뒤집으려 했던 그의 기력이 거기에서 일거에 무너져내린 것입니다. 거기에 신의 보이지 않는 손이 움직이고 있었다고 그는 말하고 있습니다.[7]

6강

이향(aversio)의 요소들

지금까지 이향(aversio) 과정의 이모저모, 그리고 그런 과정이 나름의 극점에 이르러 어떻게 해서 신에게 되돌아가는 귀향의 과정으로 반전해갔는지를 살펴보았습니다.

오늘은 이향, 즉 신으로부터 멀어지는 과정에서 어떤 일이 있었는지 짚어보려고 합니다. 저번에도 언급했듯이, 이향을 성립시키는 요소는 (1) 애욕(amor, 사랑), (2) 변론술(rhetorica), (3) 마니교의 세 가지로 생각되므로, 이 자리에서 여러분과 함께 원전을 읽으면서 고찰했으면 합니다.

우선 2권 1장을 읽어보겠습니다.

"이제 나는 지나간 나의 추잡한 잘못들과 육체로 떨어졌던 내 영혼의 타락을 기억하고자 합니다. 그것은 내 과거를 사랑해서가 아니라 당신을 사랑하고 싶어서입니다, 나의 하느님. 당신의 사랑을 사랑하기 위한 자기 성찰의 쓴 괴로움을 지니면서도 나의 추잡한

잘못들을 상기하옵니다. 거짓 없는 달콤함, 복되고 안전한 달콤함
이 되신 주님, 당신께서 나의 기쁨이 되어주소서. 나는 오직 한 분
(一者)이신 당신을 떠나 잡다한 세계로 떨어져서 산산조각 나 흩어져
버렸으니 이제 나를 거두어 모아주소서. 나는 청년기로 접어들면서
감각적인 쾌락으로 만족하려는 욕망으로 불타고 있어 여러 가지 허
망한 사랑을 추구하는 자가 되어버렸습니다. 이리하여 나의 외모는
시들었으니 당신이 보기에는 썩은 존재였으나 내 자신의 눈에는 좋
게 보였으므로 다른 사람의 눈에 잘 들게 하려고 애를 썼습니다."

Recordari volo transactas foeditates meas et carnales corruptiones
animae meae, non quod eas amem, sed ut amem te, deus meus,
amore amoris tui facio istud, recolens vias meas nequissimas in
amaritudine recogitationis meae, ut tu dulcescas mihi, dulcedo non
fallax, dulcedo felix et secura, et colligens me a dispersione, in qua
frustatim discissus sum, dum ab uno te aversus in multa evanui.
exarsi enim aliquando satiari inferis in adulescentia et silvesere
ausus sum variis et umbrosis amoribus, et contabuit species mea et
conputrui coram oculis tuis placens mihi et placere cupiens oculis
hominum.(II, i, 1)

이 부분은 무척 아름다운 라틴어이지만, 폐부를 찌르는 듯한 격
렬한 표현으로 쓰여 있습니다. 이미 언급했듯이, 『고백록』 각 권의
도입부는 잘 다듬어진 문체로 쓰여 있고, 각 권의 전체를 요약하는
형태로 되어 있습니다. 라틴어 원전에 따라 각 어절의 뜻을 새기고,
중요하다고 생각되는 바를 조금 설명하면서 이 대목을 음미해보려

합니다.

(i) 도입부를 시작하는 '기억하고자 합니다(recordari volo)'에서 recordari는 '다시 한번(re) 마음에(cor) 떠올리다'라는 뜻입니다. '무엇을' 떠올리려는 것일까요. 그것은 '지나간, 나의 추잡한 잘못들이기도 하고(transactas foeditates meas)', '육체로 떨어졌던 내 영혼의 타락(carnales corruptiones animae meae)'이기도 합니다. 그것은 '내 영혼이 육적으로 무너져가는 다양한 모습'을 말합니다.

이런 말을 하는 아우구스티누스의 입에서는 쓴맛이 넘치고 있지 않았을까요. 자신이 겪은 지난날의 오욕을 떠올리며 입에 올리는 것은 괴로운 일입니다.

'그것은 내 과거를 사랑해서가 아니라(non quod eas amem), 내가 당신을 사랑하고 싶어서입니다(sed ut amem te), 나의 하느님'으로 이어집니다. '당신의 사랑을 사랑하기 위해(amore amoris tui) 나는 이것을 합니다, 나의 추잡한 잘못들을 상기하고(recolens uias meas nequissimas), 그것을 다시 떠올리면 쓴 괴로움을 지니게 되지만(in amaritudine recogitationis meae), 당신이 나에게 달콤함을 주시기 때문입니다(ut dulcescas mihi). 거짓 없는 달콤함(dulcedo non fallax), 복되고 안전한 달콤함(dulcedo felix et secura)입니다.' 이것은 신비적인 사랑의 말이라고 할 수 있겠지요. 이렇게 해서 쓴맛은 단맛과 달콤함으로 변해갑니다.

(ii) 그리고 이어지는 대목에서는 분위기가 조금 바뀝니다.

'당신은 산산조각 나 흩어져버린(in dispersione) 나를 거두어 모아주십니다(colligens).' 나는 산산조각 나서 (당신으로부터) 잘려나갔습니다. '오직 한 분(unum)'인 당신으로부터 '잡다한(multa)' 세계로 이향하여(aversus) 산산조각 나 흩어져버렸다(evanui)는 것입니다.

이것은 철학적인 표현입니다. 여기에는 플라톤주의 철학의 말투가 남아 있습니다. 신은 '오직 하나(unum)'이며, 세계는 '다양한 것(multa)', '오직 하나'는 '다양한 것'의 존재근거입니다. 세계 속의 온갖 존재는 저마다 '오직 하나'에 근거하고, 각각 '오직 하나'로 존재합니다. 그러나 영혼이 '오직 한 분'과의 관계를 잃은 채 '잡다한 것'에 관계하려고 할 때, 영혼은 갈가리 뜯겨나가 헛된 것이 되고 맙니다.

(iii) 내용은 다시 반전되어, 욕망과 애욕에 가득찼던 지난날의 오욕으로 돌아갑니다.

'나는 청년기로 접어들면서, 감각적인 쾌락으로 만족하려는 욕망으로 불타고 있어(exarsi ... satiari inferis), 여러 가지 허망한 사랑을(variis et umbrosis amoribus) 추구하는 자가 되어버렸습니다(siluescere ausus sum).' '나의 외모는 시들었으니, 당신이 보기에는 썩은 존재였습니다(et contabuit species mea et conputrui coram oculis tuis).' 이것은 지난날 애욕에 사로잡혔던 자신의 생활을 토로하는 미학적이고 종교적인 표현일 것입니다. 그러나 이어서 '내 자신의 눈에는 좋게 보였으므로 다른 사람의 눈에 잘 들게 하려고 애를 썼습니다(placens mihi et placere cupiens oculis hominum)'라고 말합니다.

애욕에 대한 탐닉이 스스로를 즐겁게 하려는 것이었다 해도, 그것이 남들에게 잘 보이려고 한 짓이기도 했다는 것은 무슨 의미일까요. 이것은 '감각적인 쾌락으로 만족하려는 욕망'이라는 것 속에, 세간에서 성공하고자 하는 세속적 욕망이 내포되어 있음을 말하고 있는 것이 아닐까요(II, iii, 7~8 참조). 이 장의 말미에서는 이것이 열여섯 살 때의 일이라는 것과, 집안에서는—여기에는 당연히 어머니 모니카도 포함됩니다—변론술로 성공하는 것에만 관심을 갖고 있었다고 회상했는데, 바로 이것을 말하고 있는 듯합니다. 앞에서 플라톤 철학에 따라 서술된 '잡다한 것'으로 갈라져 산산조각 나 흩어지게 된 것은 그러한 경우를 말하는 것으로 짐작됩니다.

이것이 이향의 첫 단계를 이야기하는 부분입니다. 1권 도입부에 보이는 빛나는 찬미의 목소리와는 분위기가 아주 다르게, 2권 도입부에서는 지난날의 회상에 따른 쓸쓸함이 마음에 스며드는 듯합니다. 그러나 그렇게 회상하며 고백함으로써 거짓 없는 진정한 달콤함을 맛볼 수 있는 것입니다.

애욕(amor)

이어서 2장 2절은 다음과 같이 시작합니다.

"그러나 사랑을 주고 사랑을 받는 것보다 더 좋은 것이 어디에 있었겠습니까? 그러나 나는 그때 밝은 우정의 길, 즉 마음과 마음이 통하는 진정한 우정의 한도(사랑의 질서)를 지키지 못했습니다. 오히려 진흙투성이인 육체의 정욕과 사춘기의 열정적인 상상력이 안개같이 일어나 나의 마음을 흐리게 했고 어둡게 했기 때문에 나는 무엇이 순수한 사랑이고 무엇이 추잡한 정욕인지 분간할 수 없었습니다. 이 두 가지는 나의 마음에서 복잡하게 엉키어 나를 안절부절못하게 했고, 나의 젊음을 불결한 욕심의 낭떠러지로 이끌어가

치욕의 소용돌이로 던져버렸습니다."

et quid erat, quod me delectabat, nisi amare et amari? sed non tenebatur modus ab animo usque ad animum, quatenus est luminosus limes amicitiae, sed exhalabantur nebulae de limosa concupiscentia carnis et scatebra pubertatis et obnubilabant atque obfuscabant cor meum, ut non discerneretur serenitas dilectionis a caligine libidinis.(II, ii, 2)

여기에는 집약된 표현으로 중요한 말들이 많이 나옵니다. 그것은 사랑(amor), 육욕(concupiscentia), 정욕(libido, 욕정), 욕망(cupiditas, 정욕)이라는 말입니다. libido(정욕)는 널리 알려졌듯 프로이트도 사용한 말로, 까닭도 모른 채 어디에서부턴가 무심결에 일어나는 충동을 뜻하는데, 그것이 cupiditas(욕망)와 concupiscentia(육욕)로서 의식의 표층으로 올라갑니다.

'진흙투성이인 육체의 정욕과 사춘기의 열정적인 상상력이 안개같이 일어나 나의 마음을 흐리게 했고 어둡게 했기 때문에……'라는 표현에는, 소년기에서 청년기로 넘어가는 젊은이의 마음속에서 무언가가 꺼림칙하게 느껴지는 그런 상황이 인상 깊게 묘사되어 있는 듯합니다. 앞선 강의에서도 이야기했지만, 사실 오늘날에는 어디를 가든 '애욕(amor)'이라고 할 만한 것이 넘쳐납니다. 여러분 중에도 자녀를 둔 분들이 계시겠지만, 유소년기의 순수한 소년 소녀들이 장차 어떻게 성장해갈지 걱정이 되는 경우도 많겠지요. 아우구스티누스가 살았던 로마 시대 말기는 바로 그러한 상황이었을 것으로 생각됩니다.

여기에서 '순수한 사랑(serenitas dilectionis)'과 '추잡한 정욕(caligo libidinis)'이 대비되고 있는 것은 인상적인데, '애정'을 의미하는 다양한 표현에 대해서도 조금 설명해두고 싶습니다.

먼저 '애욕(amor)'은 (그리스어 '에로스'와 마찬가지로) 남녀 간의 육체적 욕망의 충족을 말합니다. 그것은 '혼인'이라는 축복받은 절차를 거치지 않은 경우로, 서두에 제시된 '사랑하고 사랑받음(amare et amari)'이라는 것을 가리킵니다. 이와 관련해 어머니 모니카가 아우구스티누스의 학업을 우선시하며 그것을 방해할지도 모르는 혼인 쪽으로는 신경쓰지 않도록 했다거나, 어머니가 이러한 자신의 행동을 말리지 않았다는 것이 여기에 서술되어 있습니다(II, iii, 7~8). 『고백록』에서 어머니 모니카는 대체로 신앙의 모범으로 거론되지만, 여기에서는 모니카의 세속적인 면이 고백되어 있습니다. 이것은 아우구스티누스에게도 괴로운 기억이었을 것입니다.

'욕정(libido)', '정욕(cupiditas)', '육성(肉性, carnalitas)'은 이러한 애욕을 규정하는 것이고, 그것은 생명인 신으로부터 단절된 '원죄'(=유한한 본성, mortalitas)라는 정황에서, '영혼(anima)'과 '육체(corpus)'로 구성된 인간이 자연스럽게 원하는 생명에 대한 요구에서 비롯됩니다. 아우구스티누스는 청춘 시절에 로마식 생활방식 그대로, 특히 카르타고에서 공부할 때 애욕에 탐닉했던 것을 이제는 괴로운 기억으로 진리인 하느님 앞에서 회고하고 있는 것입니다. 『아이네이스』 탐독과 연극관람 등도 이와 관련되어 있습니다. 3권 도입부의 '사랑(=애욕)하는 것을 사랑(=애욕)하고 있었다(amare amabam)'(III, i, 1)라는 표현은 이러한 인간의 상황을 나타내는 전형적 표현입니다. 거기에서는 무엇인가를 사랑한다고 할 때의 그 '무엇'을 정하지 못한 채 오로지 애욕만 추구하는, 무형의 애욕에 대한 충동이 지배하고 있습니다(이것이 libido라는 것입니다). 이런 모습이 '죄'입니다. 다만 그것은 자연적인 것이라고 해도 좋고, 의식하는지 여부는 별개의 문제인데, 그러한 상태가 '죄의 상태'이자 신으로부터 멀어져버린 상태라는 것입니다.

아우구스티누스에게 이 '사랑하는 것(amare)'은 인간의 정신성(인간이 정신이라는 것)에 내포되어 있는 것으로, 언제까지나 커다란 문제였습니다. 인간이 정신(mens)이라는 것은 신의 모상(imago Dei)이라는 것을 의미합니다. 그리고 신과 닮은 모습이므로 인간에게는 '기억하다', '알다'와 함께 '사랑하다'라는 기능이 있고, 훗날의 『삼위일체론』에서는 이러한 세 가지 기능이 신의 삼위일체성을 보여주는 증거로 새겨져 있다고 분석하고 있습니다. 이때 amare라는 말은 기본어로 작용합니다. 정신이 육성(carnalitas)으로 기울어짐으로써 신으로부터 떨어져나가거나, '영(spiritus)'에 이끌려 신을 찾게 되거나, 어쨌든 거기에 인간 정신의 유동성(이쪽으로 갈지 저쪽으로 갈지의 다이내믹함)이 있습니다. '나의 무게는 나의 사랑(pondus meum amor meus)'(XIII, ix, 10)이라는 말은 이런 아우구스티누스 사상의 중심을 말해주는 것으로 유명한데, '사랑(amor)' 또는 '사랑하다(amare)'라는 말이 '애욕'을 의미하는 한편, '인간에 대한 신의 사랑'이나 '신에 대한 인간의 사랑'까지 의미하는 표현으로 쓰인다는 것은 이런 인간 정신의 다이내미즘과 관련이 있습니다.

여기서 amor라는 말과 dilectio라는 말의 관계를 짚어봐야 하니

다. 그러니까 '애욕'과 구별되는 것으로, '신에 대한 사랑, 신으로부터의 사랑' 그리고 '인간과 인간의 사랑'을 설명할 때, 아우구스티누스는 amor, amare가 아니라 dilectio, diligere라는 말을 사용합니다. 이 부분에서도 '추잡한 정욕(caligo libidinis)'과 '순수한 사랑(serenitas dilectionis)'이 구별되지 않게 되어버린 경우의 '순수한 사랑(serenitas dilectionis)'에는 dilectio라는 말이 사용되듯, 가장 중요한 대목에서는 dilcectio라는 말이 사용되는 것입니다. 따라서 신약의 두 가지 규범이라고 하는 '신을 사랑하는 것'과 '이웃을 사랑하는 것'은 라틴어로는 Deum diligere, proximum diligere라고 합니다. 나는 이것을 '측은지심(dilectio)', '자비를 베풀다(diligere)'라고 번역하려 합니다. 과거 일본의 크리스트교(キリシタン) 시대에는 dilectio에 관련된 표현으로 '고타이세쓰(御大切, 사랑·소중함)'라는 말이 쓰였다고 합니다. (그 무렵의 일본인은 일본어의 생명을 매우 중시한 것으로 생각됩니다. 그에 비하면, 메이지 시기 이후의 크리스트교는 일본어의 힘을 그다지 중시해왔다고는 말할 수 없지 않을까요). dilectio란 어원적으로는 di-lego, '갈라서 골라내다', '골라 가지다'라는 말로, 요컨대 소중하게 여긴다는 것입니다. 따라서 앞의 두 가지 규범이라는 것은 다른 사람이 아니라 신을 신으로서 소중히 모시는 것, 이웃 사람을 이웃 사람으로서 소중히 대하는 것입니다(이 두 가지 규범이 동일하다는 것은 『삼위일체론』의 중심부[VIII, vii, 10]에 나옵니다).[1]

　그럼에도 아우구스티누스는 amor라는 말을 버리지 못했습니다. 그것은 인간의 자연적인 상황에 끝없이 스며드는 것이기 때문입니다. 저번에 언급한 『아이네이스』에서, 디도가 아이네아스에게 버림 받고 눈물을 흘리며 자살했던 그 사랑이 바로 amor입니다. 그러한 amor가 어디에서 신에 대한 사랑으로 바뀌는가, 또 그때 신의 움직임이 어떻게 작용하는가, 이것이 아우구스티누스의 최대 관심사였을 것으로 생각합니다.

그다음은 이렇게 계속됩니다.

"당신의 진노가 나에게 세차게 임하고 있었어도 나는 그것을 모르고 있었습니다. 나를 묶어 끌고 가는 죽음(mortalitas)의 쇠사슬 소리에 의해 내 귀가 먹었기 때문이었습니다. 이것은 내 영혼의 교만(superbia) 때문에 당신이 내게 내리신 벌이었습니다. 이리하여 나는 점점 당신을 멀리 떠나게 되었고, 당신은 나를 그대로 방치해두셨습니다. 나는 음탕한 생활에서 이리저리 뒹굴며 자신을 낭비하고 쏟아버리면서 헤매고 있었습니다. 그러나 당신은 계속 침묵만 지키고 계셨습니다."(II, ii, 2)

'신의 진노가 세차게 임하고 있었으나, 나는 모르고 있었다.' 이것이 원죄 상태입니다. '나를 묶어 끌고 가는 죽음의 쇠사슬 소리에 의해 내 귀가 먹었다'는 것은 애욕에 대한 욕정과 욕망이 마음속에서 들끓고 있다는 것입니다.

그러나 '이리하여 나는 점점 당신을 멀리 떠나게 되었고, 당신은 나를 그대로 방치해두셨습니다.······ 당신은 계속 침묵만 지키고 계셨습니다'라고 거듭 말합니다. 신은 그것을 보고도 그대로 방치해두었다—이것 역시 보통 표현이 아닌데, 『고백록』 안에서 conversio라는 것이 어떻게 일어나는지 명확하게 서술된 부분이라고 나는 생각합니다.

"오 하느님, 당신은 왜 그리 느리십니까? 당신은 그때 침묵을 지키시었고 나는 당신을 멀리 떠나 길을 잃고 거만한 낙담과 불안한 피곤감에 젖어 슬픔의 불모지에 더욱 깊이 빠져들어가고 있었습니다."

o tardum gaudium meum! tacebas tunc, et ego ibam porro longe a te in plura et plura sterilia semina dolorum superba deiectione et inquieta lassitudine(II, ii, 2)

여기까지가 2권의 도입부로, 이향 즉 신으로부터 멀어져가는 과정이 자세하고 확실하게 서술되어 있다고 생각합니다.

조금 건너뛰어 2장 4절로 가봅시다. 여기에는 다시 '맹렬한 정욕(vesania libidinis)'이라는 말이 나오며, 변론술 이야기와 함께 이미 언급한 혼인 이야기가 나옵니다. "그동안 나의 부모들까지도 망해가는 나를 결혼으로 구해줄 생각은 하지 않았습니다. 그들의 유일한 관심은 내가 훌륭하게 수사학을 습득하여 설득력 있는 웅변가가 되는 것이었습니다"라고 말합니다. 여기에서 '수사학'이란 '변론술'을 가리킵니다. 8절에도 같은 이야깃거리가 나옵니다. 이 대목에서는 어머니 모니카를 보란듯이 언급하며 이렇게 서술합니다.

"내 육신의 어머니는 이미 바빌론의 복판에서 몸을 피하여 그 가장자리로 서서히 가고 계셨습니다. 그러기에 어머니는 나에게 정결을 지키라고 충고하면서 아버지가 나에 대해 말한 것에는 유의하지 않았습니다. 그는 그때 내 정열이 파괴적이고 미래에 위험한 것이 될 것이라는 것을 알았지만 그것을 송두리째 뽑아버릴 수 없을 바에야 부부애라는 계약으로 구태여 나의 정열을 억제할 필요는 없다고 본 것입니다."(II, iii, 8)

요컨대, 모니카는 결혼 같은 것을 하게 되면 공부를 할 수 없고 출세도 할 수 없다고 말했던 것입니다. 대체로 어머니에 대한 아우구스티누스의 기억은 '순수함(serenitas)'으로 가득찬 편이었지만, 이 부분은 이미 말했듯이 아우구스티누스에게 씁쓸한 기억이었던 것 같습니다.

변론술

2권은 이어서 절도 이야기로 옮겨가지만 그 부분은 생략하고 3권으로 넘어가겠습니다. 도입부는 이미 살펴봤으니, 여기에서는 3장 6절을 봅시다.

"그때 내가 열심히 추구했던 '고상한 학문(studia honesta)'은 결국 '법정 투쟁(fora litigiosa)'에서 두각을 나타내게 하는 것을 목적으로 하고 있었습니다. 그러므로 나는 두각을 나타내고자 원했는데 **내가 교활하면 할수록 나는 더 유명하게 되는 것이었습니다**(hoc laudabilior, quo fraudulentior). 그런 짓을 하는 것이 인간의 맹점이었는데 사람들은 이 맹점을 자랑으로 삼는 것이었습니다. 그때쯤 되어서 나는 이미 우리 수사학 학교(schola rhetoris)에서 수석을 차지하여 몹시 좋아 뽐내며 교만으로 잔뜩 부풀어 있었습니다."(III, iii, 6)

짧은 구절이지만 대단한 내용이 제시되고 있어서 인상적입니다. 아우구스티누스가 공부하고 있던 카르타고는 북아프리카의 수도로, 그는 그 중심에 있는 대학의 이를테면 법학부에서 수석이었다는 것입니다. 오늘날로 치면 일류대학에서 일류관청이나 일류기업으로 이어지는 엘리트 코스이겠지요. 그런 그가 변론술이란 곧 속임수를 가르치는 기술이라고 말하고 있는 것입니다. 다소 이해하기 어려운 부분이므로, 이쯤에서 '변론술'에 관해 조금 설명해두고 싶습니다.

아우구스티누스가 배웠던 학문은 '변론술(rhetorica)'이라고 불립니다. 그는 이 분야에서 최고의 성적을 거두었고, 촉망받는 변론술 교사로 자리잡았습니다. 그러나 이향 과정을 회고하는 여러 대목에서 이런 변론술 학습과 교사로서의 경력을 신 앞에서 괴로운 마음으로 떠올리며, '사람을 속이는 기술을 가르치고 있었다(dolos docebam)'고 말하고, "명성을 얻고 싶은 욕망에 나는 말로써 다른 사람을 굴복시키는 재주를 팔고 있었던 것입니다(victoriosam loquacitatem victus cupiditate vendebam)"(IV, ii, 2)라고 고백하고 있습니다.

아우구스티누스가 이와 같이 말하는 것은, 변론술이 그가 이해하는 의미에서의 '진리(veritas)'를 가르치지 않았고, 자기 역시 변론술 교사로서 학생들에게 '진리'를 가르친 적이 없었기 때문일 것입니다. 아우구스티누스에게 '속이기'와 '진리'의 대비는 근본적인 것이었습니다. '진리 자체'란 그에게는 신을 부르는 말이었습니다. 자기 인생을 『요한복음서』로 일관해온 아우구스티누스에게는 '신'이자 '말씀'인 예수 크리스트의 '진리'가 '진리'라는 말의 의미를 규정하고 있었습니다. 따라서 변론술을 배우기는 했지만, 변론술은 이러한 '진리'를 조금도 가르쳐주지 않았을 것으로 생각됩니다. 변론술은 당시 '로마 제국 말기'의 모든 로마인에게 열려 있던 최고의 입신출세의 기대를 품게 하는 것이었습니다. 주위의 모든 사람들과, 신의 충실한 종이었던 어머니 모니카마저도 그의 입신출세를 바라면서, 그런 성공을 꿈꾸며 신으로부터 멀어져가는 그를 방치하고 있었던(앞의 II, iii, 8 참조) 것인데, 그런 까닭에 이제 아우구스티누스는 진리인 신 앞에서 통한의 마음으로 고백하고 있는 것이겠지요. 실제로 회심 후에 그는 황제의 도시 밀라노에서 누리던 국가 공인 변론술 교사라는 영예로운 자리를 그만두고, 카시키아쿰에 틀어박혀 이듬해 부활절에 받을 세례를 준비했습니다.

그러나 회심 후 아우구스티누스가 성서연구에 전념하면서 사용했던 무기는, 이런 변론술 학습과 교사 생활을 통해 습득한 고전독해법이었습니다. 또 설교와 저술에 충분히 활용된 것 역시 변론술 능력이었습니다. 그렇기 때문에 앙리 마루는 Orateur Chrétien(크리스트교 변론가)라는 표현이 아우구스티누스를 전반적으로 특징짓는다고 말했습니다.[2]

마니교

이어서 이향의 셋째 요소인 마니교에 대해 생각해보겠습니다. 이미 살펴봤듯이, 아우구스티누스는 '변론술' 학습 과정에서 키케로의 책 『호르텐시우스』를 접하고, '불멸의 지혜(immortalitas sapientiae)'를 추구하려는 열망으로 '당신에게 돌아가기 위해 일어섰습니다

(surgere coeperam ut ad te redirem)'(III, iv, 7). 그러나 거기에 '어머니 젖과 함께 정성스럽게 먹게 하셨던 크리스트의 이름'이 없어서 『성서』로 눈길을 돌렸는데, 『성서』는 정작 '키케로의 위엄(Tulliana dignitas)'과는 비교도 되지 않을 만큼 비속한 것으로 보였고, 그 안에 내포된 '진리'로 꿰뚫고 들어갈 수 있는 능력과 겸손함도 없었기 때문에, '진리'를 가르친다고 보증했던 '마니교'로 들어갔다고 3권에서 고백하고 있는 것입니다(III, iv~v. 5강 참조). 아우구스티누스는 열아홉 살 때부터 스물여덟 살이 될 때까지 9년 동안 마니교도로 머물렀고(IV, i, 1; V, vi, 10), 줄곧 변론술 교사로 지내면서 한 여성과 함께 살게 되어, 두터운 정분을 유지하며(IV, ii, 2) 아들 하나를 얻기도 했는데, 이처럼 신으로부터 멀어진 9년간의 생활에서 '마니교'란 그에게 대체 어떤 것이었고, '마니교도'라는 것과 '변론술' 교사로서의 생활은 아우구스티누스 안에서 어떤 관계에 있었던 것일까요. 『고백록』에서 그것은 모두 허위 속에 머무르는 것이고, 속고 속이는 기술을 가르치는 '정욕(concupiscentia)'의 생활이었다고 이야기되는데, 마니교가 무슨 수로 그를 그렇게까지 유혹하고 계속 붙잡고 있었던 것인지는 『고백록』의 서술만으로는 알기 어려울 듯합니다. '변론술' 교사라는 직분이 그에게 영달과 안정의 길을 약속할 것처럼 보였고, 그런 의미에서 이것이 세속적 성공을 바라는 '정욕'의 생활이었음은 그가 살았던 로마 제국 말기의 상황을 고려하면 이해하기 쉬울 것입니다. 그리고 한 여성과 두터운 정분을 유지했다는 것은 당시의 사회상황 속에서는 너무도 당연한 일이어서, 이를 보통의 의미에서 '방탕한 생활', '음탕한 생활'이라고 부를 수는 없을

것입니다. 『고백록』의 서술에서는 '마니교'에 대한 집착만이 일말의 '수수께끼'로 보입니다. 그러면 우선 『고백록』의 이 대목에서 '마니교'가 어떻게 서술되고 있는지 살펴보겠습니다.

[1] 『고백록』이 전하는 '마니교' 교의

(a) 『고백록』이 전하는 '마니교' 교의 (1) (III, vi, 10~11)

(i) '예수 크리스트의 이름', '성령의 이름'을 반죽하여 '끈끈이'처럼 만들어 '진리', '진리'라고 외치며 사람을 '악마의 덫' 안으로 몰아넣다(=이것에 의해 아우구스티누스는 악마의 덫 안으로 몰아넣어졌다).

(ii) '세상의 여러 원소들(ista elementa mundi)'에 대해서도 '허위를 말하고 있었다(falsa loquebantur)'.

(iii) 나에게 제공된 식탁에는 '해와 달(sol et luna)'만이 올려져 있었다.

(iv) 식탁에 올려진 것은 '찬란한 환상(phantasmata splendida, 눈에도 선명히 보이는 표상)'이었고, 나는 그것을 당신인 줄 알고 받아먹었다.

(v) '다섯 개의 어둠의 동굴에 맞게 다채롭게 색깔을 바꾸는 다섯 가지 원소(quinque elementa varie fucata propter quinque antra tenebrarum)'. 그것은 이를 믿는 자들을 오히려 죽인다.

(vi) '지각없고 뻔뻔스러운 여자(illa mulier audax, inops prudentiae)' (『잠언』 9:13~17). 대문 앞에 앉아, '도둑질한 물이 달고 몰래 먹는 떡이 맛있다'고 말하는 것 같았다.

(b) 『고백록』이 전하는 '마니교' 교의 (2)—마니교도의 물음 (III, vii, 12)

(i) '악은 어디서 오는가'

(ii) '하느님도 유한한 몸의 형체를 가지며, 머리털이나 발톱이 있는가'

(iii) '아내를 동시에 여러 명 데리고 사는 자, 사람을 죽이는 자, 동물을 잡아 제사를 드린 자들도 의롭다고 말할 수 있는가'

아우구스티누스는 이러한 질문을 받으면 곧바로 동의할 수밖에 없었다고 합니다.

(c) 『고백록』이 전하는 '마니교' 교의 (3) (III, x, 18)

(i) '무화과를 딸 때, 그 무화과가 운다고 하거나 무화과나무가 어머니처럼 흰 젖의 눈물을 흘린다'

(ii) 마니교 성인들이 이 무화과를 먹으면 그것을 뱃속에서 소화시켜 숨을 내뱉을 때 천사들을…… 또 신의 어떤 부분들을 (particulas dei) 뱉어낸다. 마니교 성인들의 이와 배로 인해 그 신의 부분이 풀려나지 않으면, 지고하시고 참되신 신의 부분은 그대로 무화과에 남아 있게 된다.

『고백록』이 전하는 '마니교'로의 전락 (IV, i, 1)

"나는 열아홉 살 때부터 스물여덟 살이 될 때까지 여러 가지 욕정으로 인해(in variis cupiditatibus) 남을 유혹하기도 하고 유혹당하기도 하며, 또는 속이기도 하고 속기도 하면서 살았습니다

(seducebamur et seducebamus falsi atque fallantes)."

여기에서 '정욕(cupiditas)'의 업으로 고백되고 있는 것은

(i) 우선 '변론술 교사'로서의 일, 그리고 '마니교도'로서의 행동입니다. 여기에서는 문자 그대로 '성적(sexual)' 유혹이나 방탕을 의미하지 않는다는 점에 주의해야 합니다. 설명으로 덧붙여진 '헛된 대중의 인기를 추구했다(popularis gloriae sectantes inanitatem)'는 것은 변론가로서의 성공을 말하고, '극장의 박수갈채', '시 낭송 대회', '지푸라기의 월계관을 추구한 무대 연기'는 대중 앞에서 이것을 좀더 구체적으로 설명하면서 변론가로서의 역량을 과시하여, 변론대회에서 승리를 거두는 것을 의미합니다. '무대 연기의 허망함(specutaculorum nugas)', '절제 없는 욕심(intemperantia libidinum)' 역시 로마식 오락 일반을 말하고 있는 듯합니다(한 명의 여성에게 충실히 대하고 있었기 때문에, 이 무렵에 아우구스티누스가 성적 방종의 나날을 보내고 있었다고는 생각할 수 없습니다).

(ii) 마니교도로서 '속기도 하고 속이기도 하며 살았다'는 '의사擬似종교적' 행동은 '선택받은 자(electi)'나 '성자(sancti)'라고 일컬어지는 사람들에게 음식을 갖다 바치며 그들의 생활을 지탱해주는 '청문자聽聞者'로서의 일입니다.

(d) 『고백록』이 전하는 '마니교' 교의 (4) (IV, xv, 24~26)
'반면에 분열성에는 확실히 모르지만 어떤 **비이성적인 생명의 본체 또는 최고악의 본성**이 있다(in ista vero divisione inrationalis vitae nescio quam substantiam et naturam summi mali)'(IV, xv, 24).

이것은 마니교의 원리를 설명하고 있습니다.

대략적으로 말하자면, (1)과 (3)에는 『고백록』에서 거짓으로 가득 찬 마니교 교의를 소개하는 부분이 설명되어 있고, (2)와 (4)에는 아우구스티누스가 이런 '악마의 덫'에 걸려서 빠져 있던 거짓이 설명되어 있습니다. 그러나 이해하기 어려운 점은, (1)과 (3)에 설명되어 있듯이, 키케로를 애독했고, 변론술 교사였던 아우구스티누스가 어떻게 9년 동안이나 마니교 교의에 사로잡혀 있었는가 하는 점입니다. 『고백록』을 비판적으로 소개하는 것만으로는 아무래도 납득하기 어렵지 않을까 생각됩니다.

나로서도 아직은 이 문제에 충분히 답할 수 있을 만큼 준비가 되어 있지는 않습니다. 다만 아우구스티누스 이외의 자료 가운데 오늘날 복원되어 있는 것에 근거해 시론적으로 추정해볼 수 있을 따름입니다.

[2] 복원된 마니교 경전으로 본, 그노시스주의와 결합된 마니교 교의

이것을 여기에서는 오누키 타카시(大貫隆) 역저, 『그노시스 신화』(1999)에서 '마니교의 구원신화'로 복원되어 있는 부분을 통해 짚어보려고 합니다.

이 책은 (i) 8세기 말 시리아의 네스토리우스파 크리스트교 학자 테오도로스 바르 코나이의 『평주집評注集』(Liber Scholiorum)과 (ii) 10세기 말 아라비아의 무슬림 학자 아불파라즈 무함마드 벤 이샤

크 알 바라크(통칭 이븐 알 나딤)의 『학술서 목록』(통칭 『피흐리스트』)에 근거한 것으로, 오누키 씨가 이것의 독일어 번역본을 다시 일본어로 번역한 것입니다. 이 책에 따르면 그 신화를 구성하고 있는 요소로 다음 몇 가지가 눈에 띕니다(『그노시스 신화』, 248~276쪽 참조).

(1) 두 가지 원리, 빛과 어둠

(2) 빛의 대지, 어둠의 대지

(3) 두 가지 원리의 투쟁, 원인原人의 출현, 원인이 어둠에 잡아먹힘

(4) 두번째 소명 '빛의 친구', 하늘과 땅의 창조

(5) 아담과 이브, 예수의 파견

(6) 샤티르의 탄생과 성장, 신지크트와 마니교 교회

이 내용을 '원原자료'에서 전하는 것으로 이해할 수 있다면, 이것을 다음과 같은 몇 가지로 정리해서 마니교의 '구원 신화'를 이루는 뚜렷한 특징으로 거론할 수 있을 것입니다.

(1) '빛'과 '어둠'이 가장 시원적인 원리이다. 이 둘은 상하의 관계로 서로 접촉하고 있지만, 서로 얽히지 않는 독립된 두 가지 실체이다.

(2) 이 두 가지 원리 사이에 투쟁이 생긴다. 그리고 어둠이 빛을 이긴다.

(3) 하늘과 땅의 창조는 이런 상태를 전제하여 성립된다. 요컨대, 창조는 이미 빛이 어둠에 사로잡힌 상태에 있음을 재료로 삼아 이루어진다. 따라서 어둠 안에 빛이 사로잡혀 있는 것이 현재의 세계의 상태이다. 아담과 이브의 창조 역시 거기에서 생겨난다. 거기에서 이브(여성)는 아담(남성)을 유혹하는 존재이며, 악의 원리를 대표

한다.

(4) 예수는 이 상태에 있는 '인간'을 구원하고, 어둠으로부터 빛으로 되돌리기 위해 빛의 원리로부터 보내진 존재이다.

(5) 마니교 집단에서는 '선택된 존재'(=성자)와 '청문자'(=일반 신도)가 구별된다. 전자는 '빛'의 요소를 '어둠'의 요소로부터 해방시키는 것이고, 후자는 전자의 생활을 지탱하는 것이다.

(6) 철저한 '이원론'이 근저에 있고, '생활의 규칙'인 '금욕주의'는 '빛'을 '어둠'으로부터 해방시키기 위한 원리가 된다.

[3] 『고백록』과의 비교

이런 원자료에 의한 마니교의 구원 신화를 보면, 『고백록』에서 아우구스티누스가 보고하는 것과 상응하는 부분이 많다는 것을 알 수 있습니다. 아우구스티누스 시대에 북아프리카와 로마의 마니교도가 이런 원자료에 가까운 것을 경전으로 삼고 있었는지 여부는 명확하게 알 수 없지만, 여기에 가까운 것이었다고 생각하면 좋을 듯합니다.

『고백록』의 서술만으로는 정작 보이지 않는 부분도 있는데, 바로 이 교의에 포함되어 있는 '합리성'이라고 할 수 있습니다. 또한 그 교의는 형상으로는 아우구스티누스를 매혹시킬 만한 심미적 표현으로 넘쳐났다는 것을 쉽게 상상할 수 있습니다.

이러한 '합리성'과 '심미성'을 감안하면, 이 종교가 9년 동안 아우구스티누스를 줄곧 매혹시킬 만한 힘을 가질 수 있었으리라고 쉽게 상상할 수 있습니다. 그노시스주의의 합리성과 페르시아에서 기원한 이원론을 합친 점에 마니교의 특징이 있고, 여기에 세속의 그리스 자연학, 헬레니즘 세계의 점성술, 구약성서의 창조 이야기, 신약성서의 예수에 의한 구원이 마치 아말감처럼 접합되어 있습니다.

크리스트교의 정통교리가 그것과 결정적으로 다른 부분은, (i) '창조'를 원리로 한다는 점(이른바 '무로부터의 창조')과 (ii) '언어(=아들)의 육화肉化'라는 두 가지일 것입니다(예수 크리스트의 육체에 대해 마니교에서는 '가현설假現說'에 가까운 입장을 취하고 있었던 듯합니다). 『고백록』에서 '자신을 낮추는 것(humilitas)'이야말로 크리스트교 신앙의 원점이라고 보고 있는 것은 아마도 그것과 관련이 있는 듯합니다. 사랑하는 '어머니'가 싫어하셨음에도 9년 동안이나 이 '허위' 안에서 '속박'에 얽매이듯 해서 '악마의 덫'에 사로잡혀 있었다면, 그것은 이러한 '합리성'과 '심미성' 때문이 아니었을까요. '변론술' 교사로서의 경력과 그것이 서로 모순되지 않는 점 역시 당연한 일로 여겨집니다. 당시 크리스트교가 본격적으로 자리잡은 로마 국내에서는 마니교가 금지된 상태였지만, 카르타고나 로마에서도 아우구스티누스 주위에, 특히 변론가들 중에 마니교도가 많이 있었을 것입니다.

신에게로의 귀향(reditio, conversio)은 무엇보다 이런 마니교의 '속박'으로부터 해방되는 것이었을 텐데, 여기에서 '이향'의 세 가지 요소인 '애욕', '변론술', '마니교'는 사실상 서로 연결되어 있었을 것이고, 그런 만큼 '귀환'의 과정도 복잡하고 미묘했을 것으로 생각됩니다. 그리고 이와 관련되는 5권부터 8권까지의 서술을 독해하는 것이 다음 과제가 되겠습니다.

귀향의 단서

귀향의 단서는 사실 이향의 과정 속에 알게 모르게 숨겨져 있어, 이 같은 신의 보이지 않는 손에 의해 귀향이 준비되고 있었다고 할 수 있습니다.

그중 가장 중요한 것은 '어머니의 기도'였겠지요.

3권 말미의 11장은 어머니 모니카가 미망과 오탁 안에 있는 아들을 위해 흘리는 눈물과, 눈물의 기도 속에 꾸었던 꿈으로 아름답게 마무리되고 있습니다.

어머니의 꿈이란, 어머니가 나무 잣대 위에 서서 잃어버린 아들을 생각하며 눈물을 흘리고 있자, 어느 잘생긴 젊은이가 다가와 안심하라고 하면서 어머니가 계신 곳에 아들도 같이 있지 않겠느냐고 일러준 것인데, 가만 보니 아들 아우구스티누스도 같은 잣대 위에 서 있더라는 꿈이었습니다. 아우구스티누스가 어머니에게 이 이야기를 듣고 그것은 '어머니가 제게로 오게 된다는 뜻이겠네요'라며 장난스럽게 말하니, 어머니는 주저 없이 '아니, 그 청년은 아들이 있는 곳에 당신이 있다고 하지 않고, 당신이 있는 곳에 아들도 있게 될 것이라고 한 거야'라고 대꾸했다는 것입니다. 이 장은 이어서 아들이 마니교에 푹 빠져 있는 것을 한탄하며 눈물을 멈추지 않는 어머니를 보고, 어느 주교가 '이런 눈물의 자식이 망가질 리 없습니다'라며 위로해주었다는 대목으로 끝납니다. 어머니의 신앙과 어머니의 기도 안에서 지켜지고 있는 아들에 대해 말하는 아름다운 구절입니다.

4권의 도입부는 열아홉 살 때부터 스물여덟 살이 될 때까지 9년 동안의 방황 과정을 이미 살펴본 대로 짧게 축약하고 있습니다. 전문을 다시 읽어보겠습니다.

"나는 열아홉 살 때부터 스물여덟 살이 될 때까지 여러 가지 욕정으로 인해 남을 유혹하기도 하고 유혹당하기도 하며, 또는 속이기도 하고 속기도 하면서 살았습니다. 공개적으로는 학예라고 부르는 학문의 이름으로 그랬고, 숨어서는 거짓된 종교의 이름하에서 그랬던 것입니다. 전자의 경우에 나는 거만했고 후자의 경우에는 아주 미신적이어서 모든 면에서 볼 때 나는 헛되고 비어 있었습니다. 한편, 나의 공직생활에서는 헛된 대중의 인기를 추구한 나머지 극장의 박수갈채를 얻고자 시 낭송 대회에 참가했습니다. 이것은 사실 지푸라기의 월계관을 추구한 무대 연기의 허망함이요, 절제 없는 욕심일 뿐이었습니다. 그러나 다른 한편으로, 내 개인 생활에서는 이 모든 추잡한 행동으로부터 깨끗함을 얻고자 소위 성자 혹은 선택받은 자라고 불리는 사람들에게 음식을 갖다 바쳤습니다."

Per idem tempus annorum novem, ab undevicensimo anno aetatis meae usque ad duodetricensimum, seducebamur et seducebamus falsi atque fallentes in variis cupiditatibus et palam per doctrinas, quas liberales vocant, occulte autem falso nomine religionis, hic superbi, ibi superstitiosi, ubique vani, hac popularis gloriae sectantes inanitatem usque ad theatricos plausus et contentiosa carmina et agonem coronarum faenearum et spectaculorum nugas et intemperantiam libidinum, illac autem purgari nos ab istis sordibus expetentes, cum eis, qui appellarentur electi et sancti, afferemus escas.(IV, i, 1)

'여러 가지 욕정으로 인해 남을 유혹하기도 하고 유혹당하기도 하며, 또는 속이기도 하고 속기도 했다(seducebamur et seducebamus falsi atque fallentes in variis cupiditatibus)'고 할 때의 '여러 가지 욕정(variis cupiditatibus)'이란 이미 언급했듯이 '성적 욕망'뿐 아니라 이 세상에서 성공하고자 하는 야망과 명예욕까지도 포괄하는 것임을 이 단락에서는 분명하게 읽어낼 수 있습니다. 그것은 신에게로 향하지 않고 진실의 신을 등지려는, 본성과는 상반되는 욕망의 모든 것이며, 그것이 여기에서 표면상으로는 변론술 교사로서의 성공의 야망으로, 이면에서는 마니교의 청문자로서 마니교의 '선택된 성자'에게 금전적으로 봉사하고, '추잡한 행동으로부터 깨끗함을 얻고자' 기대하며 헤매는 '덧없음(vani)'으로 분열적으로 묘사되고 있습니다. 당시 로마의 세속사회 세태가 다양한 면에서 여실하게 묘사되어 있는 흥미로운 부분입니다.

이어 3장에서는 점성술사와의 교류를 이야기하고, 4장부터 7장까지는 친구의 병과 죽음이 서술됩니다. 우정 안에서 살았던 아우구스티누스에게 이것은 큰 사건이었습니다. 이는 아우구스티누스를 신에게 되돌아가도록 준비시키는 것이었습니다.[3]

4권 말미의 16장에서는 이러한 방황 끝에 세속적인 학문적 성공의 덧없음을 점차 깨닫게 되면서 서술도 차분해져갑니다. 결말은 다음과 같이 아름답게 맺어집니다.

"오, 우리 주 하느님, 당신의 날개 밑에서 우리가 바라고 있사오니 우리를 보호하시고 우리를 안고 가주소서. 당신은 우리가 어릴 때나 또는 우리가 백발이 될 때까지 우리를 안고 가실 것입니다. 당신이 우리의 힘이 되실 때 우리는 정말 강하게 됩니다. 그러나 힘이 우리의 힘뿐일 때는 그것은 우리의 약함이 되고 맙니다. 우리의 선함은 영원히 당신 안에 근거하고 있사오니 당신을 싫어서 떠나면 우리는 우리 자신의 왜곡으로 떨어져버리고 맙니다. 오, 하느님, 우리로 하여금 당신에게 돌아감으로써 다시는 파멸에 이르지 않도록 해주소서. 당신은 선 자체이시므로 우리의 선은 당신 안에서만 위험 없이 거할 수 있습니다. 우리가 돌아갈 집을 찾지 못할 것이라고 두려워할 필요가 없으니, 우리는 다 스스로 그 집에서 떨어져나온 자들이기 때문입니다. 우리집은 우리가 거기에 거하지 않아도 허물어지지 않사오니, 그 집은 당신의 영원한 집이기 때문입니다."

o domine deus noster, in velamento alarum tuarum speremus, et protege nos et porta nos. tu portabis, tu portabis et parvulos et usque ad canos tu portabis, quoniam firmitas nostra quando tu es, tunc est firmitas, cum autem nostra est, infirmitas est. vivit apud te semper bonum nostrum, et quia inde aversi sumus, perversi sumus. revertamur iam, domine, ut non evertamur, quia vivit apud te sine ullo defectu bonum nostrum, quod tu ipse es, et non timemus, ne non sit quo redeamus, quia nos inde ruimus; nobis autem absentibus non ruit domus nostra aeternitas tua.(IV, xvi, 31)

4권의 말미는 이렇게 신 안에서의 조용한 휴식으로 향하려는 강

력한 희망에 의해 아름답게 마무리됩니다. 5권 이하는 귀향의 서술로 옮겨갑니다.

7강

귀향(conversio)의 과정과 요소들

다음 과제는 신으로부터 떨어져나갔던 존재가 신에게 되돌아가는 '귀향(reditio, conversio)'의 과정을 5~7권의 서술을 통해 독해하는 것입니다.

　이제까지 문제로 다뤄온 것은 『고백록』의 자전적 부분인 1권부터 9권까지의 구성을 어떻게 이해할 것인가 하는 점이었습니다. 1권을 신의 곁에 있던 영혼의 상태, 9권을 신의 곁으로 되돌아간 영혼의 상태로 보고, 2권, 3권, 4권을 신에게서 멀어져가는 이향의 과정으로, 5권, 6권, 7권을 신에게 되돌아가는 귀향의 과정으로 해석하며 8권을 회심의 성취라고 볼 때, 『고백록』의 자전적 부분인 1권부터 9권까지의 구성을 하나의 멋들어진 균형을 이루는 것으로서 읽을 수 있음을 넌지시 말하고 싶었습니다.

　지금까지는 2~4권에 보이는 신으로부터 멀어져가는 이향 과정에 대해 공부했습니다. 그 서술은 오늘을 사는 우리들에게, 또 그 안에서 예수의 복음이 갖는 생명이 어디에 있는가를 밝히고 싶어 하는 사람들에게 무언가를 일깨워줄 수 있는 점이 많습니다. 역사 가들도 지적하는 바이지만, 로마 제국 말기에는 현대 세계와 비슷한 경향이 있습니다. 그러한 시대에 출세하고자 했던 아우구스티누스에게 무슨 일이 일어났는가를 분명하게 파악하는 것은 의의 있는 일입니다. 오늘은 신으로부터 멀어졌던 아우구스티누스의 영혼이 점차 신에게 되돌아가는 과정을 살펴볼 텐데, 그것은 오늘을 살아 가는 우리들이 예수의 복음과 어떻게 만날 수 있는지 생각하게 합니다.

'귀향(conversio)'이란 '이향(aversio)'과 대비되는 말입니다. aversio 가 '~에서 떠나'를 의미하는 접두사 a–와 '향하다'를 의미하는 동사 verto로 이루어지는 동사(averto, '~로부터 떨어져나가다')의 명사형으로 '이향'을 뜻하는 것과 달리, conversio는 aversio와는 반대되는 작용으로, '회심'을 의미하는 동시에 '귀향'을 의미합니다. 따라서 5~7권에서는 영혼이 신에게 되돌아가는 귀향 과정이 묘사되고 있다고 이해할 수 있습니다. 또 이러한 귀향의 움직임을 구성하는 주된 요소로, 우선 5권에서 서술되는 마니교의 파우스투스 박사와의 만남, 그다음은 6권에서 서술되는 밀라노에서의 암브로시우스와의 만남, 셋째로는 7권에서 설명되는 플라톤주의 철학서와의 만남이 있었습니다. 이런 일들은 그의 인생 여정 속에서 일어났기 때문에, 하나하나를 떼어놓고 보면 각기 어떤 의미를 가지고 있었는지가 자명하지 않습니다. 이향의 여러 요소는 서로 얽혀 있다고 앞에서도 설명했지만, 귀향을 구성하는 이런 요소들 역시 서로 얽혀 있습니다.

그러나 이런 일들이 중첩되어가는 과정에서 회심이 준비된 것이고, 아우구스티누스는 이렇게 해서 점차 신에게 이끌려 되돌아간 것입니다. 따라서 『고백록』은 이러한 일들이 '숨겨진 신의 신비로운 이끎'에 의해 일어난 것으로 보고, 당시의 아우구스티누스에게는 아직 그 의미가 명확하게 다가오지는 않았던 것으로 여기고 있습니다. 그러다가 결국 이 모든 일들을 떠올리며 있는 그대로 고백하고, 신의 업적의 위대함을 고백함으로써 『고백록』이라는 책이 성립됩니다. 그 마지막에서는 회심하고자 하면서도 좀처럼 되지 않는 영혼의 치열한 고뇌 속에서, 이제까지 읽어온 바울 서간의 의미가 갑자기 극적으로 확실하게 다가오면서 넘치는 눈물과 함께 회심이 성취되고, 영혼 역시 편안해졌음을 설명하는데, 이것이 바로 8권의 '정원 장면' 서술입니다. 따라서 위의 세 가지 요소가 5~7권에서 어떻게 서술되어 있고, 또 최종 회심의 클라이맥스가 8권에서 어떻게 서술되고 있는지 파악하는 것, 바로 거기에 이제부터 하게 될 설명의 주안점이 있습니다.

5권의 도입부를 살펴봅시다. 파우스투스와의 만남이 설명되는 5권 도입부(1~2장)는 귀향 과정의 시작을 암시하는 아름다운 문장입니다. 저번에도 언급했듯이, 각 권 도입부는 그 권에서 전개될 내용을 미리 요약해 보여줍니다. 그럼 5권 서두를 읽어봅시다.

5권 1장 (V, i, 1)
"나의 혀가 당신께 드리는 나의 고백의 제물을 받아주소서. 당신의 이름을 찬양하기 위해 당신은 내 혀를 만드셨고 또한 그 혀를 움직이게 하셨습니다. 오, 주여, 나의 모든 뼈를 고쳐주시어, 고침을 받은 그 뼈들이 '누가 당신과 같습니까?'라고 고백하게 하소서. 우리가 당신에게 고백함은 우리 마음에 일어나는 일들을 당신에게 알려드리려고 하는 것은 아닙니다. 그것은 아무리 굳게 닫힌 마음이라도 꿰뚫어 보시는 당신의 눈을 피할 수 없으며 아무리 완고한 인간의 마음이라도 당신의 손길을 물리칠 수 없기 때문입니다. 당신은 마음대로 자비를 통해서 혹은 형벌을 통해서, 그 완고한 인간의 마음을 녹이시오니 당신의 그 열기를 피할 자가 어디 있겠습니까?

그래도 내 영혼으로 하여금 당신을 찬양함으로 당신을 사랑하게 하시고, 당신 앞에서 당신의 자비를 고백함으로 당신을 찬양하게 하소서. 당신의 모든 피조물들이 끊임없이 당신을 찬양하며 당신 앞에서 침묵을 지키지 않고 있습니다. 인간의 영혼도 그의 입술과 소리로써 당신을 찬양하며, 온갖 동물과 무생물들도 그들을 관찰하는 자들의 입을 통해 당신을 찬양합니다. 이리하여 우리의 영혼은 권태로부터 당신을 향해 일어서게 되고, 당신이 훌륭하게 창조한 피조물을 통해 당신 자신에게로 올라가게 되오니, 거기서 우리 영혼은 새롭게 되고 참다운 힘을 얻게 됩니다."

서두의 이 한 대목만으로는 실제로 5권의 서술이 파우스투스와의 만남에서 시작된다는 것을 전혀 알 수 없습니다. 이 부분은 그런 구체적인 일의 서술과는 동떨어진, 신의 위대함을 찬미하는 내용으로, 아름다운 시적 울림 같은 것을 가지고 있습니다. 지난번에 읽었던 2권 도입부와 비교해봅시다.

2권 1장 (II, i, 1)

"이제 나는 지나간 나의 추잡한 잘못들과 육체로 떨어졌던 내 영혼의 타락을 기억하고자 합니다. 그것은 내 과거를 사랑해서가 아니라 당신을 사랑하고 싶어서입니다, 나의 하느님. 당신의 사랑을 사랑하기 위한 자기 성찰의 쓴 괴로움을 지니면서도 나의 추잡한 잘못들을 상기하옵니다. 거짓 없는 달콤함, 복되고 안전한 달콤함이 되신 주님, 당신께서 나의 기쁨이 되어주소서. 나는 오직 한 분(一者)이신 당신을 떠나 잡다한 세계로 떨어져서 산산조각 나 흩어져버렸으니 이제 나를 거두어 모아주소서. 나는 청년기로 접어들면서 감각적인 쾌락으로 만족하려는 욕망으로 불타고 있어 여러 가지 허망한 사랑을 추구하는 자가 되어버렸습니다. 이리하여 나의 외모는 시들었으니 당신이 보기에는 썩은 존재였으나 내 자신의 눈에는 좋게 보였으므로 다른 사람의 눈에 잘 들게 하려고 애를 썼습니다."

이 2권의 도입부 역시 매우 추상적인 언어로 서술되어 있습니다. 그것은 자신의 영혼이 신으로부터 멀어져가는 과정에 대한 일반적인 서술로, 자기 자신의 추한 행동을 부끄럽고 괴로운 어조로 채우고 있습니다. 그럼에도 그런 행동을 있는 그대로 고백함으로써 자신을 추스르고, 나아가 자기로 하여금 되돌아가게 이끌어준 신의 위대한 사랑을 고백하고 증언하게 되는 것입니다.

그러나 방금 읽은 5권의 서두는 2권의 서두와는 분위기가 사뭇 달라져 있습니다. 거기에는 '구원이 이미 왔고, 회심이 드디어 성취되리라'는 기대로 가득찬 밝은 어조로 표현되고 있습니다. 그러면 이번에는 회심의 성취를 말하는 8권의 도입부와 비교해봅시다.

8권 1장 (VIII. i. 1)

"오, 나의 하느님, 나로 하여금 내게 베푸신 당신의 자비를 감사함으로 기억하여 당신께 찬양을 올리게 하소서. 내 뼈가 당신의 사랑에 흠뻑 젖어 '주님, 누가 당신과 같습니까?' '주께서 나의 결박을 푸셨나이다. 내가 주께 감사제를 드리리이다'라고 말하게 하소서. 당신이 어떻게 나의 결박을 푸셨는지 내가 만방에 선포하리니, 이것을 듣고 당신을 예배하는 자들은 함께 말하게 하소서. '하늘과 땅에서 주님을 찬양할지어다. 그의 이름은 위대하시고 놀랍도다.'

이미 당신의 (성서의) 말씀은 내 심장(마음)의 밑바닥에 굳게 박히었고, 당신은 나를 사방으로 둘러싸고 계셨습니다. 당신의 영원한 생명에 대하여는 '거울로 보는 것같이 희미하게 알았지만' 확신은 하고 있었습니다. 그러므로 나는 당신이 불멸의 실체이시요, 다른 모든 실체의 근원이 되심을 의심하지 않았습니다. 그러나 내가 바랐던 것은 당신의 존재에 대한 강한 (지적인) 확실성보다는 당신 안에서 (내 마음이) 더 견고히 서 있는 것이었습니다."

이것은 회심의 기쁨으로 넘치는 문장입니다. **'주님, 누가 당신과 같습니까?'**(domine, quis similis tibi?)라는 『시편』 34(신공동역 35):10에 의한 말은 회심으로 신의 사랑에 이끌려 신에게 구원받은 영혼이 하는 말입니다. 또 '내 뼈가 당신의 사랑에 흠뻑 젖어(perfundantur ossa mea dilectione tua)'라고 하는데, '뼈가 사랑에 흠뻑 젖다(적셔지다)'라는 말은 마찬가지로 최종적인 회심의 성취와 그 기쁨을 표현하는 말입니다. 이와 비슷한 표현이 5권 도입부에도 있음을 떠올릴 수 있습니다. 거기에는 "나의 모든 뼈를 고쳐주시어, 고침을 받은 그 뼈들이 '**누가 당신과 같습니까?**'라고 고백하게 하소서(et sana omnia ossa mea, et dicant: domine, quis similis tibi?)'라고 되어 있습니다. 8권에서는 '**내 뼈가 당신의 사랑에 흠뻑 젖어**'라는 구절이 여기서는 '**나의 모든 뼈를 고쳐주시어**'로 되어 있습니다. 이것은 이 두 부분이 함께 울리며 서로 끌어당기는 것으로 표현되어 있음을 보여줍니다. 5권 서두와 8권 서두의 이와 같은 조응은 5권이 이향으로부터 귀향으로 향하는 전환의 시점이라는 것, 즉 거기에서 회심의 성취로 가는 길이 시작된다는 것을 보여준다고 생각합니다. 이런 구절들은 아우구스티누스의 영혼 밑바닥에서 우러나는 신에 대한 기도이자 노래입니다. 그것이 이 두 부분에서 한결같이 '나의 뼈'라는 말로 서술되어 있는 것입니다. '나의 뼈'란 몸과 마음이 하나인 '나'의 온몸과 정신을 그 바탕에서부터 지탱하고 있는 것을 말합니다.

다시 한번 5권 1장을 처음부터 읽어보겠습니다.

"나의 혀가 당신께 드리는 나의 고백의 제물을 받아주소서. 당신의 이름을 찬양하기 위해 당신은 내 혀를 만드셨고 또한 그 혀를 움직이게 하셨습니다. 오, 주여, 나의 모든 뼈를 고쳐주시어, 고침을 받은 그 뼈들이 '누가 당신과 같습니까?'라고 고백하게 하소서."

Accipe sacrificium confessionum mearum de manu linguae meae, quam formasti et excitasti, ut confiteatur nomini tuo, et sana omnia ossa mea, et dicant: domine, quis similis tibi?

"당신의 모든 피조물들이 끊임없이 당신을 찬양하며 당신 앞에서 침묵을 지키지 않고 있습니다. 인간의 영혼도 그의 입술과 소리로써 당신을 찬양하며, 온갖 동물과 무생물들도 그들을 관찰하는 자들의 입을 통해 당신을 찬양합니다. 이리하여 우리의 영혼은 권태로부터 당신을 향해 일어서게 되고, 당신이 훌륭하게 창조한 피조물을 통해 당신 자신에게로 올라가게 됩니다."

다음의 마지막 한 줄은 매우 아름다운 말입니다.

"거기서(신 안에서) 우리 영혼은 새롭게 되고(refectio) 참다운 힘을 얻게 됩니다(et ibi refectio et vera fortitudo)."

이것은 아름다운 종교적 시입니다.

파우스투스와의 만남

이어 3장부터 7장까지를 살피면서 파우스투스와의 만남이 구체적으로 어떻게 서술되고 있는지 알아봅시다. 조금 긴 부분이지만, 파우스투스와의 만남을 중심으로 요약하면 다음의 세 부분으로 정리할 수 있을 것입니다.

(i) 마니교도 주교였던 파우스투스는 마니교도들 사이에서는 유명(nominatus)했고, 그 평판(fama)에 따르면, 그는 모든 존경할 만한 학문에 숙달되어 있었으며(honestarum omnium doctorinarum peritissimus), 특히 '여러 자유학예의 교양을 갖춘(disciplinis liberalibus eruditus)' 인물로 알려져 있었습니다(V, iii, 3). 마니교 사람들은 무언가를 질문한 아우구스티누스에게 답을 하지 못할 때, '파우스투

스가 와서 같이 이야기해보면 더없이 쉽게 설명해줄 것이고, 더 어려운 문제들에 대해서도 쉽고 명확하게 설명해줄 것(cuius adventu conlatoque conloquio facillime mihi haec et si qua forte maiora quaererem enodatissime expedirentur)'이라고 장담했습니다(V, vi, 10).

(ii) 실제로 만난 파우스투스는 '마음에 드는 사람(hominem gratum)'이었고, '말솜씨가 구수한 사람(iucundum verbis)'이었으며, '마니교도들보다 말을 더 잘하고 재미있게 할 뿐인 인물(ea ipsa, quae ipsi solent dicere, multo suavius garrientem)'이었다고 이야기됩니다. 요컨대, 파우스투스는 '변론술'에 능한 사람이었던 것입니다. 그러나 아우구스티누스가 알고자 했던 것은 그런 면이 아니어서, 파우스투스는 결국 아무것도 가르쳐주지 못했습니다. 파우스투스는 '자유학예'에도 그다지 능하지 못했다고 합니다. '변론술'과 '문법학'에 관해서는 언급하지만, '변증론(dialectica)'에 대한 언급은 없습니다. 파우스투스는 분명 변증론에 관해서는 몰랐던 것으로 보입니다.

'말을 잘한다고 해서 진리(verum)를 말함이 아니고, 말을 잘 못한다고 해서 허위(falsum)를 말함이 아니라는 것을 아우구스티누스는 그때 이미 당신(=신)으로부터 배워서 알게 되었다(iam ergo abs te didiceram nec eo debere videri aliquid verum dici, quia eloquenter dicitur, nec eo falsum, quia incomposite sonant signa labiorum)'고 합니다(V, vi, 10). '이미 당신으로부터 배워 알게 된 것이 있었다(iam ergo abs te didiceram)'는 구절은 무엇을 말하는 것일까요. 이 부분만 보면 하나의 '수수께끼'입니다.

그러나 그 바로 앞에서는, 나의 신이 '놀랍고도 은밀한 방법으로

(miris et occultis modis)' 그것을 가르쳐주었다고 했습니다. 이는 '유일한 교사는 신이다'라는 것입니다. 이것은 『교사론』에서 주제로 부각된 것인데, 그가 '안정되지 못한 마음으로(animo vagabundus)'(V, vi, 10) 마니교도들의 교의에 귀를 기울이고 있던 시기에, 이것을 어디에서 배운 것일까요. 마니교 교의보다 자연학자들의 학설이 진실하다고 생각했던(V, iii, 6) 시기였을까요. 그렇지만 그 직전에는 속세의 지혜(=철학자의 지혜)는 길이신 크리스트를 알지 못하기 때문에 어리석은 것이라고 지적하고 있습니다. 자연학자의 학설 역시 그 이상의 것을 가르쳐주지는 못했을 것입니다.

(iii) 그러나 파우스투스는 아우구스티누스가 알고 싶은 것을 물어오면, 알지 못하는 것은 모른다고 솔직히 인정하는 인물이었습니다. 그는 '이런 문제들에 대해 잘 모르고 있었기 때문에 자기의 무지를 고백하는 것을 부끄럽게 생각하지는 않았다(noverat enim se ista non nosse nec eum puduit confiteri)'(V, vii, 12)고 말합니다. 그리고 파우스투스는, 말하자면 이런 소크라테스적 태도 때문에 '마음(cor)을 가지고 있었다(iste ver cor habebat)'고 합니다. 그것은 '신을 향한 마음(rectum ad te)'은 아니었지만, '자기 자신을 향한 것(ad se ipsum)'으로는 충분히 주의깊은 것이었습니다.

'마음(cor)'이라는 말은 아우구스티누스에게 가장 근간적인 의미를 가지는 말입니다. 나는 이것을 때때로 '마음 깊은 곳'이라고 번역했습니다. '마음의 표층'이 아니라, 자신에게도 숨겨진 '마음의 심층'을 의미합니다. 왜냐하면 거기에서 인간 전체가 어떤 '진리'와 만나거나, 또는 '진리 자체'가 인간 전체와 만나고 있기 때문입니다.[1] 여기에서 파우스투스가 '마음을 가지고 있었다(cor habebat)'고 할 때, 그것은 파우스투스가 어떤 '진리 자체'와 관련되는 '마음'을 가지고 있었음을 말하고 있는 것이 아닐까요. 다만 파우스투스는 마니교도이므로, '신을 향한 마음'은 아니지만, '자신의 무지'를 고백할 수 있을 만큼 '진리 자체'에 충실한 마음을 가지고 있었다고 할 수 있습니다.

이 점에서도 파우스투스는 아우구스티누스의 마음에 들었고, 그 후로 서로 사이가 좋아져서 파우스투스가 흥미를 보이던 '책', 즉 아우구스티누스가 카르타고에서 변론술 교사로 청년들을 가르치던 책을, 말하자면 아우구스티누스가 교사 자격으로 파우스투스에게 권할 만하다고 판단한 책을 골라 함께 읽게 되었다고 합니다(V, vii, 13).

그러나 바로 그때, 아우구스티누스의 내면에서 무언가가 무너져 내리고 있었습니다. 마니교의 가르침을 더 깊이 파고들려고 했던 그때, 마니교에서 위대한 인물로 존경받는 사람이 자기 눈에도 괜찮은 사람이기는 했지만, 자신이 찾던 것을 가르쳐줄 수 있는 사람은 아니라는 것을 알게 된 바로 그때, 그의 마음속에서 무언가가 무너져내린 것입니다(refracto studio quod intenderam in Manichaei litteras). 그리고 바로 그 순간에 반항하자, 반항하자 하는 기력이 솟아났고, 바로 그곳에서 신의 손이 '놀랍고도 은밀한 방법으로(miris et occultis modis)' 움직였던 것입니다(V, vii, 13).

암브로시우스와의 만남

이 시점에 아우구스티누스는 카르타고를 떠나 로마로 향하려 하는데, 그가 무심결에 어떻게 해서 신에게 이끌리게 되었는지 상세히 서술하는 대목이 5권 말미입니다. 거기에는 (i) 어머니 모니카의 반대, (ii) 병, (iii) 친구의 죽음 등 몇 가지 요인이 얽혀 있는데, 가장 큰 것은 그가 마니교도의 추천으로 크리스트교 비판자였던 로마 시장 심마쿠스에 의해, 암브로시우스가 주교로 있던 황제의 도시 밀라노로 파견되기에 이른 경위입니다.

이것이 귀향의 두번째 모멘트가 됩니다. 밀라노에서 암브로시우스의 설교를 듣고 『성서』의 영적 독해법을 처음으로 알게 되었습니다. 이것이 『성서』에 관한 기존의 생각, 즉 『성서』의 문체는 졸렬하며 여자들의 유치한 읽을거리일 뿐이라는 생각을 바꾸게 하면서, 『성서』의 영적 의미를 읽어내는 법을 가르쳐주었습니다. 그리하여 '진리'로서의 '신'에게 향하는 길이 아우구스티누스의 내면에 열렸습니다. 그것은 회심의 성취로 향하는 중요한 한걸음이었고, 또한 평생에 걸친 '신 탐구의 길'이 열리는 단초였으며, 이후 그의 설교자로서의 영적 골격을 만들게 되었습니다.

그러나 카르타고에서는 일개 변론술 교사에 불과했던 아우구스티누스가 거기까지 이른 데에는 다양한 사건의 연쇄와 우여곡절이 있었습니다. 이 모든 것이 자신의 의도에 의해서가 아니라, 신의 숨겨진 이끎에 의해 무심코 그 길을 걷게 된 경위를 말하는 것이 5권과 6권의 서술입니다.

(i) 우선 카르타고를 떠나 로마로 가게 되었는데, 무엇보다 카르타고의 학생들은 거칠고 무례하고 학습 의욕도 그다지 없었던 데 비해, 로마의 학생들은 제법 성실하다고 들었기 때문이라고 합니다(V, viii, 14). 그러나 어머니 모니카는 내심 아우구스티누스의 그런 행보를 되도록 만류하려 했습니다. 그래도 그는 어머니가 눈치채지 못하도록 은밀히 움직여 배를 탔습니다. 남겨진 어머니는 바닷가에서 눈물을 흘리며 슬프게 울었다고 합니다. 아들의 회심을 마음속으로는 바라고 있었을 어머니 모니카의 행동과, 이를 뿌리치고 떠난 아우구스티누스의 행동에 어떤 '신의 숨겨진 손'이 작용하고 있었는지가 여기에서 서술되고 있는 듯합니다(V, viii, 14~15).

(ii) 로마를 떠나 밀라노에 가게 된 경위 역시 애초에 아우구스티누스에게는 '영달의 꿈'이 있었고, 마니교도였던 아우구스티누스를 마니교도의 추천을 받아 황제의 도시 밀라노에 보낸 사람은 로마 전래의 종교를 중시하던 심마쿠스인데, 그는 밀라노 주교 암브로시우스와 대립하고 있던 사람이라서 그 상대자로 아우구스티누스를 보냈던 것입니다. 사람의 생각과 신의 계획이 얼마나 다른지가 여기서도 이야기되고 있습니다(VI, xiii, 23).

(iii) 또 아우구스티누스가 밀라노에 도착해 암브로시우스의 설교를 들어보려 했던 것도, 처음에는 암브로시우스의 '달변이 그 명성에 걸맞은 것인지, 평판 이상으로 유창한지' 등으로 그 '언변'을 가늠해보려는 생각에서였다고 할 수 있습니다(V, xiv, 25). 그러나 실제로 설교를 들어보니, '어떻게 말하는가' 하는 방식보다도 '내용 자체'의 '진실'에 빠져들었던 것입니다. '문자는 사람을 죽이고, 성령은 사

람을 살립니다(littera occidit, spiriuts autem vivificat, 『코린토서2』 3:6)'라는 바울의 말을 인용해 말하는 암브로시우스의 설교에 아우구스티누스가 점차 빠져드는 모습이 여기에 잘 서술되어 있습니다(VI, iv, 6 등).

그때까지 아우구스티누스를 『성서』에서 멀어져 있게 한 것은 특히 신에 관한 『구약성서』의 '의인적 어법'이었습니다. 암브로시우스의 설교가 가르쳐준 『성서』의 '영적 독해' 방법은 이러한 걸림돌을 제거해주었습니다. 암브로시우스는 변론술 교사들이 그리스·로마 고전을 어떤 식으로 해석하는지 잘 알고 있어서, 흠잡으려 하지 않는 방식으로 구약성서를 해석하고 있었습니다. 아우구스티누스는 암브로시우스의 이런 해석법에 우선 충격을 받았습니다. 거기에는 이제껏 들은 적 없던 『성서』의 '영적 해석, 비유적 해석(allegorical interpretation)'이 있었던 것입니다.

'비유적 해석'에 대해 조금 설명하겠습니다. 『구약성서』는 신과 인간의 이야기입니다. 그 안에는 예컨대 아브라함이 신에게 부름 받아 약속의 땅으로 가라고 명령 받는 '아브라함의 소명' 이야기가 있는데, 그것에 대해 기원전 1세기의 유대교 학자인 알렉산드리아의 필론은 플라톤 철학을 활용하면서 비유적 해석을 시도해, '아브라함의 소명'은 메소포타미아의 다신교 세계를 넘어선다는 점에서 어떤 의미를 가지는지 등을 설명했습니다.[2] 필론의 이와 같은 비유적 해석은 알렉산드리아의 오리게네스와 그 밖의 그리스 교부들에게 계승되었습니다.[3] 구약성서의 신은 의인적으로 쓰여 있어 마니교도들이 그것을 비웃고 있었지만, 오리게네스 등은 거기에 영적인 의미가 들어 있다고 해석했습니다. 그리고 이것은 카파도키아의 교부인 닛사의 그레고리오스 등에게로 계승되었습니다. 이러한 그리스 교부들의 업적을 서방세계에 도입한 것이 암브로시우스였습니다. 그는 그리스 교부들의 책을 공부하고 있었고, 아우구스티누스의 회심의 해인 386년 이후 몇 번의 부활제 때 암브로시우스가 했던 창세기 해석 설교는 그러한 그리스 교부들의 영향을 받은 것이었습니다.[4] 교부들의 성서 해석을 일반적으로 '예형론적(typological) 해석'이라고 합니다. 그것은 구약성서에서 이야기되고 있는 사건이 예수 크리스트에게서 실현된다는 것을 미리 이스라엘 민족의 이야기로 말하고 있다고 해석하는 것입니다. 이러한 해석은 사실 복음서의 예수 말씀에도 이미 들어 있는 것입니다. 『요한복음서』 3:14에서 '모세가 광야에서 뱀을 들어올린 것처럼 사람의 아들도 들어올려져야 한다'는 예수의 말씀은 '모세의 뱀'을 십자가의 예형 또는 상징으로 설명하고 있습니다.[5] 또 『루카복음서』(24:27, 44)에서는, 부활한 예수가 모세와 예언자들 그리고 『시편』에서 말하고 있는 것은 자신에게서 실현된 일이라는 점을 제자들에게 설명하고 있습니다. 아우구스티누스는 이제껏 이러한 해석을 접한 적이 없었을 것입니다. 이런 지적인 이해라는 점에서 아우구스티누스의 마음에는 불이 붙었습니다. 회심 직후부터 시작된 『시편』의 영적 독해는 특히 크리스트교 신앙에 대한 그의 이해를 심화시켰으며, 그의 내면에 크리스트의 '진리'를 이해할 수 있는 길을 열어주었습니다.

그러나 인간적 관계라는 점에서 보면, 암브로시우스와 아우구스티누스의 관계는 출신상의 차이라는 것도 있어서, 특별히 친했다고는 볼 수 없을 것 같습니다. 확실히 암브로시우스는 반대자였던 심마쿠스가 보내온 변론술 교사를 주교로서 '자식을 대하듯 맞이해 주었다(suscepit me paterne ille homo dei)'(V, xiii, 23)고 쓰여 있는데, 아우구스티누스가 점차 그를 열렬히 존경하면서 그의 지도로 다양한 것을 배우고 싶다고 생각했어도, 암브로시우스가 그를 위해 시간을 내준 적은 없었던 것 같습니다. 아우구스티누스가 바쁜 주교를 귀찮게 하지 않으려고 너무도 조심한 나머지, 두 사람 사이에는 거리가 생겼습니다. 그런 사정을 말해주는 흥미로운 일화 한 가지를 말씀드리지요. 주교 암브로시우스의 방에는 누구라도 그냥 들어갈 수 있었으므로, 아우구스티누스는 그가 독서하고 있을 때 들어갔습니다. 암브로시우스가 응해주기만 한다면 무언가를 물어보려고 했을 테지만, 암브로시우스는 조금도 개의치 않고 조용히 묵독을 계속할 뿐이었습니다. 그러자 아우구스티누스도 그렇게 열중하고 있는 사람을 방해하는 것은 좋지 않다고 생각해 그곳에서 가만히 물러났습니다. 여기에서는 암브로시우스가 아우구스티누스를 그다지 특별한 사람으로 여기지 않았다는 점이 드러나는데, 한편으로 이런 묵독 장면은 아우구스티누스의 눈에 생경하게 보였던 것 같습니다. 당시에는 책을 읽을 때 소리 내어 읽는 것이 보통이었지만, 암브로시우스는 묵독하는 습관이 있었던 듯합니다. 아우구스티누스는 그가 어째서 묵독을 하고 있었는지 그 이유를 추측하며 서술하는데, 결국에는 암브로시우스가 목이 잠기기 쉬워 그 목을 보호하려고 그렇게 했을 것이라고 상상하고 있습니다(VI, iii, 3). 이는 '묵독' 습관에 관한 흥미로운 이야기라고 생각됩니다.

(iv) 암브로시우스와의 만남을 설명하는 구절 끝에 짧게 다루는 부분은 그와의 만남이라는 회심의 두번째 모멘트와 플라톤 철학과의 만남이라는 세번째 모멘트를 연결하는 것으로, 흥미롭고 중요하기도 하므로 이쯤에서 언급해두고 싶습니다. 그리고 암브로시우스에게 배운 『성서』의 영적 독해에 대한 부분에 이어 다음과 같은 내용이 쓰여 있습니다.

"그는 신비의 너울을 벗기어, 문자 그대로 받아들이면 불합리한 것같이 보이는 본문의 뜻을 영적(은유)으로 해석해주었습니다.…… 내가 아직 그가 말한 것이 참인가 아닌가 확실히 알지 못했어도 나로 하여금 불합리하게 여기도록 하지는 않았습니다. **나는 그때 다시 오류에 거꾸로 떨어질까 두려워 어떤 것도 긍정적으로 받아들이기를 피했습니다. 나는 이처럼 허공에 매달려 있음으로 해서 더 목졸려 죽게 되었습니다.**"

cum ea, quae ad litteram perversitatem docere videbantur, remoto mysitico velamento spiritaliter aperiret, …, quamvis ea diceret, quae utrum vera essent adhuc ignorarem. tenebam enim cor meum ab omni adsensione timens praecipitium et suspendio magis necabar.(VI, iv, 6)

이것은 아우구스티누스가 마니교나 점성술의 가르침에 의한 속임수로부터 벗어난 이후, 아카데미아학파의 교설에 따라 '모든 동의를 피하는 것이 행복의 길이다'라고 생각하려 했음을 말하고 있습니다.

이 문맥에서는, 눈에 보이지 않는 것에 대해 암브로시우스가 『성서』의 영적인 의미를 설명해주는 것은 납득할 수 있지만, 그렇다고 해서 그것이 '참(vera)'인지 여부를 스스로는 판단할 수 없어서, 아카데미아학파의 가르침에 따라 '마음 깊은 곳에서는 어떤 것도 긍정적으로 받아들이기를 피하고 있었는데(tenebam cor meum ab omni adsensione)', 그런 까닭에 오히려 자신은 '**오류에 거꾸로 떨어질까 두려워했기 때문에, 허공에 매달려 있음으로 인해** (목 졸려) **죽게 되었다**(et suspendio magis necabar)'는 것입니다.

이것은 회심 직전의 아우구스티누스의 처지를 그대로 말해주는 적확한 표현이라고 할 수 있을 것입니다. '모든 동의를 미루는 것은 현자의 행복 수단이다'라는 아카데미아학파의 교설을 아우구스티누스는 배워서 알고 있었지만, 학설로서만 알고 있었지 이제까지 거기에 진지하게 몸을 맡긴 적은 없었을 것입니다(cf. V, x, 19; xiv, 24). 그러나 이제는 그것이 심각한 현실성을 가지는 것이 되었습니다. 암브로시우스의 설교를 접하며 『성서』의 진의를 분명하게 알게 되고, 그것이 아우구스티누스의 마음 깊은 곳을 흔드는 힘을 가지기 시작했을 때 그것은 바로 '어떤 것도 긍정적으로 받아들이기를 꺼리게 하는' **자부심, 오만, 완고함**이 되어 나타나는 것입니다. 그래서 모든 동의를 거부할 때 '숨이 막힐 수밖에 없게 되는' 것입니다.**6**

여기에서 아카데미아학파의 회의론과 신앙의 진리라는, 아우구스티누스의 필생의 과제가 되는 '신 탐구' 방법론의 문제가 시작됩니다. 그것은 '신앙의 이해(intellectus fidei)'라는 문제의 출발점이기도 합니다. 그리고 이 험로에서 탈출하는 길을 제시하는 것이 회심으로 향하는 길의 세번째 모멘트인 플라톤 철학에서의 '영적 존재의 자존성'에 대한 인지와 그런 인지를 이끄는 '자기 회귀'의 길이었습니다.

그러나 여기에서는 아직 거기까지 가지는 않고 '명예(honores)', '이득(lucra)', '결혼(coniugium)'(VI, vi, 9)이라는 욕망에 휘둘린 채 현재의 생활을 바꾸기란 불가능해서 그냥 넘어갑니다. 그러다가 수도의 변론술 교사라는 영예로운 자리에 올라, 직업상 황제에 대한 찬사의 연설을 낭독할 의무가 있어 그 준비에 주력해야만 했던 시기에, 그리고 이미 그 안에 있는 뻔히 보이는 '거짓말'(의 찬사)에 혐오감이 들던 그런 시기에, 밀라노의 길바닥에서, 얻어먹은 술로 거나해진 배부른 거지의 모습을 보고는 자신의 어리석음을 절감했다고 쓴 부분은 참으로 생생하고 처량하기도 한데, 방랑 생활의 막바지에 가까워지고 있음을 암시하는 대목 같기도 합니다(VI, vi, 9~10).

끝으로 13~15장을 봅시다. 모니카는 그후 아우구스티누스를 따라 밀라노로 왔습니다. 그리고 아들에게 결혼하라고 권하면서 좋은 집안의 어린 여성과 약혼을 시키고, 그때까지 함께 살던 여성을 결혼에 방해가 된다며 내보내버립니다. 이 여성은 이후 다른 남성을 알게 될 일은 없을 것이라고 맹세하고, 그와의 사이에 낳은 아들 아데오다투스Adeodatus를 두고 아프리카로 돌아갔습니다. 그러나 약혼한 여성이 법적인 결혼 연령에 이르지 않아서 결혼은 할 수 없었고, 그러자 아우구스티누스는 그만 참을 수 없어서 다른 여성을 방에 들였습니다. 이 6권 15장 25절에 쓰여 있는 부분은 그에 앞서 길바닥의 거지를 만난 이야기와 함께, 아우구스티누스에게는 너무도 괴로운 이야기였을 것으로 생각됩니다. 왜냐하면 이와 같은 밀라노에서의 생활은 '명예', '이득', '결혼'이라는 세속적인 성공과 안정을 추구하는 욕망의 생활이었고, 더구나 사랑하던 어머니 모니카까지 나서서 이를 거들고 있는 듯 보이기 때문입니다. 이 대목에서는 오랫동안 생활을 함께하다가 아들까지 남겨두고 이후 다른 남성을 만날 일이 없을 것이라고 맹세하고 떠난 여성에 대한 애정과 존경의 마음이 배어 있는 것 같기도 합니다.

다음번에는 플라톤주의에 대해 이야기하려고 합니다. 그 학파의 책을 읽는 것은 그에게 또하나의 해방을 가져다주었습니다.

8강

플라톤 철학과의 만남 (7권)

7권에서는 '악의 기원 문제'와 '영적 실체의 자존성自存性'이 거론 됩니다. 여기에서는 이제까지 아우구스티누스를 줄곧 괴롭혀온[1] 이 두 가지 문제가, 플라톤주의 책을 읽으며 플라톤 철학과 만남으로 써 해결의 실마리를 얻었다고 기술하고 있습니다. 그러나 그것만으 로는 아직 충분하고도 확실하게 이해했다고는 할 수 없지 않을까 요.[2] 한동안 그런 상태에서 고민에 고민을 거듭한 끝에, 드디어 이 제껏 바울 서간에서 읽어온 내용의 의미를 비로소 이해하고, 회심 을 성취하기에 이른 과정을 서술한 것이 바로 7권과 8권의 두 권이 아닐까 싶습니다. 7권과 8권에 대해서는 이와는 다른 견해도 있습 니다. 즉, 7권에서는 지적인 회심(신플라톤주의에서 배운)을 서술하고 8권에서는 의지의 회심(바울 서간에 의한)을 서술하는 이 두 단계를 거쳐 회심이 성취된다고 보는 것입니다. 그렇지만 나는 그렇지 않을 것이라 생각합니다. 확실히 인간의 정신 안에는 지성적인 면과 의지적인 면이 있어 이 두 가지를 구분해 설명하는 것은 의미 있는 일이지만, 지성의 움직임 자체는 의지에 이끌리는 것이고, 또 지성의 움직임으로 무언가를 납득하고 파악함으로써 신앙과 관련되는 것이 비로소 마음 깊은 곳에 확실하게 자리잡게 되면서, 거기에서 신을 향한 의지가 확연히 열리는 것이 아닐까요. 이렇게 지성과 의지는 인간의 마음속에서 함께 움직이는 것입니다. 바울 서간을 읽는 경우에도 그렇습니다. 아우구스티누스는 암브로시우스와 만난 이후 당연히 바울 서간을 읽기 시작했을 것이라 생각합니다.[3] 그렇지만 그 의미를 곧바로 분명하게 이해했다고는 말할 수 없겠지요. 8권에서는 고민에 고민을 거듭하다가 마침내 바울 서간을 펼쳐 읽기 시작했을 때, 갑자기 회심이 극적인 형태로 일어난 듯이 묘사되고 있습니다.[4] 그러나 이는 7권과 8권에서 언급된 영혼 속의 오랜 고뇌와 갈등으로 고심한 끝에, 어느 순간 바울 서간의 어느 부분이 마음에 날아들어, 비로소 그 의미를 확실하게 이해함으로써 극적인 회심이 일어난 것은 아닐까요. 이렇게 생각할 때 최종 회심의 성취는 7권과 8권에 의해 전체적으로 해명된다고 보는 것이 적절하다고 생각합니다.

이번에는 우선 '영적 실체의 자존성' 문제란 어떤 문제였는지에 대해 설명하겠습니다. '악의 기원 문제'는 그 안에서 이야기하는 편이 이해하기도 쉬울 것입니다. 둘 다 철학적인 문제여서 다소 어려운 면이 있지만, 처음부터 '철학'을 '어려운 것'으로 여겨 멀리해버리는 것은 잘못이라고 나는 생각합니다. 인간이 인간으로서 살아가며 무언가를 생각하고, 무엇인가를 이해하는 요소를 가지고 있는 한,

누구에게나 '철학'은 의미 있는 것입니다. 철학이란 소중한 어떤 것에 대한 이해가 얻어질 때, 거기에서 그 사람의 '인간으로서의 삶의 방식'이 바뀌게 되는 그런 종류의 이해를 가져다주는 지식 탐구입니다. 철학사에서 이야기하는 것처럼 특정 철학자의 '학설'을 배우는 것은 본래의 철학이 아닙니다.

7권에서의 아우구스티누스의 서술을 이해하기 위해 우선 '영적 실체의 자존성' 문제가 무엇인지 이야기하고, 나아가 거기에서 '악의 기원' 문제에 대한 해결의 실마리가 어떻게 제시되었는지 살펴보려고 합니다. 플라톤 철학과의 만남이 아우구스티누스에게 어떤 형태의 길을 열었는가, 그것에 의해 그에게 무엇이 보이게 되었는가, 나아가 그것이 그의 내면에서 어떠한 문제를 새롭게 자아냈는가 하는 점을 생각해보고 싶습니다.

'영적 실체의 자존성' 문제와 '악의 기원' 문제

먼저 일반적인 문제로 '영적 실체의 자존성'이란 무엇인지 살펴보려고 합니다. 오늘날 과학적인 세계 파악에 익숙한 우리들에게, 세계는 물질로 이루어진 것이고 세계 속에서 만나는 것은 물질적인 것들이라는 점은 당연하게 여겨지리라 생각됩니다. 우리는 식물, 동물, 또는 별들과 같은 천체나 건축물 등이 모두 물질적 요소로 이루어져 있다고 생각하고 있습니다. 그러한 세계에서 살아가고 있고, 또 그러한 세계 파악에 의해 자신의 삶의 방식도 규정되고 있는 것이 현대인의 상황이겠지요.

그렇다면 우리 인간도 물질로 구성된 하나의 물체인 신체로서 살아가고 있다고 생각하는 것이 자연스럽습니다. 병이 들면 의사에게 가서 치료를 받을 필요가 있을 것입니다. 그렇지만 한편으로 그런 우리에게는 '마음'도 있고, 우리는 단순한 물체가 아닌 '정신'이기도 하다고 생각하는 것도 자연스럽습니다. 여기에 모인 신앙을 가진 분들은 인간을 한낱 물체라고만 여기지는 않겠지요. 당연히 인간에게는 '마음'이 있고, '정신'이 있다고 여길 것입니다. 그러나 그렇게 생각한다 해도, 그러한 '정신'이란 무엇이고 신체와 어떻게 관련되어 있는지는 그다지 문제삼지 않고 살아가는 것이 현대인의 일반적인 모습일 것입니다.[5] 이러한 존재 방식을 인간에 있어서 '자연스러운 유물론'이라고 부르고자 합니다. 과학이 엄밀한 방법론을 갖추고 있다 해도, 과학과 과학적 자연인식은 이 '자연스러운 유물론' 위에서 성립됩니다.

그러나 크리스트교적으로 말하면, 이것이야말로 '원죄'라는 인간의 존재 방식이라고 나는 생각합니다. 세계를 그렇게 이해하면서, 가장 우선적으로 이해해야 할 소중한 것을 전혀 알지 못한 채로 살아가고 있는 상태가 바로 신과의 관계를 놓쳐버린 원죄 상태인 것입니다. 신과 세계의 연관이 끊어져버린 상태에서 인간은 홀로 살아가고 있는 것입니다. 이것을 플라톤 철학으로 말하면, 수많은 세계(우리가 만나는 세계는 참으로 잡다한 것입니다)와 관련되어 있으면서도 정작 단 하나인 근원을 놓쳐버린 상태입니다.

이러한 세계 파악에서는 '영靈' 또는 '영적인 것'이라 해도 그것이 무엇인지 정확하게 이해하고 있다고는 단언할 수 없습니다. '영'도 일종의 물체적인 것이며, 영묘한 물체라고 생각되는 경우도 있습니다. 영매靈媒라고 일컬어지는 사람들이 활약하는 지점이 거기에 있습니다. 영적인 것이 사진에 찍히면 뭔가 부유하는 영묘한 물질로 보일 것이라고 여기는 사고방식이 그것입니다. 이것은 원시적인 세계 파악으로, 앞에서 말한 '자연스러운 유물론'의 범위 안에 있습니다.

아우구스티누스가 그때까지 머물러 있던 마니교의 세계 파악도 그런 것 중 하나였습니다. 마니교가 생각하는 선악의 이원二元은 모두 그런 물체적인 것이었습니다. 『고백록』에 자주 언급되는 '물체적 형상'(물체적인 **부피**, 넓이가 있는 것)[6]이란 그러한 것입니다. 아우구스티누스는 그 무렵에 신의 존재를 인식하고, 신이 세계를 창조했다고 인식하고 있었는데, 신을 어떤 특별한 '거대한 부피'가 있는 존재라고 생각하고 있었던 것 같습니다.[7]

플라톤 철학은 이러한 '자연스러운 유물론'에 정면으로 대립하는 것으로서 성립되었습니다. 여기에서는 기원전 4세기 고대 아테네의 철학자였던 플라톤은 일단 제쳐두고, 기원후 3세기에 진정한 플라톤 철학을 부흥시키려 했던 플로티노스의 철학에 주목해봅시다. 아우구스티누스는 이 철학을 직접 접하며 영향을 받았습니다.[8]

플로티노스의 철학에서는 '1(그리스어로는 *hen*, 라틴어로는 unum)', '이성(*nous* [gr.], intellectus [lat.])', '영혼(*psyche* [gr.], anima [lat.])'이라는 세 가지가 '원리적인 자존자自存者(*archikai hypostasis* [gr.], 기재基在라고 번역되기도 함)'라고 불립니다. '자존자(*hypostasis* [gr.], substantia [lat.])'란 그 자체로 존립하는 것을 가리킵니다. 한편, 물질은 그 자

체로 존립하지 않는다고 이 철학에서는 가르칩니다. 이러한 생각은 현대과학에 익숙한 우리들로서는 이해하기 어려운 것일지도 모르겠습니다. 조금 더 설명해보겠습니다. '그 자체로 존립하는 것'이란 '그 대로 (자기 동일을 지키며) 지속되는 것'입니다. '지속되는 것'이란 '하나의 존재로 (자기 동일을 지키며) 지속되는 것'이라고 생각하면 좋을 것입니다. 끊임없이 다른 것으로 변화해간다면 무엇인가가 그대로 존재한다고는 말할 수 없습니다. 예를 들면 어린아이들의 '돛단배'를 떠올려봅시다. '돛'이라 여기면서 쥐고 있던 부분이 어느 틈엔가 '뱃머리'가 되고, '뱃머리'를 쥐고 있다가도 다시 보면 '돛'이 되어 있습니다. 이래서는 '어떤 것이 있다'고도 말할 수 없게 됩니다. 그러나 이 철학에서는 같은 성질로 지속되는 것, 예컨대 불에는 불의 성질 (탄다, 뜨겁다)이 유지되고, 물에는 물의 성질(차갑다, 흐른다)이 유지된다는 것만으로는 그것이 '자존하고 있다'고는 생각하지 않습니다. 물 분자가 변하지 않는 물 분자로 자존하고 있다고 생각하는 원자론적 사고방식은 이와 다른 것이겠지요. 고대 그리스의 데모크리토스라는 인물은 물체가 원자의 이합집산으로 이루어진다고 생각했습니다. 플라톤 철학은 이렇게 세계가 그 자체로는 불변하는 원자로 이루어진다고 생각하는 원자론 철학을 비판하면서 성립되었습니다. 여기서는 그 점에 대해 더 파헤치기보다는 조금 일상적인 차원에서 생각해봅시다. 우리는 물 분자를 볼 수 없습니다. 우리에게 익숙한 것은 컵 안의 물, 강에 흐르는 물입니다. 이런 것을 떠올려 보면, 그러한 것은 언제까지나 동일하게 유지되는 것이 아니라 거시적으로 긴 시간을 그려보면 어느 틈엔가 변화하고 사라져가는 것입니다. 불도 언젠가는 사라집니다. 큰 산도 산으로 지속되고 있다고 생각할지 모르겠지만, 1억 년 정도의 시간으로 그려보면 그렇게 생각할 수는 없을 것입니다. 물체는 언제나 변화하고 있고, 그런 의미에서 그 자체로 자존한다고는 말할 수 없는 것입니다(고대의 과학에서는 불, 공기, 물, 흙을 네 가지 원소라고 여겼지만, 네 가지 원소는 언제나 서로 전환되어, 동일성을 유지하는 경우가 없었습니다). 물체에 대한 이러한 생각에는 플로티노스가 부흥시킨 '플라톤 철학'이 자리잡고 있습니다.

이렇게 보면, 물체적인 것 속에 모종의 지속성을 유지하는 것이 생물이라고 할 수 있습니다. 예를 들면 닭은 알에서 병아리가 되고, 나중에 닭이 됩니다. 그렇게 긴 시간은 아닐지도 모르지만, 그 사이에는 한 마리 닭으로서의 지속성을 유지합니다. 인간도 대략 100년 정도까지는 '한 명의 인간'이라고 할 수 있습니다. 물론 생물학에서 가르치듯, 인간의 신체를 형성하는 물질은 언제나 신진대사에 의해 변화하고, 얼마간의 기간이 지나면 완전히 대체되어버립니다. 그렇게 인간의 신체 역시 그러한 물체로 본다면, 강과 같은 것입니다. 그러면 '누구누구 씨'라는 '한 인간'의 '자존성'이나 '동일성'은 무엇에 의해 유지되는 것일까요. '하나'로서의 생물의 지속성은 생물에 내재하는 '영혼'의 지속성에 근거해 (생물적인) 영혼에 의해 만들어진다고 생각하는 것이 플로티노스의 철학입니다. 영혼이 동일성을 유지함으로써 생물이 전체로서의 동일성을 유지하는 것입니다. 이런 의미에서 플로티노스의 철학에서는 '1', '이성', '영혼'이 그 자체로 자존하는 것이라고 봅니다('이성'은 '영혼'의 '일성一性'의 근거, '1' 그 자체는

'이성'의 '일성一性'의 근거입니다). 물체는 형태 없이 제각각이어서 '그것이 있다'고는 확실하게 말할 수 없지만, 생물에서는 그 물체에 영혼이 깃듦으로써 그것이 하나의 전체로서 형성되고, 영혼으로 살려져 그런 것으로 존재한다고 봅니다.

아우구스티누스가 여기에서 만난 플로티노스 철학이란 대체로 이런 내용이었습니다. 아우구스티누스에게 이것은 어떤 것을 파악하는 방식으로는 완전히 새로운 것이었습니다. 경천동지할 사건이었습니다. '영적 실체의 자존성'이란, 이성을 가지고 판단하는 것이 가능한 영혼의 자존성, 즉 인간의 혼의 자존성입니다. 그것은 물체와는 원리적으로 다르다는 인식을 이 철학이 아우구스티누스에게 심어주었습니다. 그는 이처럼 이성적으로 판단할 수 있는 영혼으로 자존하고 있는 존재를 '자기 자신'이라고 불렀습니다. 이 영혼을 이성적인 질서로서 질서 짓는 '이성적인 결정'이 '이성'입니다. 그리고 이성적 질서를 불변의 것으로 질서 짓는 최종 근거가 '1' 그 자체입니다. '1' 그 자체는 모든 것을 '하나인 것'으로 유지하고 모든 것에 '일성一性'을 부여하는 시원으로서의 근거입니다. 물체는 무수하므로, 그러한 것은 엄밀히 '있다'고는 말할 수 없는 것입니다. '있다'란 하나의 통일을 유지하는 것이며, 그 근거가 '1'인 것입니다.

이러한 내용이 아우구스티누스가 만난 플로티노스의 철학이었습니다. 그리하여 플로티노스 철학은 마니교의 물질주의적 사고법에 익숙했던 아우구스티누스에게 영적 존재의 자존성과 자립성에 눈뜨게 하고, 물질주의적 사고법으로부터 해방시켰습니다. 이것은 대단한 사건이었습니다.

그리고 이것은 아우구스티누스가 줄곧 씨름해온 '악의 유래'라는 문제와 관련해서도 새로운 시야를 열어주었습니다. 마니교의 이원론은 선악에 대해서도 각각 선은 선으로서, 악은 악으로서 원리적으로 존재한다—그것들은 모두 물체적인 것이기도 하지만—고 생각했습니다. 그러나 악이 악으로서 '존재하는 것'이라면, 어떻게 선한 창조자인 신으로부터 악의 존재가 유래하는지 이해가 불가능해집니다. 이것이 '악은 어디에서 왔는가', 즉 '악의 기원'이라는 문제입니다. 이러한 문제에서, 선의 원리 외에 이와 독립해서 악의 원리를 세우는 마니교가 합리적이라고 여긴 아우구스티누스는 '유일의 선한 창조자'인 크리스트교의 신을 인식할 수 없었던 것입니다. 이 문제에 대해, '존재하는 것'은 모두 '하나인 것'이고 '이성적인 질서에 의해 형성되는 것'이며 '선한 것'이라고 보는 플로티노스의 철학은 해결의 실마리를 안겨주었습니다. '존재하는 것'은 모두 나름의 완전성을 갖춘 것이고 '선한 것'이라면, '악'은 '존재하는 것'이 아니고 적어도 그 자체로서 존재하는 것은 아닙니다. 악은 존재하는 것이 본래 가져야 할 완전성을 빼앗겨 완전성을 잃은 (선의) '결여(privatio)'라는 '부정적' 상태로 이해되는 것입니다. 따라서 악은 '하나이자 선한 원리'이며 '하나인 창조자'인 신으로부터 유래하는 것이 아닙니다. 이것은 그후 '변신론辯神論(theodicee)'의 문제로 크리스트교 사상사에 계승되는 문제인데, 아우구스티누스의 해결은 그러한 것이었습니다. 거기에서 '그러면 대체 악은 어디에서 오는가'라는 '악의 유래'가 새롭게 문제시됩니다. 그것이 '자유선택(liberum arbitrium)' 또는 '자유의지'의 문제로, 아우구스티누스가 오래도록 매달리게 됩니다.[9]

이렇게 플라톤 철학과의 만남은 '악의 유래'라는, 아우구스티누스가 줄곧 씨름해온 문제에 해결의 실마리를 제공했지만, 한편으로는 그를 해결 곤란한 새로운 문제로 이끌게 됩니다.

'1' 그 자체가 모든 것을 '하나인 것'으로서 존재토록 하는 근거라는 것은 이해할 수 없었습니다. 그러나 '1' 그 자체는 다성多性을 전혀 가지지 않는 것입니다. 그러나 인간은 다성을 전혀 가지지 않는 '1' 그 자체를 파악할 수 없습니다. 그것이 '무엇인가'를 생각하려고 해도 생각할 수 없습니다. 왜냐하면 인간이 생각할 수 있는 것은 모두 많은 요소를 가지는 것이기 때문입니다. 모든 것의 존재의 시원인 이 '1' 그 자체에 어떻게 하면 관여할 수 있을까, 거기에 플로티노스 철학과의 관련 속에서 생긴, 아우구스티누스의 새로운 문제가 자리잡고 있습니다. 『고백록』 7권의 궁극적 문제는 거기에 있습니다.

빛의 직시, 플라톤 철학이 아우구스티누스에게 가져다준 문제

(a) '분열되는 자기'의 체험

마니교의 사고에 익숙한 아우구스티누스에게 플로티노스를 통해 알게 된 플라톤 철학은 커다란 빛을 가져다준 동시에 큰 곤란을 안겨주었습니다. 그것은 빛(모든 것을 존재하게 하는 근원)과 만나서 거기에 강렬하게 이끌리는 동시에 빛으로부터 거절당하는, 길항하는 마음속 격동으로서 경험하게 됩니다. '하나인 것'으로 마음은 향해가지만, 그것을 그것으로서 확실하게 틀어쥐지 못하고 거부당하는, 마음의 격렬한 흔들림입니다. 여기에서 말하는 '빛'이란 물론 모든 존재자를 근거 짓는 '하나' 그 자체의 빛이고, 한편으로 이끌리며 또 멀어지는 것은 '혼'으로서 자존하는 '자기'입니다. '자기'를 동일성을 지키며 자존하는 '혼'으로 이해하고, '자기' 동일성의 근거인 '이성적 질서'를 이해하고, 또 '이성적 질서'를 근거 짓는 '하나인 것'으로 향하려 할 때, 이 '하나인 것' 자체를 장악하지 못하고 밀려납니다. 그것은 이끌리는 동시에 밀려나는 격렬한 체험이고, 빛나는 광명의 체험이자 자기 자신의 추함, 그 육체성을 싫을 정도로 맛보게 되는 체험입니다. 이것이 아우구스티누스의 플라톤 철학 체험이었습니다.[10] 이것은 흔히 '플라톤적'이라고 하듯, 이데아를 생각하며 로맨틱한 기분이 되는 것과는 꽤 거리가 멀고, '분열되는 자기 안에 놓이는' 격렬한 체험이었습니다. 그때까지는 빛이라는 것의 존재를 알지 못한 채, 그저 질척거리는 어둠 속에서 꿈틀거릴 뿐이었습니다. 그러나 이제 자기 안으로 돌아가 어딘가에서 자기 자신을 근거 짓고 있는 빛 자체에 접했다고 생각할 즈음, 빛으로부터 멀어질 수밖에 없는 자기 자신을 발견한 것입니다. 이러한 격동 상태가 바울 서간을 음미하며 읽는 가운데 어떤 식으로든 점차 풀려가고, '육신이 된 말씀'인 예수 크리스트를 받아들임에 있어, 신의 품에 안기는 편암함 속에 영혼이 놓이는 것이 '회심'의 체험입니다. 그러면 플라톤 철학과의 이러한 만남이 7권에서 어떻게 서술되고 있는지, 여러분과 함께 좀더 살펴보겠습니다.

7권 8장 12절을 읽어봅시다.

"오, 주님, 당신은 영원한 분이시지만 영원히 우리에게 진노하지 않으심은 티끌이나 재와 같은 우리들을 당신이 불쌍히 여기시기 때문입니다. 당신은 불구가 된 나를 보시고 고쳐주시기를 기뻐했습니다. 당신은 내면의 날카로운 침으로 내 마음을 찔러 흔들어놓아 내 영혼의 눈이 당신을 확실히 볼 때까지 편안함을 얻지 못하도록 하셨습니다. 그리하여 어루만져 치료하시는 당신의 은밀한 손에 의해 나의 교만한 부은 상처는 가라앉게 되었고, 병들어 어두워진 내 영혼의 시력은 통증과 슬픔을 동반한 당신의 치료의 안약에 의해 나날이 더 밝아져갔습니다."

tu vero, domine, in aeternum manes et non in aeternum irasceris nobis, quoniam miseratus es terram et cinerem, et placuit in conspectu tuo reformare deformia mea. et stimulis internis agitabas me, ut inpatiens essem, donec mihi per interiorem aspectum certus esses. et residebat tumor meus ex occulta manu medicinae tuae aciesque conturbata et contenebrata mentis meae acri collyrio salubrium dolorum de die in diem sanabatur.(VII, viii, 12)

대단히 종교적인 느낌이 드는 구절입니다. 하나하나의 표현이 무엇을 가리키는 것인지 잘 알 수 없는 수수께끼 같은 문장입니다. 그러나 그것은 아마도 여기에서 시작되는 영혼의 전환 과정, 즉 신의 편안함이 영혼을 감싸기까지의 과정을 미리 기술하는 '서문'과 같은 글이 아닐까요. 거기에 쓰여 있는 수수께끼 같은 말의 의미를 하나

하나 해명해가는 것이 바로 아우구스티누스를 읽는 것이지만, 아무래도 어려운 일이긴 합니다. 당장 말할 수 있는 것은, 앞에서 설명한 것과 관련된 표현이 두 가지 정도 나온다는 것입니다.

'내 영혼의 눈(interior aspectus)이 당신을 확실히 볼 때까지 편안함을 얻지 못하도록'이라고 되어 있습니다. 신을 어디까지나 범위를 지닌 존재로 여기며 외부에서 찾으려 하면 어디에서도 찾을 수 없습니다. 외부는 수많은 세계입니다. 바깥이 아닌 '안쪽', 즉 자기 자신에게 돌아가야만 하는 것입니다. '외부로 향하지 말고, 너 자신에게 돌아가라. 우리의 내적 인간에게 진리는 존재한다.'[11] 아우구스티누스는 『요한복음서』를 무척 소중히 여겼습니다. '나는 길이요 진리요 생명이다'라는 예수의 말씀이 전해지는데(『요한복음서』 14:6), 아우구스티누스에게 '진리(veritas)'란 신을 부르는 호칭이었습니다. '신'이라는 말은 보통명사여서 '다양한 신들'이라고도 표현할 수 있지만, '진리'는 아우구스티누스가 찾고 있는 진정한 신을 부르는 말입니다. '진리'는 외부에서 찾으려 해도 찾을 수 없습니다. 진정한 신을 찾으려면 밖으로 향하던 눈을 안쪽으로 돌려야만 합니다. '영혼의 눈이 당신을 확실히 보는' 것이란 이러한 것을 말합니다. 이 대목에서 무엇을 가리키는지 알 수 없는, 더 어려운 말이 나옵니다. '내면의 날카로운 침(stimulis internis)'이란 무엇을 말하는 것일까요. '교만한 부은 상처(tumor meus)'란, 앞서 7장 말미에 나온 '교만으로 부풀어 당신으로부터 떨어져나왔습니다(et tumore meo separabar abs te)'라는 비유적 표현에 이어지는 것으로, 그 부은 상처가 가라앉게 되었다면서, 그것은 어루만져 치료하시는 당신의 은밀한 손에 의한 일이라고 기술하고 있습니다. 그에게는 알 수 없는 숨겨진 곳에서 치료해 주는 신의 손이 작용하고 있었던 것입니다. 또 '통증과 슬픔을 동반한 당신의 치료의 안약(acri collyrio salubrium dolorum)'이란 어떤 것일까요.[12] 솔직히 무엇을 말하는지 알기 어려운 수수께끼 같은 표현이지만, 어쨌든 부은 상처가 가라앉아가는 듯하고, 신의 손에 의해 영혼이 치료되고 있다고 말하고 있습니다. 이것은 그대로 9장의 도입부로 이어집니다.

(b) 『요한복음서』 서두와 플라톤 철학의 조응

이어서 9장은 다음과 같이 시작됩니다.

"당신이 무엇보다도 먼저 나에게 보여주시기 원했던 것은 당신은 교만한 자를 물리치시고 겸손한 자에게 은혜를 베푸신다는 것과 또한 인간에게 겸손의 도를 보여주시기 위해 크신 자비를 베풀어 말씀이 육신이 되어 우리 가운데 사셨다는 것이었습니다. 그러기 위해서 당신은 그리스어에서 라틴어로 번역된 몇 권의 플라톤주의 철학서적을 아주 거만한 어떤 사람을 통해 내 손에 허락하셨습니다."

et primo volens ostendere mihi, quam resistas superbis, humilibus autem des gratiam et quanta misericordia tua demonstrata sit hominibus via humilitatis, quod verbum tuum caro factum est et habitavit inter homines, procurasti mihi per quondam hominem inmanissimo tyfo turgidum quosdam Platonicorum libros ex graeca lingua in latinam versos.(VII, ix, 13)

'플라톤주의 철학서적'이란 플로티노스의 책이 라틴어로 번역된 것인데, 이 책과의 만남이 『고백록』에 이와 같이 기술되어 있는 것은 하나의 수수께끼이면서도 흥미로운 점입니다. 특히 여기에 '아주 거만한 어떤 사람을 통해'라고 할 때, 그 사람이 누구를 가리키는지는 사뭇 의문스러워서 해석자들을 괴롭힐 뿐 견해의 일치를 끌어내기 어려운데, 여기에서는 겸손한 자에게 큰 은혜가 주어진다는 것과, 말씀이 육신이 되어 우리 가운데 사셨다는 예수 크리스트의 겸손의 길이 제시된 것은 신의 은총에 의한 것이었음을 보여주기 위해, 아주 거만한 어떤 사람을 통해 플라톤주의 서적을 건네받았다고 말하고 있는 것입니다. 그리고 이어지는 구절에서는 스스로 거기에서 어떤 높은 곳에 올라 무언가를 이해한다고 생각했지만 곧 그곳에서 밀려 떨어졌고, 그러한 자신을 발견해 거듭 고민한다고 기술되어 있습니다. 이런 부분이 앞에서 '통증과 슬픔을 동반한 치료의 안약'이라는 비유로 이야기된 것이 아닐까요. 그리고 그런 체험을 통해 '말씀이 예수 크리스트로서 육신이 되었다'는 성서의 말이 가지는 의미를 점차 알아차리게 되었고, 그것이 어떠한 치료가 될지 이해하게 되었다는 말이 아닐까요. 바울 서간을 읽어가면서 이러한 것들을 점차 이해하게 되었다는 것은 회심 체험이었던 듯합니다.

이어지는 서술은 『요한복음서』의 프롤로그와 플라톤주의 서적을 대조하는 부분입니다.

"그 책을 읽어보니 말은 같지 않지만 실은 여러 가지 논증으로 같은 내용을 설명하고 있음을 발견하게 되었습니다"

et ibi legi non quidem his verbis, sed hoc idem omnino multis et multiplicibus suaderi rationibus...(VII, ix, 13)

라고 하면서,

"그 내용인즉, '한 처음에 말씀이 계셨다. 말씀은 하느님과 함께 계셨는데 말씀은 하느님이셨다. 그분께서는 한 처음에 하느님과 함께 계셨다. 모든 것이 그분을 통하여 생겨났고 그분 없이 생겨난 것은 하나도 없다. 그분 안에 생명이 있었으니 그 생명은 사람들의 빛이었다. 그 빛이 어둠 속에서 비치고 있지만 어둠은 그를 깨닫지 못하였다……'였습니다"

[et ibi legi]... quod in principio erat verbum et verbum erat apud deum et deus erat verbum: hoc erat in principio apud deum; omnia per ipsum facta sunt, et sine ipso factum est nihil; quod factum est in eo vita est, et vita erat lux hominum; et lux in tenebris lucet, et tenebrae eam non conprehenderunt(VII, ix, 13)

라고 기술했습니다. 즉, 플라톤 철학 안에서 『요한복음서』 서두의 내용을 읽었다는 것입니다. 이는 어떤 의미일까요. 플로티노스의 철학에 대한 앞서의 설명과 관련지어 간단히 이야기해보죠. 먼저 '하나'란 존재를 부여하는 것이고 '존재한다'는 것은 '하나인 것으로서 자존한다'는 것이므로, 하나인 것으로서의 자존성을 부여하는 것이 '하나'이고, '일성一性'이 존재자에게 부여되는 것은 '이성적 질서(=언어)'를 통해서였습니다. 아우구스티누스는 분명 플로티노스의 책에 쓰여 있는 이러한 내용이 『요한복음서』와 연관되어 있다고 생각했던 것입니다. 『요한복음서』에서는 '모든 것은 말씀에 의해 생겨났고…… 말씀은 빛이었다'고 말하고 있습니다. 여기에서 '빛'이란 이성적인 빛이고, 그것에 의해 '사람이 살아가는 것이 무엇인지'를 사람들로 하여금 깨닫게 하는 '빛'인 것입니다.

다음에는 이렇게 기술되어 있습니다.

"나는 이러한 말들을 그 책 안에서 읽었습니다. 그러나 내가 그 책에서 읽을 수 없었던 것은 '그분께서 당신 땅에 오셨지만 그분의 백성은 그분을 맞아들이지 않았다. 그분께서는 당신을 받아들이는 이들, 당신의 이름을 믿는 모든 이에게 하느님의 자녀가 되는 권한을 주셨다'는 말씀이었습니다."

quia vero in sua propria venit, et sui eum non receperunt quotquot autem receperunt eum, dedit eis potestatem filios dei fieri credentibus in nomine eius, non ibi legi.(VII, ix, 13)

이것은 육화(肉化)라는 것이고, '육화의 말씀'에 대한 언급입니다. '말씀'이 육화하고 있다는 것은 예수가 여기에 있고, 예수의 말씀이 실현되고 있으며, '말씀인 예수'로서 '구원'이 실현되고 있다는 것입니다. 그리고 이를 받아들이는 사람은 구원받는다는 것입니다. 예수는 '나를 보내신 아버지께서 이끌어주지 않으시면 아무도 나에게 올 수 없다'고 말했습니다(『요한복음서』 6:44). 사람은 '성령'의 움직임에 의해 비로소 그것을 인식할 수 있습니다. 그리고 이러한 내용이 플라톤주의 서적에는 쓰여 있지 않았다고 한 것입니다. '이성적 질서'란 영혼이 이성에 의해 상승해 높은 곳에 올라 있는 상태인데, 그런 이성적 질서가 **지금 여기에서** 실현되고 있다는 것은 플라톤주의 책에는 쓰여 있지 않았다는 것입니다. 이후의 서술에서는, 그 무렵에 예수를 위대한 인물이라고 생각하기는 했지만, '말씀 자체'라고는 생각하지 않았다고 쓰여 있습니다(VII, xix, 25). 그러한 이유로 아우구스티누스는 여기에서 고민하고 또 고민하게 되는 것입니다.

이어지는 대목에서도 여러 형태로 두 문서의 조응이 이루어지며 일치와 어긋남이 기술됩니다. 기본적으로는 세계가 이성적 질서에 의해 '하나'를 원리로 삼아 '통일된 아름답고 선한 것'으로 만들어져 있다는 것은, 플라톤의 철학을 통해 이해할 수 있었듯이, 존재하는 것은 모두 그런 한에서 '아름다운 것'이고 '선한 것'이며, 한편으로 추한 것이나 나쁜 것은 존재하는 것이 아니라 어디까지나 선하게 존재하는 것을 전제하여 말할 수 있는 것이므로 악은 그 자체로는 존재하지 않는다는 것입니다. 아우구스티누스는 하느님이 세계를 만들고 선한 것으로 삼았다는 『창세기』 서두를 이렇게 이해하고, 이 범위의 내용은 플라톤주의 서적에서 배울 수 있었지만, 세계의 원리인 말씀이 육신이 되어 우리들 가운데 살고, 스스로의 생명을 십자가의 죽음으로 전해 불신의 사람들을 구원했다는 것, 즉 '말씀인 예수 크리스트'의 육화와 십자가라는 '겸손(humilitas)'이 가지는 의미를 배울 수는 없었던 것입니다.

그 내용을 점차 알 수 있게 된 것은 바로 '통증과 슬픔을 동반한 당신의 치료의 안약'에 의해서이고, 그것이 바울 서간을 읽어가는 동안 조금씩 몸에 스며들어 알게 되었다는 것입니다.

다음에는 거기에 이르기까지의 과정이 좀더 상세하게 기술되어 있습니다.

(C) 자기로의 회귀, 내면으로의 귀환, 빛의 직시, 그리고 배척, 내면의 목소리 (VII, x, 16)

이와 같이 『요한복음서』와 플라톤주의 서적을 나란히 두고 그 같음과 다름을 말하는 부분은 아우구스티누스가 『고백록』을 집필중인 '현재' 시점에서 당시의 일을 돌이키며 총괄하는 대목입니다. '플라톤주의 서적'을 처음 접했던 때에 어떠한 일이 있었는지 상술하는 것이 이어지는 10장 이하입니다. 이것은 7권의 중심부로, 짧지만 종교적이고 철학적인 언어의 극치라고 할 수 있으며, 『고백록』의 정점 중 하나를 이루는 간결하고 집약적인 언어로 쓰여 있습니다. 그러면 한번 음미해봅시다.

"아무튼 나는 이 책을 통해 나 자신 안으로 들어가라는 권고를 받고 당신의 인도하심을 따라 내 영혼 안으로 깊숙이 들어가게 되었습니다. 내가 이렇게 할 수 있었던 것도 당신이 나를 도와주셨기 때문입니다. 내가 내 영혼 안으로 들어가자 미약한 내 영혼의 눈으로나마 거기서 내 영혼의 눈 위에 그리고 내 정신 위에 있는 변하지 않는 빛을 보았습니다. 그 빛은 모든 육안으로 볼 수 있는 보통의 빛이 아니었습니다. 즉 어떤 빛이 있어서 그것이 점점 밝아지고 강해져서 모든 공간을 비추게 되는 그런 종류의 큰 빛이 아니었습니다."

et inde admonitus redire ad memet ipsum intravi in intima mea duce te et potui, quoniam factus es adiutor meus. intravi et vidi quaiicumque oculo animae meae supra eundem oculum animae meae, supra mentem meam lucem incommutabilem, non hanc vulgarem et conspicuam omni carni nec quasi ex eodem genere grandior erat, tamquam si ista multo multoque clarius claresceret totumque occuparet magnitudine.(VII, x, 16)

먼저 '나는 이 책을 통해 나 자신 안으로 들어가라는 권고를 받고(et inde admonitus redire ad memet ipsum)'라고 되어 있습니다. 그는 이러한 책들을 읽을 때 물체적인 외부의 존재에서 진리를 찾는 것은 불가능하다고 이해했다는 것입니다. 따라서 '나 자신 안으로 들어가도록' 권고받은 것입니다. 그리고 '영혼 안으로 깊숙이 들어가게 되었다(intravi in intima mea)'고 했는데, 그것은 '당신의 인도하심을 따라(duce te)' 간 것이었고, 신의 손에 이끌려 비로소 달성된 것이라고 합니다. '나 자신 안으로 들어가는 것', '자기 자신에게로의 귀환(reditio in se ipsum)'이라는 테마가 여기에서 나옵니다. 또 그것이 '내 영혼 안으로 깊숙이 들어가는 것(intrare in intima mea)'이라고 말합니다.

플라톤주의 서적에서 권고받아(admonitus) 달성된 '나 자신에게로의 귀환(admonitus redire ad memet ipsum)'을 말하고 있지만, 동시에 '내 영혼 안으로 깊숙이 들어가는 것이 가능해진 것은 당신의 인도하심을 따라서였고, 당신이 나를 도와주셨기 때문(intravi in intima mea dece te et potui, quoniam factus es adiutor meus)'이라고 술회하고 있습니다. 이는 보이지 않는 신에게 이끌려 신플라톤주의 서적을 접하게 되었음을 말하는 것일 텐데, 아우구스티누스의 사색을 특징짓는 '자기에게로의 귀환', '내면성(interioritas)'은 플라톤 철학에서 촉발된 것인 동시에 '내면의 진리'인 신에게 인도받은 것이었음을 의미합니다.

이어서 '내가 내 영혼 안으로 들어가자 미약한 내 영혼의 눈으로나마 거기서 내 영혼의 눈 위에 그리고 내 정신 위에 있는 변하지 않는 빛을 보았습니다(intravi et vidi quaiicumque oculo animae meae supra eundem oculum animae meae, supra mentem meam lucem incommutabilem)'라고 말하고 있습니다. 이는 거기에서의 최종 체험을 말해주는 표현입니다. 아우구스티누스가 거기에서 만난 것은 '변하지 않는 빛', '정신 위에 있는 변하지 않는 빛'이었던 것입니다. '그것은 모두의 육안으로 볼 수 있는 보통의 빛이 아니었고, 점점 밝아지고 강해져서 모든 공간을 비추게 되는 그런 종류의 큰 빛'도 아니었습니다. 그것은 '이러한 빛과는 전혀 다른 빛이었고, 기름이 물 위에 있듯이 혹은 하늘이 땅 위에 있듯이 있는 것이 아니었다'고 말하며,—그다음이 매우 중요한데—'**그 빛이 나보다 높음은 그 빛이 나를 지으셨기 때문이요, 내가 그보다 낮음은 내가 그 빛에 의해 지음을 받았기 때문입니다**(sed superior, quia ipsa fecit me, et ego inferior, quia factus ab ea)'라고 말하고 있습니다. 이는 놀라운 표현입니다. '빛'이란 '창조하는 빛', '어떤 것을 만들어내는 빛'인 것입니다. '변하지 않는 빛'은 나를 지으셨고, 나는 그 '빛'에 의해 지음을 받은 것이며, '지으신 것'과 '지음을 받은 것'이라는 관계로 나는 이 '변하지 않는 빛'에 연관되어 있고, 따라서 그 '빛'은 내 정신 위에 있는 것으로 보인다는 것입니다. 이러한 서술은 플라톤주의 서적을 읽었을 때에 곧바로 알아차렸음을 말하는 것이 아니라, 그때의 일을 떠올리면서 '지금' 설명하고 있는 것입니다. 실제로 아우구스티누스는 그 직후에 이 빛을 쳐다보지 못해, '빛의 직시'로부터 거부당했다고 기술하고 있기 때문입니다. 그럼에도 당신의 인도하심을 따라서(duce te)였기는 하지만, 플라톤주의 서적을 통해 권고받아(inde admonitus) '내 영혼 안으로 들어가, 영혼의 눈에 의해 정신 위에 있는 변하지 않는 빛을 보았다'고 말하고 있습니다. 플로티노스의 철학에서는 '영혼'에 내재하며 '영혼'을 근거 짓는 것은 '이성'이고, 이 '이성'을 근거 짓는 것은 '하나' 그 자체입니다. '미약한 내 영혼의 눈으로(qualicumque oculo animae meae)'란 바로 '이성'의 눈을 말하는 것입니다. 그리고 '내 영혼의 눈 위에(supra eundem oculum animae meae) 그리고 내 정신 위에(supra mentem meam)'라고 말하고 있으므로, 이것은 신플라톤주의에서의 '이성'으로부터 그 근거인 '하나' 그 자체로 상승함을 말하는 것이라고 해도 좋겠습니다.

그러나 이미 살펴본 것처럼, 다음 단락에서는 이 빛은 물체적인 빛이 아니고, '그 빛이 나보다 높음은 그 빛이 나를 지으셨기 때문이요, 내가 그보다 낮음은 내가 그 빛에 의해 지음을 받았기 때문(sed superior, quia ipsa fecit me, et ego inferior, quia factus ab ea)'이라는 놀라운 내용이 보입니다. 자신을 지어낸 것으로서의 빛을 보았다고 말하고 있는 것입니다. 이어서 '진리를 아는 자는 그 빛을 알게 되고 그 빛을 아는 자는 영원을 알게 됩니다. 그리고 진실로 사랑은 이 빛을 알게 합니다(qui novit veritatem, novit eam, et qui novit eam, novit aeternitatem. caritas novit eam)'라고 말합니다. 여기에서의 세 행은 이미 아우구스티누스의 철학과 신학에서 이루어진 사변思辨의 최종 언어라고 말해도 좋을 것입니다. 이것은 이미 플라톤 철학의 언어가 아니라, 창조론이라는 크리스트교 언어권 내에서 움직이는 말입니다.

이어서 '영원(aeternitas)', '진리(veritas)', '사랑(caritas, 측은함)'이라는 세 가지 말이 서로 엮여서,

'영원한 진리(aeterna veritas)'

'진리인 사랑(측은함)(vera caritas)'

'사랑(측은함)인 영원(cara veritas)'

으로 설명됩니다. 이것은 '찬가'라고 해도 좋을 텐데, 이미 삼위일체론적 구성을 취한 채, 삼위일체인 신 자체에 말을 걸게 됩니다. 그리하여 '당신은 나의 하느님이십니다(tu es deus meus). 당신을 향해 내가 밤낮으로 한숨을 짓습니다(tibi suspiro die ac nocte)'라고 말합니다. 이것은 그야말로 '지금'의 아우구스티누스 자체를 말하는 종교 언어입니다.

플라톤주의 서적을 읽으면서 이러한 내용을 모두 알게 되었던 것이 아니라, 『고백록』을 집필하고 있는 '현재'의 아우구스티누스가 '고백'하는 말입니다. 따라서 '신을 향해 내가 밤낮으로 한숨을 짓습니다'라는 말이 아우구스티누스의 입을 통해 나오고 있는 것입니다.[13]

그리고 다음과 같이 이어집니다.

"내가 당신을 처음 보았을 때 당신은 나를 들어올려 나로 하여금 봐야 할 것을 보게 하셨습니다. 그러나 나에게는 그때까지도 그것을 볼 수 있는 시력이 없었습니다. 당신은 황홀한 강한 빛을 나에게 비추어 내 시력의 약함을 물리쳤습니다. 그래서 나는 사랑과 두려움으로 떨고 있었습니다. 그때 나는 당신과 전혀 같지 않은 영역에

서 당신과 아주 멀리 떨어져 있음을 발견하게 되었습니다."

et cum te primum cognovi, tu assumsisti me, ut viderem esse, quod viderem, et nondum me esse, qui viderem. et reverberasti infirmitatem aspectus mei radians in me vehementer, et contremui amore et horrore: et inveni longe me esse a te in regione dissimilitudinis(VII, x, 16)

이 부분은 다소 이해하기 어려우므로 천천히 음미할 필요가 있습니다. 우선 '당신을 처음 보았을 때 당신은 나를 들어올려 나로 하여금 봐야 할 것을 보게 하셨습니다. 그러나 나에게는 그때까지도 그것을 볼 수 있는 시력이 없다는 것(et cum te primum cognovi, tu assumsisti me, ut viderem esse, quod viderem, et nondum me esse, qui viderem)을 알게 하셨습니다'라고 말합니다. 이것은 이해하기 어려운 말이어서 조금 설명하겠습니다. '봐야 할 것(quod viderem)'이란, '내가 이미 보기 위한 충분한 힘을 갖추고 있어서 나에게 보일 만한 것'이라는 뜻입니다. 그것은 모든 것을 근거 짓는 '빛' 자체의 있는 그대로의 모습이겠지요. 그러나 '보게 하셨습니다(ut viderem esse)'라는 것은 동시에 '나는 그때까지도 그것을 볼 수 없는(nondum me esse)', 아직 '볼 수 있는 시력을 지닌 존재(qui viderem)'가 아니라는 것 역시 '알게 하셨다(ut viderem ... nondum me esse)'는 것입니다. 미묘한 라틴어 표현은 이런 내용을 말하고 있습니다. 그리고 그것이 무엇이었는지를 구체적으로 설명하는 것이 다음 부분입니다. '당신은 황홀한 강한 빛을 나에게 비추어 내 시력의 약함을 물리쳤습니다. 그래서 나는 사랑과 두려움으로 떨고 있었습니다(et reverbearasti infirmitatem aspectus animi mei radians in me vehementer, et contremui amore et horrore)'라고 했습니다. 나는 그것을 동경했지만, 동시에 그것은 나를 놓아버렸고, 나는 '사랑과 두려움으로 떨고 있었다(et contremui amore et horrore)'는 것입니다. 또 '당신과 전혀 같지 않은 영역에서 당신과 아주 멀리 떨어져 있음을 발견하게 되었습니다(et inveni longe me esse a te in regione dissimilitudinis)'라고 말합니다. 그 것은 정신 위에 있는 빛에 닿는 체험인 동시에 이 빛으로부터 격리 되는 체험이기도 했습니다. 빛으로 눈을 향했을 때 동시에 자신의 시력이 약한 탓에, 빛의 강렬함으로 눈이 떠지고 또 뿌리쳐지는 체 험이기도 했던 것입니다. '전혀 같지 않은 영역(regio dissimilitudinis)' 을 직역하면 '비슷하지 않다'는 의미입니다. 이것은 플로티노스 철 학의 술어입니다(『엔네아데스』 I, 8, 13). 그것은 '하나 자체'와는 같 아지려 해도 같아질 수 없는 '다수인 것'인 물체적인 것이 있는 곳 에 영혼이 놓여 있다는 것입니다. '사랑과 두려움으로 떨고 있었 다(contremui amore et horrore)'는 것은 이때의 체험을 그대로 설명 하는 대목입니다.14 '안으로의 귀환과 빛의 직시(intravi et vidi ... lucem incommutabilem)' 체험이 '플라톤주의 서적에서 권고받은(inde admonitus)' 것인 동시에 '신인 당신의 인도하심을 따라(te duce)'서이 기도 했던 것은 말 그대로 바로 그렇기 때문입니다.

　　여기에서 **'보았다(vidi)'는 것과 '시력이 약해서 볼 수 없었다'는 것 은 같은 하나의 표현입니다.** 그것은 '사랑과 두려움으로 떨고 있는' 자기를 발견할 수밖에 없었던 체험입니다. 이어서 말합니다.

　　"그때 마치 높은 데서부터 다음과 같은 당신의 음성을 듣는 듯했습니다. '나는 성인들의 음식이다. 너는 성장하여 나를 먹어라. 네가 먹은 음식을 네 몸으로 변화시키듯 나를 너의 몸으로 변화시키지 말라. 오히려 너 자신을 나와 같이 되도록 변화시켜라.'"

tamquam audirem vocem tuam de excelso: "cibus sum grandium: cresce et manducabis me. nec tu me in te mutabis sicut cibum carnis tuae, sed tu mutaberis in me."(VII, x, 16)

여기서 '그때 마치 높은 데서부터 당신의 음성을 듣는 듯했다(tamquam audirem vocem tuam de excelso)'라고 한 것은 종교적 언어표현으로서 흥미롭습니다. '시각적'으로 서술되던 것이 이번에는 '청각적'인 말로 표현된 것입니다. 눈에 격렬한 빛을 받아 뿌리쳐졌을 때, 높은 데서부터 음성이 들려오는 것입니다. 시각적 표상이 여기에서는 청각적 표상으로 전환됩니다. 눈에 보이지 않는 것을 이성의 눈으로 대할 때, **높은 데서부터 들려오는 음성**이 **내면으로부터의 목소리**로(이것은 바로 다음에 설명됩니다) 들려오는 것입니다. 시각적 표상과 청각적 표상은 서로 다른 것인데, 인간이 인간을 넘어서는 것에 직접 관여하는 신비로운 장면에서 이 둘은 맞물리고 있습니다. 이것이 아마도 인간 존재의 현실일 것이고, 아우구스티누스는 이를 최종 체험에서 겪고 있는 것입니다.

'높은 데서부터 들려온 음성'에 들어 있는 '음식'이라는 것도 신비로운 말입니다. '나는 성인들의 음식이다. 너는 성장하여 나를 먹어라'라고 되어 있습니다. '신화神化(*theosis*)'와 신비가들의 말로 이야기되는 부분이 이와 관련됩니다. 육체의 음식은 먹으면 자신의 것이 되지만, 영혼의 음식은 먹으면 내가 당신 것으로 되는 것입니다. 그러한 자기 변용으로서의 (영혼의) 음식을 먹을 수 있도록 하라는 음성이 높은 데에서 들려오는 듯했다는 것입니다. 신의 말씀은 그것을 먹음으로써 '자기'가 성장하여 '신의 것'으로 변화해가게 하는 음식이고, 자기중심의 에고이즘으로서의 자기가 신을 바라보는 존재로 변신해가게 하는 음식인 것입니다.[15] '음식'이라는 말이 '미각'과 관련됨과 동시에 '(존재를) 자라게 하는 것'이라는 의미를 포함하는 종교적 상징언어인 것은 흥미로운 부분입니다.[16]

"나는 또한 당신은 죄로 인하여 사람을 견책하시고 내 영혼을 거미줄처럼 덧없이 사라지게 하심을 알게 되었습니다. 그래서 나는 '그러면 진리란 유한한 공간이나 무한한 공간에 펼쳐져 있는 것이 아니므로, 없는 것인가?'라고 자문해보았습니다. 그때 당신은 멀리서 나에게 외쳐 말씀하시기를 '나는 존재하는 나다'라고 하셨습니다. 이 말씀은 내 마음(가슴) 깊은 곳에서 들리는 음성 같았습니다. 나는 더이상 의심할 여지가 없었습니다. 왜냐하면 진리는 피조물을 통해서 분명히 알게 되었으니 진리가 없다고 의심하기보다는 내가 살고 있음을 의심하는 것이 더 쉽기 때문이었습니다."

et cognovi, quoniam pro iniquitate erudisti hominem et tabescere fecisti sicut araneam animam meam, et dixi: "numquid nihil est veritas, quoniam neque per finita neque per infinita locorum spatia diffusa est?" et clamasti de longinquo: immo vero ego sum qui sum. et audivi sicut auditur in corde, et non erat prorsus, unde dubitarem faciliusque dubitarem vivere me quam non esse veritatem, quae per ea, quae facta sunt, intellecta conspicitur.

(VII, x, 16)

이렇게 자신을 지으신 빛과 지음받은 자기와의 단절이 밝혀지고, 자기 자신이 '아마도 거미줄처럼 덧없이 사라져갈(et tabescere fecisti sicut araneam animam meam)' 것임을 인식했을 때, 그는 자기 안에서 '진리 같은 것은 애초에 없는 것이 아닌가(numquid nihil est veritas)' 하고 스스로 말합니다. 자신이 거미줄처럼 덧없이 사라져갈 것처럼 느껴진 때에, '진리 같은 것은 애초에 없는 것이 아닌가' 하고 스스로에게 말하고 있는 것입니다. 우리에게도 '진리 같은 것은 어디에도 없다, 사물은 있지만, 진리 자체 같은 것은 없다, 사물에서의 진실이 있을 뿐이다'라고 말하고 싶어지는 경우가 있습니다. 여기에서는 '사물을 근거 짓는 진리'가 문제시되고 있는 것인데, '하나인 것'으로부터 뿌리쳐지고, '다수인 것'에만 관여할 뿐인 자기는 '진리 자체' 같은 것은 있을 리 없다고 주장하는 것입니다. 이것은 어디까지나 자기를 자존의 껍질 내부에 가둬두려 하는 오만한 항변입니다. 그러나 그것은 동시에 '죄로 인해 견책당하고, 자기의 영혼이 거미줄처럼 사라져갈' 것을 인정할 수밖에 없는 존재가 외치는 덧없는 반항의 목소리입니다. '니힐리즘'이라는 것은 겉으로는 아무리 맹렬해도, 어차피 약한 반항의 덧없는 목소리일 뿐임을 말하고 있는 것입니다. 자기 내면으로 돌아가 거기에서 자기와 모든 것을 근거 짓는 진리를 탐구하는 존재에게는, 그것을 곧바로 부정하는 확실한 목소리가 들려옵니다.

"그때 당신은 멀리서 나에게 외쳐 말씀하시기를 '나는 존재하는 나다'라고 하셨습니다."

et clamasti de longinquo: immo vero ego sum qui sum.

'멀리서(de longinquo)'에 이어, '내 마음 깊은 곳에서 들리는 음성 같았습니다(audivi, sicut auditur in corde)'라고 고쳐 말합니다. '멀리서 들려오는' 목소리는 '마음 깊은 곳에서 들리는' 목소리인 것입니다. 앞에서도 cor라는 말을 '마음 깊은 곳'이라고 번역한 것에 대해 언급했는데, cor란 자기 스스로도 때때로 깨닫지 못하는 '자기의 내면'이자 심층의 자기입니다. 거기에 '진리(veritas)'인 신과 관련된 장소가 있다, 아니 오히려 '진리'인 신이 인간에 관여하는 부분이 있다는 것이 아우구스티누스의 철학과 신 탐구를 지탱하는 가장 근본적인 내용입니다. '멀리 저편', '자기를 넘어서는 높은 곳'과 '자기의 내면', '자기를 넘어서는 깊은 곳'은 하나인 것입니다.[17]

거기에서 들려온 목소리는 '나는 존재하는 나다(ego sum qui sum.)'라는 것이었습니다. 앞의 4강에서 다뤘듯이, 이것은 『탈출기』에서 모세가 신의 부름을 받아, 불타는 덤불 속에서 말하는 신에게 이름을 물었을 때, 신이 직접 답한 말입니다(『탈출기』 3:14).

야마다 선생은 이것을 '천만에, 나야말로 **존재하는 존재자**이다'라고 번역했습니다. 여기에는 라틴어의 어려운 점이 있고, 특히 일본어로 표현하기 어려운 부분이 있어서 조금 설명하겠습니다. 라틴어로는 ego sum qui sum.이라는 문장입니다. 이것을 그대로 영어로 옮기면 I am who am.이 됩니다. 영어로는 who I am과 같이 I라는 인칭대명사를 넣어야만 문장이 성립되지만, 라틴어에서는 그렇지 않습니다. 그렇다고 해도 이런 형태는 라틴어로서도 파격적인 용법입니다. 원래는 『구약성서』의 그리스어 번역본인 『70인역 성서

Septuaginta』에서 그리스어로 *ego eimi ho on.*이라고 쓰여 있는 부분을 그대로 라틴어로 옮긴 것입니다. 그리스어로서도 역시 파격적 용법이기는 마찬가지입니다. 일본어로 그대로 번역하면 '나는 **있는** 존재로 **있다**'라는 의미 불명의 문장이 됩니다. 이 점은 그리스어나 라틴어로 읽어도 마찬가지입니다. '있다(*einai* [gr.], esse [lat.], be [eng.])'라는 동사가 '현존(existence)'을 나타내는 '**있다**'라는 용법과, 사물의 어떤 '본질(essence)'을 나타내는 '**이다**'라는 이중의 용법으로 쓰인다고 보면, 여기에서 이것은 신의 특별한 존재 상태를 표현하는 '신의 이름'으로 해석됩니다. 거기에서 13세기 철학자이자 신학자인 토마스 아퀴나스의 '존재(esse)의 철학'이라는 것이 전개되었다고 합니다. 앞서 말했듯이 '존재의 철학'이란, '어떤 일정한 본질'을 지닌 특수한 존재자가 있어, 그것이 '실제로 존재함'을 '존재 자체'로부터 받고 있는 피조물과, '실제로 존재함'을 다른 것에 의존하지 않고 그 자체가 그 자체의 '존재함'의 원인(=자기원인자causa sui)이자 만물의 창조자인 신을 구별하여, 이로써 창조자와 피조물의 관계를 이해하려고 하는 철학입니다. 『고백록』의 이 부분에서 '나야말로 존재하는 존재이다'라는 신의 말이 들려왔다는 것은, 토마스 아퀴나스 철학의 기본이라고 하는 '존재(esse)의 철학'이 이미 아우구스티누스에서 시작되고 있음을 보여줍니다. 그리고 아우구스티누스의 내면에는 이미 이것을 방금 언급한 『탈출기』 구절에 근거해 생각하는 바가 있었던 것입니다.[18]

그래서 이 말을 들었을 때, 그것이 '마음 깊은 곳에서 들려왔다(audivi, sicut auditur in corde)'고 말하고 있습니다. 그리고 이 말이 들

려왔을 때,

"나는 더이상 의심할 여지가 없었습니다. 왜냐하면 진리는 피조물을 통해서 분명히 알게 되었으니 진리가 없다고 의심하기보다는 내가 살고 있음을 의심하는 것이 더 쉽기 때문이었습니다"

et non erat prorsus, unde dubitarem faciliusque dubitarem vivere me quam non esse veritatem, quae per ea, quae facta sunt, intellecta conspicitur.

라고 말하고 있습니다.

이것은 **아우구스티누스의 근원 체험의 집약입니다.** 그것은 변하지 않는 빛에 강하게 이끌리는 동시에 뿌리쳐지는 경험이었지만, 한편으로는 '마음 깊은 곳'에서 들려오는 말을 듣는 것이기도 했습니다. '보는' 체험과 '듣는' 체험이 신비롭게 얽혀, 이로써 자기 내면에 생긴 명징함은 '진리가 존재한다'는 것의 증거가 되는데, 이에 비해 '자기가 살아 있다'는 것의 명징함은 희미해진다는 것입니다. 거기에 아우구스티누스의 근본 체험이 있었습니다.

"왜냐하면 진리는 피조물을 통해서 분명히 알게 되었으니 진리가 없다고 의심하기보다는 내가 살고 있음을 의심하는 것이 더 쉽기 때문이었습니다."

unde dubitarem faciliusque dubitarem vivere me quam non esse veritatem, quae per ea, quae facta sunt, intellecta conspicitur.

이는 매우 중요한 말입니다. 내가 살아 있다는 것은 아우구스티누스의 경우, 처음부터 마지막까지 인간에게 자기근거적인 것이고, 자기에게 자명한 것이었습니다. 자신이 살아 있다는 것을 알고 있는 것, 이 세상은 꿈일지도 모른다고 의심한다 해도, 꿈을 꾸는 존재로 살아가고 있다는 것은 의심할 수 없는 부분입니다. '(스스로가) 살아 있음'은 아우구스티누스에게 사색의 출발점이었습니다. 이렇게 생각하면 여기에서 이야기하고 있는 것의 무게감을 알 수 있습니다. 그것은 아우구스티누스의 존재 체험을 통해 나온 말입니다.

이상으로 10장을 상세히 살펴보았는데, 여기에 가장 중요하고 결정적인 내용이 집약적으로 제시되어 있습니다. 이후 11장에서 16장까지는 존재자의 질서를 둘러싼 제법 긴 부분인데(VII, xi, 17~xii, 18), 거기에서는 이렇게 플라톤주의 서적에 이끌려 신을 안내자로 삼아 자기 내면으로 깊숙이 들어감으로써, 자기와 모든 것을 근거 짓고 있는 진리 자체인 신과의 관계를 확인한 것이 설명되고 있습니다. 그러나 동시에 그것을 진득하게 바라보지 못하고 육체의 무게에 의해 아래쪽으로, 다수의 세계로 전락할 수밖에 없었던 자신을 발견하고, 분열된 자기의 절실한 고민을 고백하고 있습니다.

이런 과정이 17장 23절에서는 조금은 다른 각도로 설명, 요약되고 있습니다. 점점 안으로 들어가 정신의 가장 높은 곳까지 갔을 때, 변하는 것보다 변하지 않는 것이 더 가치 있는 것임을 이해하게 되었을 때, 변하지 않는 것을 근거 짓는 빛을 만난 것입니다. 그러나 거기에 계속해서 눈길을 둘 수 없어 뿌리쳐지게 됩니다(VII, xii, 23). 이렇게 분열된 자기, 안타깝고 어떻게 할 수도 없는 상황 속에서 분열된 자기를 발견했다는 것이 플라톤 철학과 아우구스티누스의 만남인 것입니다. 앞에서 '통증과 슬픔을 동반한 안약'이라고 말한 것은 이런 의미가 아니었을까요.

이 부분에 대해서도 좀더 설명해야 할 것이 있지만, 이쯤에서 정리하겠습니다. 마지막 몇 행에는 이 과정 전체가 요약되어 있습니다.

"그때 나는 당신의 보이지 않는 것들(신성과 능력 등)을 창조된 것들을 통해 알게 되었습니다. 그러나 나는 계속해서 바라다볼 수는 없었습니다. 나는 다시 나의 약함으로 격퇴되어 보통으로 하는 일들(일상성)의 세계로 되돌아왔습니다. 나는 그 아름다운 기억과 그에 대한 동경을 몸에 지니고 있는 것뿐이었으니 그것은 마치 음식은 먹지 못하고 냄새만 맡은 것과 같았습니다."

tunc vero invisibilia tua per ea, quae facta sunt intellecta conspexi, sed aciem figere non evalui et repercussa infirmitate redditus solitis non mecum ferebam nisi amantem memoriam et quasi olefacta desiderantem, quae comedere nondum possem.(VII, xvii, 23)

매우 정감어린 언어로 이야기하고 있는데, 신비적인 체험 속에서의 분열된 자기가 있는 그대로 표현되어 있습니다. 여기에서 '아름다운 기억(amantem memoriam)'은 그때는 아직 먹을 수 없었던 음식의 '냄새에 대한 **동경**(quasi olefacta desiderantem)'으로서 '후각적'인 표상을 동반하며 이야기되고 있습니다.[19]

이런 '안타까움'이나 '슬픔'은 바울 서간을 읽어나가면서 마음에 스며드는 '육화(肉化)의 말씀'인 예수 크리스트의 '겸손'이 신의 은총으로 이해되며 받아들여짐으로써 치유되었습니다. 이것은 7권 말미인 18~21장에서 이야기되는데, 이는 8권에서 설명되는 회심의 최종 성취와 겹치게 됩니다.

9강

회심의 성취, 정원 장면, '톨레 레게'(8권)

회심의 성취

이제까지 누차 언급했듯이, 8권은 아우구스티누스의 회심이 성취되는 극점을 서술하고 있는 부분입니다. 그래서 도입부는 그것을 암시하듯 고양된 어조로 쓰여 있습니다. 라틴어 원문에도 그런 면이 잘 나타나 있으므로, 8권의 도입부를 라틴어 원문과 함께 공부해보겠습니다.

"나의 하느님, 나로 하여금 내게 베푸신 당신의 은총을 감사함으로 기억하여 당신께 고백하게 하소서. 내 뼈가 당신의 사랑에 흠뻑 젖어 '주님, 누가 당신과 같습니까?' '주께서 나의 결박을 푸셨나이다. 내가 주께 감사제를 드리리다'라고 말하게 하소서.…… 당신의 (성서의) 말씀은 내 심장(마음)의 밑바닥에 굳게 박혔고, 당신은 나를 사방으로 둘러싸고 계셨습니다."

Deus meus, recorder in gratiarum actione tibi et confitear misericordias tuas super me. perfundantur ossa mea dilectione tua et dicant: domine, quis similis tibi? dirupisti vincula mea: sacrificem tibi sacrificium laudis. ... inhaeserant praecordiis meis verba tua, et undique circumvallabar abs te.(VIII, i, 1)

라틴어로 '고백하다'를 뜻하는 confiteor는 con과 fateor로 나뉘며, fateor가 '자기 자신에 대해 그렇다고 말하는 것'을 의미한다는 점은 앞에서도 언급했습니다. 접두사인 con은 강조를 나타내고, 원문에서는 소망을 나타내는 confitear라는 접속법으로 되어 있기 때문에 '내게 베푸신 당신의 은총에 대해 확실하게 말하고 싶다'는 의미가 됩니다.

'내 뼈(ossa mea)'는 문자 그대로 '나의 뼈들'입니다. '당신의 사랑에(dilectione tua)'는 '당신의 자애에 의해서'와 같은 표현입니다. '흠뻑 젖어(perfundantur)'는 perfundo라는 동사로, '담그다', '붓다'라는 의미가 있기 때문에 '완전히 담글 수 있도록'이라는 뜻으로 옮길 수 있습니다. 그리고 '말하게 하소서(et dicant)'의 주어는 '나의 뼈들'이 됩니다. 나의 뼈들이 말하는 내용이 인용부호 속에 들어가 있는데, 야마다 아키라 선생 번역에서는 이 부분이 『시편』 34:10과 115:16에 근거한다는 각주가 붙어 있습니다. 이미 언급했듯이, 아우구스티누스가 읽었던 『성서』와 신공동번역에서는 번호가 하나씩 어긋나서, 신공동번역의 경우에는 35:10과 116:16이 됩니다. 『시편』 35:9~10의 내용은 다음과 같습니다.

9 그러나 내 영혼은 주님 안에서 기뻐 뛰고

　그분의 도우심으로 즐거워하며

10 내 모든 지체는 아뢰리라.

　"주님, 누가 당신과 같습니까?

　당신께서는 가련한 이를 그보다 힘센 자에게서,

　가련한 이와 불쌍한 이를 약탈자에게서 구해주십니다."

흥미로운 것은, 나의 '영혼(anima)'이 기뻐하고 '뼈'가 외친다고 하는 부분입니다. '영혼'과 '뼈'는 무엇을 뜻하는 말일까요? '뼈'는 메타포(비유)인 것일까요? 철학에서 인간은 영혼과 신체의 이원으로 구성되고, 영혼이 놓이는 곳은 영혼이 아닌 신체라는 '심신이원론'의 인간파악 방식이 있습니다. 영어의 body, 라틴어의 corpus는 신체와 물체를 동시에 의미하는 말입니다. 따라서 인간을 anima in corpore(corpus 안에 있는 anima)라고 할 때, 이것은 물체 안에 영혼이 있어서 인간은 그러한 존재로 살아 있다는 것이고, 그와 같은 인간 파악은 그리스 철학 이래로 유럽 철학의 기본구조로서 오늘에까지 이르고 있습니다. 영혼 또는 정신과 물체인 신체는 이 '심신이원론'에서는 원리적으로 분절되어 있어, '심신이원론'의 문제는 이 두 가지를 어떻게 연결할 것인가, 영혼 또는 정신이 어떻게 신체를 움직이는 것인가에 있습니다. 이러한 사고법에 따르면 여기에서 말하는 '뼈'는 물체인 신체에 속합니다. 그러나 우리는 신체가 물체이기는 해도 살아 있는 것으로 이해하고 있고, 뼈 역시 몸의 가장 안쪽에서 신체를 지탱합니다. '뼈를 느끼는가' 하는 질문을 받는다면 즉

각적으로는 느끼지 못할 수도 있지만, 잠들어 있을 때와 일어서 있을 때의 뼈의 감각은 서로 다른 것이 아닐까요. 우리는 그렇게 '살아 있는 신체'로서 이 땅 위에 존재하고 있는 것입니다. 이것이 인간의 조건이자 존재 방식입니다. 그래서 즐거울 때에는 '손이 춤추고, 발 디딜 곳을 모른다'고 말하듯이, 즐거움의 표현이란 무심결에 손을 움직이고 발을 구르는 것입니다. 그렇기 때문에 데카르트의 '심신이원론'은 인위적으로 만들어진 것으로, 인간의 현실을 있는 그대로 파악한 것이라고 할 수는 없습니다. 그것은 추상언어나 분석언어에 의한 것인지도 모릅니다. 구체적인 것을 각각의 요소로 나누고, 이 요소를 조합해 사물을 생각해가는 것이 그리스 과학의 사고법인데, 과학이란 바로 그러한 것입니다. 그러나 살아 있는 신체란 그렇지 않습니다. 『시편』을 움직여 숨을 불어넣은 언어는 그러한 인간의 신체와 영혼을 하나로서 파악하는 언어입니다. 따라서 유럽적인 심신이원론은 『시편』의 언어라고 할 수 없습니다. 『시편』에 숨을 불어넣은 언어는 좀더 아시아적인 것입니다. 무엇이 유럽적이고 아시아적인지 말하기는 어렵지만, 우선 여기에서 '유럽적'이란, 그리스의 과학과 철학에서 비롯되어 그 영향하에 있는 유럽의 과학과 철학을 가리키는 것으로 하겠습니다. 또 유럽 신학은 기본적으로 유럽 철학을 전제하고 있습니다. 거기에서 『시편』을 어떻게 읽을 것인가 하는 점이 문제가 됩니다. '뼈가 노래하고 말한다'는 것은 어떤 의미일까요. 유럽 철학에 따르면 이것을 문자 그대로 읽는 것은 불가능하고 상징표현으로서만 읽을 수 있을 듯하지만, 꼭 그렇지만은 않습니다. '뼈가 노래하고 말한다'는 것은 주님이신 하느님의 은총에 의해 뼈가 안쪽까지 흠뻑 젖었을 때, 뼈로부터 자연스럽게 말이 나온다는 것입니다. 우리는 '전신전령全身全靈으로'라는 말을 쓰는데, 『시편』의 작가는 그야말로 온몸에서 신에 대한 찬미가 터져나온다고 말하고 있으며, 그러한 언어가 『시편』을 생생하게 만드는 것입니다. 나는 한 논문[1]에서 이 부분을 문제로 삼았습니다. 아우구스티누스의 『고백록』에는 신체 부위를 나타내는 말이 많이 나옵니다. 이들은 결코 상징표현이 아니기 때문에 메타포라고 해서는 안 된다는 것이 논점이었습니다. 이들은 애초에 인간의 존재 방식을 나타내는 것입니다. 따라서 한 인간을 하나의 '신체'나 '마음'이나 '영혼'이라 한다고 해도, 그것은 모두 '같은 하나의 존재'를 각각의 방향에서 서술하는 표현인 것입니다. 『시편』에도 '나의 영혼은 주님 안에서'라고 되어 있는데, 그것은 이스라엘 전통에 '영혼'이라는 말을 쓰는 방식이 있기 때문이고, 아우구스티누스의 경우에도 '영혼'이라는 말에 대한 그 나름의 사용법이 있습니다. 이때 영혼이란 근본적인 구원의 대상이 되는 것이고, 신체와 뼈도 역시 그 일부입니다. 그리고 그 뼈가 노래하게 되었다는 것입니다.

'주님, 누가 당신과 같습니까?' 이는 당신이야말로 단 하나뿐인 존재라는 것을 표현하는 방식입니다. 악마가 타락하여 죄를 짓게 된 것은 자신을 신과 동등한 존재로 여긴 탓이라고 합니다. 그러니까 죄의 근원은 자신의 존재가 주어진 것이라는 점을 거부하는 데에 있습니다. 자신은 다른 존재로부터 근거 지어진 것이 아니라 스스로 자신을 근거 지으며 자기를 신과 동등한 존재로 여기는 탓에 죄가 생겨납니다.

여기에서 아우구스티누스는 구원이 준 기쁨을 서술하고 있습니다. '주께서 나의 결박을 푸셨나이다. 내가 주께 감사제를 드리리다.' 여기에 대응하는 부분이 신공동번역 『시편』 116:16~17입니다.

16 아 주님
　저는 정녕 당신의 종
　저는 당신의 종, 당신 여종의 아들.
　당신께서 저의 사슬을 풀어주셨습니다.
17 당신께 감사의 제물을 바치며
　주님의 이름을 받들어 부릅니다.

라틴어 『성서』로는 disrupisti vincula mea(당신은 나의 사슬을 부수셨다)라는 구절인데, disrupisti라는 완료형으로 되어 있습니다. 즉, '당신께서 저의 사슬을 풀어주셨으므로, 당신께 감사의 제물을 바치겠다'고 하며, 제물로서 주님의 이름을 받들어 부르겠다고 말하는 것입니다. 『고백록』에서 이렇게 특별히 고양되어 있는 부분은 『시편』이나 그 밖의 『성서』의 표현으로 엮여 있어, 『고백록』 전체에 『성서』에 의한 숨이 불어넣어져 있다고 봐도 좋을 것입니다.

'당신의 (성서의) 말씀은 내 심장(마음)의 밑바닥에 굳게 박혔고, 당신은 나를 사방으로 둘러싸고 계셨습니다'는 inhaeserant praecordiis meis verba tua, et undique circumvallabar abs te를 번역한 것인데, 여기에서 '심장(마음)의 밑바닥'이라고 번역된 부분은 praecordia로, 원래의 뜻은 '횡격막'이며 '심장(cor)'의 유의어입니다.

『고백록』에는 또 '창자(viscera)' 등의 신체 부위를 나타내는 말이 많이 쓰입니다. 여기서는 praecordia를 '마음의 밑바닥'이라고 번역했습니다. cor는 신체 부위로는 심장을 뜻하지만, '인간의 깊숙한 내면'을 나타내는 말입니다. 인간의 정신적인 면을 나타내는 말로는 이 밖에도 여러 가지가 있는데, animus는 이리저리 휘둘리는 감정이나 감각의 자리, mens는 사물을 볼 수 있고 존재를 분간할 수 있는 이성의 작용을 나타냅니다. 이에 비해 cor는 앞에서 여러 번 언급했듯이 심층의식이라고도 할 수 있으며, 우리의 삶이 무엇과 연관되어 있는지를 말해주는 부분이자 신의 말씀이 이야기되는 장소입니다. 따라서 cor는 때로는 숨겨진 부분이고 우리가 신경쓰지 않는 부분이기도 한데, 가령 크게 놀라거나 감동할 때에 '마음 깊은 곳에서'와 같은 표현으로 나오게 됩니다. 여기에서는 인간의 중심부분인 cor의 바로 옆에 있는 praecordia(마음의 밑바닥)에 신의 말씀이 '굳게 박혔다(inhaeserant)'고 했습니다. haerere는 '달라붙다', in은 '그곳에'를 나타내고, inhaeserant는 과거완료형이므로 '완전히 달라붙어버렸다'는 뜻이 됩니다. '사방으로 둘러싸다(undique circumvallabar)'의 circum은 사방을 나타내고, vallabar는 전쟁용어인 vallum(적으로부터 방어하기 위한 '방패'나 '성벽' 등을 가리키는 명사)으로부터 파생된 동사입니다. 또한 여기에서 circumvallabar는 미완료과거 수동형으로 '점차 둘러싸이게 되었다'는 의미가 됩니다.

이 부분과 관련해 7권의 마지막 부분(VII, xxi, 27)을 살펴보려고 합니다. 거기에는 "내가 저 '사도 중에 지극히 작은 자'인 바울의 글을 읽을 때 이런 말씀들이 내 창자에 놀라운 방식으로 치밀어 들어왔습니다. 그래서 나는 당신이 하신 일을 생각하면서 두려워 떨고 있었습니다(haec mihi inviscerabantur miris modis, cum minimum apostolorum tuorum legerem, et consideraveram opera tua et expaveram)"라고 쓰여 있습니다. 여기에서도 '창자에 치밀어 들어왔다(inviscerabantur)'는 표현이 나옵니다. '놀라운 방식으로(miris modis)'란 어떤 것인지 알 수 없지만, 아무튼 '창자에 치밀어 들어왔다'는 것입니다. 7권의 마지막과 8권의 도입부는 확실히 조응하고 있습니다. 8권 서두에서 '당신의 말씀'이라고 한 것은 7권에서 사도의 말씀이라고 한 부분과 같은 것입니다. 바울의 글을 읽었을 때 그 말씀이 점차 '이상한 방식으로 창자에 치밀어 들어왔고', 그러한 당신의 말씀이 지금 '나의 가슴에 굳게 박혀', 나의 '마음'은 '당신에 의해 사방으로 둘러싸였다'고 하는 것입니다. 이미 나 자신인 '마음의 밑바닥(cor)'은 와해되기 직전입니다. 7권 말미와 8권 서두의 연관성은 이러한 상황을 말해줍니다. 이것을 단순한 상징표현이라 할 수 있을까요? 그렇지 않다고 생각합니다. '창자(viscera)', '마음의 밑바닥(praecordia)', '심장(cor)' 같은 단어들은 각각 신체 부위를 나타내는 말인 동시에 여기에서는 아우구스티누스 전체에 신의 언어가 침투해서, 결국 온몸과 정신에 신의 언어가 침투해가는 과정을 여실히, 순서에 따라 세세하게 서술하는 언어로 기능하고 있습니다. 7권의 끝부분에서는 자신의 '마음'은 아직 신에게 복종하고 있지 않지만, 자신의 '창자'에는 신의 언어가 점점 치밀어 들어오는 상황을 나타냈고, 8권의 도입부는 신의 언어가 나의 '마음 밑바닥(praecordia, 횡격막)'까지 굳게 박혀, 이미 신의 세력에 의해 사방으로 둘러싸여

버린 상황을 보여줍니다. 이렇게 나의 마음은 함락되기 직전이지만, 좀처럼 함락되지 않습니다. 여기에 '의지의 갈등'이라는 고뇌가 있어, 8권을 마무리하는 정원 장면에서 최종 회심에 이르는 것입니다. 8권의 도입부는 와해 직전의 상황, 즉 고집스러운 자신의 의지는 좀처럼 복종하려 하지 않지만, 자신의 신체는 이미 신의 언어에 완전히 사로잡히고 말았음을 토로하고 있습니다.

이쯤에서 아우구스티누스가 사용한 '창자', '마음의 밑바닥', '심장' 같은 신체 부위를 나타내는 말을 이처럼 단순한 메타포로 이해해도 좋은가의 문제로 다시 한번 돌아가려고 합니다. 이 문제는 유럽어 번역으로 읽을 때에는 별다른 상관이 없습니다. 거기에서는 이미 이원론적 파악이 전제되어 그 위에서 해석되고 번역되기 때문입니다.[2] 이에 대한 다른 견해를 제시하려 했던 것이 앞서 언급한 내 논문이었습니다. 유럽 사람들이 아우구스티누스를 읽을 때 놓쳐버리는 부분이 있는데, 신체 부위를 나타내는 말로 자기의 전체적 상황을 드러내는 표현도 그런 예입니다. 이것을 나는 '심신론적 표현(psycho-somatische Ausdrücke)'이라고 부르는데, 우리가 살아 있는 신체 전체로 살아가는 한, 우리 자신의 상황을 그대로 표현할 때에는 자연스럽게 그런 '심신론적 표현'이 사용된다는 것입니다(앞서 언급한 '손이 춤추고, 발을 구른다……' 같은 표현). 이것을 '비유(메타포)'로 보고 이원론적으로 해석하기보다는 신체론적인 표현으로서 문자 그대로 읽으면 될 것입니다. 그것이 『시편』의 언어였다는 것은 이미 말했습니다. 우리 아시아 사람들에게 『시편』의 언어는 자연스러운 것입니다. 이것을 학문적인 분석언어로 다루게 되면, 종교를 살아 있게 하는 언어의 생명이 사라져버립니다. 저번부터 줄곧 이야기해온 것은 이런 문제입니다. 종교를 살아 있게 하는 언어가 여기에 있음을 우리가 세계 사람들에게 설득력 있는 방식으로 제시할 수 있다면, 마음이 있는 사람은 납득할 수 있을 것입니다. 또 그럼으로써 '종교'의 본의가 세계에 드러날 것입니다. 아시아 사람들의 소임이 거기에 있다고 나는 믿고 있습니다.

여기에서 또하나 지적해두고 싶은 특징적 표현이 7권 말미의 21장 첫 부분에 나옵니다. "그래서 나는 열심히 당신의 영으로 감동된 책을 붙들었습니다(itaque avidissime arripui venerabilem stilum spiritus tui)." 여기서 '붙들다'라고 번역된 말은 arripui인데, 사도 바울의 책을 '날아들 듯 집어들고 심취해 읽었다'는 것입니다. 아우구스티누스를 연구하는 어느 학자가 지적해준 것인데,[3] 이 arripui(집어당기다)라는 말은 최종 회심 때 사도 바울의 책을 읽었다고 하는 부분에 반드시 나오는 정형표현이라고 합니다.[4]

7권 말미의 21장에는 신플라톤주의 서적에는 없었던 것을 바울의 책을 읽으며 알게 되었다고 적혀 있습니다.

"가엾은 인간이 이제 무엇을 할 수 있겠습니까? 누가 이 죽음의 몸에서 구해줄 수 있습니까? 예수 크리스트로 말미암은 당신의 은혜밖에는 없습니다. 예수 크리스트는 당신께서 당신과 같은 영원한 존재자로 낳으시고 또한 당신의 (구원의) 길의 시작이 되게 하셨습니다. 이 세상의 임금은 그에게서 아무런 죽을죄를 찾지 못했습니다. 그러나 그(빌라도)가 예수님을 죽임으로 인해 우리 죄의 기록은 깨끗이 씻음을 받았습니다.

그런데 플라톤주의자들의 책에는 이런 것이 언급되어 있지 않았습니다. 그 책에는 이러한 경건의 표현, 고백의 눈물, 당신의 희생, 괴로워하는 마음, 상하고 참회하는 심정, 겸손, 당신의 백성의 구원, 당신의 신부인 도성, 성령의 보증, 우리의 구속의 잔이 있지 않았습니다. 그 책에서는 '나의 영혼이 잠잠히 하느님만 바람이여 나의 구원이 그에게서 나오는도다. 오직 그만이 나의 반석이시요, 나의 구원이시요, 나의 요새이시니 내가 크게 흔들리지 않으리다'라고 노래를 부른 자가 없었습니다. 그 책에서는 '수고하고 무거운 짐 진 자들아 다 내게로 오라' 하고 부르는 음성을 들을 수가 없었습니다. 그들은 '온유하고 겸손한' 그에게서 배우기를 꺼렸습니다. 왜냐하면 당신은 그것을 지혜롭고 슬기로운 자에게는 숨기시고 어린아이들에게는 그것을 나타내 보이셨기 때문입니다."(VII, xxi, 27)

아우구스티누스는 『로마서』 7:24의 "나는 과연 비참한 인간입니다. 누가 이 죽음에 빠진 몸에서 나를 구해줄 수 있습니까?"라는 말에 빗대면서 이 구절을 '예수 크리스트로 말미암은 당신의 은혜 외에는 비참한 인간을 죽음의 몸으로부터 구원해줄 존재가 없다'고 해석하고 있습니다. 아우구스티누스는 육신에 집착할 수밖에 없는 자신의 구원은 곧 말씀이 육신이 되어 우리와 함께 있는 예수 크리스트에게 있다고 여기에서 표명하는 것입니다. 이것이 신플라톤주의 서적에서는 제시되지 않았지만, 바울의 글에 담겨 있었다고 말하고 있습니다. 그러나 이미 여러 번 언급했듯이, 이 내용은 처음부터 알게 된 것이 아니라 '창자에 치밀어 들어온' 것입니다. 그리고 8권 서두에서는 그것이 마음의 밑바닥까지 다가왔지만, 아우구스티누스는 곧바로 동의할 수 없어서 괴로워 어쩔 줄 모르는 것입니다. "주여, 당신은 어느 때까지입니까? 주여, 어느 때까지입니까……(et tu, domine, usquequo? usquequo domine …)"(VIII, xii, 28)라는 한탄의 말에서 그 괴로움이 배어납니다. 그러나 결국 그런 갈등이나 고뇌에서 풀려나는 순간이 찾아옵니다. 바로 '주께서 나의 결박을 풀어주셨다(dirupisti vincula mea)'는 순간으로, 그때 "나의 뼈들이 당신의 사랑에 흠뻑 젖어 '주님, 누가 당신과 같습니까?'라고 말하게 하소서"(VIII, i, 1)라는 대목입니다. 이렇게 읽으면 7권과 8권은 내용적으로 이어집니다. 아니, 이어진다기보다는 오히려 같은 내용을 '이해' 또는 '결단'이라는 측면에서 설명하는 것 같습니다. 인간의 근본적인 회심에는 그러한 양면이 있어서, 그것들이 동시에 일어나는 것입니다.

'들고 읽어라(tolle, lege)'

이어서, 8권의 세부 내용으로 들어가려 합니다. 8권에서는 회심의 성취를 말하는데, 그 클라이맥스에 정원 장면이 있습니다. 또 거기에 이르는 과정이 서술되어 있고, 앞에서 설명한 서두의 '당신께서 저의 사슬을 풀어주셨습니다'라는 『시편』 구절로 이야기된 내용이 세부에 걸쳐 좀더 구체적으로 다뤄지는 한편, '당신이 실제로 어떻게 해서 나의 사슬을 풀어주려 하셨는지' 그 과정을 서술하고, 그에 따라 어떻게 최종 회심이 성취되었는지 이야기하는 부분입니다.

그러므로 8권에서는 어떻게 신의 말씀이 점점 아우구스티누스의 내면에 스며들어 마음의 밑바닥까지 이르게 되었는지 하나하나의 단계를 떠올리면서, 가장 중요하게 여겨지는 바를 거론하고 있는 것으로 보입니다. 8권 전체는 그러한 것으로서 뛰어난 종교문학이라 할 수 있습니다.

그것이 8권 7장 18절까지 묘사되어 있는데, 여기에서 그 요점을 제시해보려고 합니다.

먼저, 심플리키아누스를 찾아간 일입니다. 아우구스티누스는 밀라노의 교회 원로들 중 한 사람인 심플리키아누스를 찾아가보려고 마음먹었는데, 이 생각은 사실 신이 자기에게 보내준 것이라고 말하고 있습니다.

"그럴 때 당신은 내 마음에 심플리키아누스를 찾아가는 것이 좋겠다는 생각을 갖도록 하셨습니다."

et inmisisti in mentem meam visumque est bonum in conspectu meo pergere ad Simplicianum(VIII, i, 1)

그리고 이어서 "그의 안에는 당신의 은총이 빛나고 있었습니다(lucebat in eo gratia tua)"라고 쓰여 있습니다. lucebat의 lux는 '빛'을 의미합니다. '심플리키아누스 안에 당신의 은총이 빛나고 있었다'는 것은 신비로운 표현입니다. 이러한 상황은 우리의 종교 체험에서도 있는 일이 아닐까요. 성스러운 존재가 있는 곳에서 그러한 일이 일어납니다. 그럼에도 그가 인간인 한, 약한 존재라는 데에는 변함이 없습니다. 그러한 존재와, 길을 찾는 존재(=구도자)가 마주보고 있는 어떤 '장소'에서 신의 빛이 나오는 것입니다. 그것이 '종교'의 현실성이라고 생각합니다. 가장 기본적인 장면으로 말하자면, 예수가 이 세상에 와서 제자들과 만났을 때 일어났습니다(=제자의 소명召命 장면). 예수 안에서 신의 영광이 나타난 것을 제자들은 보았던 것입니다. 그래서 베드로는 그물을 버리고 따랐던 것입니다. 크리스트교 신앙의 원점은 여기에 있습니다. 베드로가 그때 모든 것을 알아차린 것은 아닙니다(만약 알아차렸다면, 베드로는 어떻게 그후로 몇 번이나 오해를 했을까요. 복음서는 제자들이 예수가 세상에 머무는 동안 줄곧 얼마나 오해했는가에 대한 기록이 아닐까요). 그럼에도 '놀라운 방식으로(miris modis)' 이끌린 부분이 있어서 베드로는 예수를 따랐던 것입니다. 이러한 '장면'에 종교의 가장 근본적인 모습이 있는 것은 아닐까요.

심플리키아누스는 아우구스티누스에게 마리우스 빅토리누스의 회심 이야기를 들려줬습니다. 빅토리누스에 대해서는 이전에도 다룬 적이 있듯, 변론술의 달인으로 로마에서는 유명한 인물이라서 로마 시내에 그의 조각상이 세워질 정도였습니다. 그래서 아우구스티누스에게는 동경의 대상이었을 것입니다. 이 이야기에서 재미있는 부분은 자신이 이미 크리스트교 신자라고 말하는 빅토리누스에게 심플리키아누스가 교회 안에서 직접 보지 못하는 한 믿지 않겠다고 말했더니, 빅토리누스가 '그러면 교회의 벽이 크리스트교 신자를 만든다는 것인가?(ergo parietes faciunt Christianos?)'라는 농담으로 되받아쳤다는 것입니다. 그래도 그는 그후 교회의 문을 두드렸습니다. 당시의 관습에서 종교에 귀의한 사람은 일반 신자들 앞에서 신앙고백을 해야 했습니다. 그러나 사람에 따라서는 하지 않아도 괜찮다고 여겨졌는데, 빅토리누스는 신자들 앞에서 당당히 신앙고백을 했습니다. 심플리키아누스는 아우구스티누스에게 이 일화를 들려준 것입니다. 5장까지 이 이야기는 계속되고, 이어 이야기를 듣고 난 아우구스티누스 자신의 반응이 서술되어 있습니다.

"당신의 종 심플리키아누스가 빅토리누스에 대한 이 모든 이야기를 나에게 해주었을 때 나도 그와 같이 되어보고 싶다는 심정이 불같이 일어났습니다."(VIII, v, 10)

같은 변론술 교사로 로마에서 최고의 영예를 얻어 아우구스티누스가 동경하는 인물이었던 빅토리누스가, 신자들 앞에서 영광에 가득찬 신앙선언을 당당히 했던 것입니다. 그것을 모방해보고픈 열망이 어떻게 아우구스티누스 안에서 불타오르지 않을 수 있었겠습니까. 그러나 그는 그렇게 하지 않았거나 또는 할 수 없었습니다. 그다음은 이렇게 이어집니다.

"그는 또한 덧붙여서 말하기를 율리아누스 황제 때 크리스트교인은 학예와 수사학을 가르치지 못하게 법령을 제정한 일이 있었는데, 그때 빅토리누스는 그 법에 순응하여 세상의 말을 파는 학교를 버리고 어린아이의 입에 웅변을 주시는 당신의 말씀을 택했다는 것입니다. 나에게는 빅토리누스가 용감할 뿐만 아니라 행복하게 보였습니다. 왜냐하면 그는 이제 당신께만 그의 모든 시간을 바칠 수 있는 기회를 가졌기 때문입니다."

여기에서 아우구스티누스는 빅토리누스를 행복한 사람이라고 서술하고 있는데, 이어지는 부분이 중요합니다.

"사실 나도 그렇게 되기를 바랐던 것입니다. 그러나 나는 다른 사람의 쇠사슬에 의해서가 아니고 바로 나 자신의 의지의 쇠사슬에 의해 묶여 있었습니다. 원수가 내 의지를 지배하여 그것으로부터 쇠사슬을 만들었고 그 쇠사슬에 의해 나는 묶여 있었습니다. 그렇게 된 것은 내 의지가 왜곡되어 육욕이 생겼고, 육욕을 계속 따름으로 버릇이 생겼으며, 그 버릇을 저항하지 못해 필연이 생겼기 때문입니다. 이것들은 쇠사슬의 고리처럼 서로 연결되어—그래서 나는 그것들을 쇠사슬이라고 불렀습니다—나를 노예의 상태에 강하게 붙들어 매어놓았습니다."

빅토리누스의 이야기를 듣고 마음은 타올랐지만 몸은 좀처럼 움직이지 않는데, 아우구스티누스의 이런 상태는 최종 회심에 이르기까지 계속되었습니다. 8권에서는 무엇이 그를 방해하고 있었는지부터 장황하게 설명합니다. 그러다가 깊은 고민 끝에 어떤 정원에 있었을 때, 소년인지 소녀인지 "들고 읽어라, 들고 읽어라"라고 거듭 노래하는 소리가 이웃집에서 들려왔고, 서둘러 돌아가 성서를 집어 들고(arripui) 펼쳤더니, 『로마서』 구절인 "흥청대는 술잔치와 만취, 음탕과 방탕, 다툼과 시기 속에 살지 맙시다. 그 대신에 주 예수 크리스트를 입으십시오. 그리고 욕망을 채우려고 육신을 돌보는 일을 하지 마십시오"가 눈에 들어와 마침내 결정적인 회심에 이르렀다는 것입니다(VIII, xii, 29). 그렇다면 이제까지 아우구스티누스를 줄곧 붙들어온 것은 '정욕'이고, 조신한 생활로 들어가는 회심은 곧 금욕적인 회심인 셈인데, 과연 그런 것이었는지 나는 의문이 듭니다. 오늘은 그것에 대해 여러분과 함께 생각해보고 싶습니다.

빅토리누스의 경우를 보면 사실상 어떤 방해요소가 있었던 것인지 알 수 있으리라 생각됩니다. 아우구스티누스가 도저히 할 수 없었던 일은 변론술 교사를 그만두는 것이 아니었을까요.[5] 이미 언급했듯이, 로마 제국 말기에 변론술 교사는 영예로운 지위였습니다. 그 자리를 고수하면 경우에 따라서는 지방장관에 임명될 가능성도 있었습니다. 아우구스티누스는 그런 영예로운 자리에 오를 야심에 불타고 있었습니다.[6] 아우구스티누스는 정녕 이런 세속적 야심에 불타고 있었던 것은 아닐까요. 회심 직후 밀라노 근교에서 어느 지인의 별장을 빌려 친구와 함께 철학적인 명상 생활을 하던 시기에 쓴 카시키아쿰 저작이라고 불리는 글들이 있습니다.[7] 그 문체는 『고백록』과는 전혀 다릅니다. 카시키아쿰 저작에서 언어의 움직임은 변론술 교사의 것입니다. 평범한 사람은 도저히 따라갈 수 없을 듯한 정밀한 논의가 거기에서 이루어지고 있습니다. 오늘날로 말하면 분석철학자라고 할 만한 사람들의 논의가 그 저작들에서 이루어지고 있었던 것입니다. 아우구스티누스는 그렇게 학생을 가르치는 일을 일상적으로 하고 있었을 것입니다. 그것이 회심 시기 아우구스티누스를 붙들고 있지 않았을까요. 성적인 욕정도 그 안에 포함되어 있었을 테지만,[8] 그보다도 아우구스티누스는 세속적인 입신출세를 꿈꾸는 생활을 쉽게 버릴 수 없었을 것입니다. '정욕(concupiscentia)'이란 신이 아닌 속세로 향하는 마음을 의미합니다. 이 마음의 정욕 탓에 빠지는 괴로운 노예 상태에 대해 아우구스티누스는 이렇게 말합니다.

"이제 나는 내 경험을 통하여 내가 읽은 '육이 욕망하는 것은 성령을 거스르고, 성령께서 바라시는 것은 육을 거스른다'는 말의 뜻을 이해하게 되었습니다."(VIII, v, 11).

여기에는 『갈라테아서』가 인용되어 있습니다. 아우구스티누스는 바울 서간에서 이야기되는 바를 자신의 몸안에서 체험했다고 말하고 있습니다. 이것은 방금 언급한 내용의 이면에 해당하는 부분이 아닐까요. 아우구스티누스가 인용한 『갈라테아서』 5:17 전후를 살펴봅시다. 13절에서는 이렇게 말합니다. "형제 여러분, 여러분은 자유롭게 되라고 부르심을 받았습니다." 이처럼 예속과 자유가 대비되어 있습니다. 나는 바울 신학에 대해 상세히 알지 못하지만, 아우구스티누스가 바울 서간을 어떻게 읽었는지 공부하면서 바울을 읽는 것도 하나의 접근법이 될 수 있다고 봅니다. 그리고 "다만 그 자유를 육을 위하는 구실로 삼지 마십시오. 오히려 사랑으로 서로 섬기십시오. 사실 모든 율법은 하나의 계명으로 요약됩니다. '네 이웃을 너 자신처럼 사랑하여라' 하신 계명입니다"라고 되어 있습니다. 바울은 모세의 율법이 이웃 사랑에 의해 완전한 것이 되는 것이기 때문에 이웃 사랑에 진력해야 한다고 이해하고 있습니다. 16~17절은 다음과 같습니다. "내 말은 이렇습니다. 성령의 인도에 따라 살아가십시오. 그러면 육의 욕망을 채우지 않게 될 것입니다. 육이 욕망하는 것은 성령을 거스르고, 성령께서 바라시는 것은 육을 거스릅니다. 이 둘은 서로 반대되기 때문에 여러분은 자기가 원하는 것을 할 수 없게 됩니다." 육과 성령의 대립적인 작용이 설명되어 있습니다. '성령(spiritus)'과 '육(caro)'은 바울의 용어라고 해도 좋을 것입니다. 그것은 그리스적 심신이원론과는 직접적으로는 관련되지 않습니다. 앞에서도 언급했듯이, 그리스어에서는 '신체'와 '물체'가 같은 하나의 단어(*soma*)로 표현됩니다. 라틴어에서도 마찬가지로 corpus 라는 말이 여기에 해당합니다. '물체(=신체)'는 그 안에 영혼이 있음으로써 생물체가 됩니다. 그러나 성령과 육은 '성령에 의해 지배된다', '육에 의해 지배된다'고 하듯이, 인간을 하나의 전체로 생각할 때, 서로 공격하며 싸우는 두 가지 힘입니다. 이것이 바울이 말하는 성령과 육입니다. 아우구스티누스는 그것을 자기 내면의 체험으로부터 읽어냈다고 말합니다. 또 이 부분의 조금 앞에서는 '두 가지 의지'라는 것이 언급되고 있습니다.

"당신을 자유롭게 예배하고 즐기려 하는 '새로운 의지'가 내 안에 태어났어도 그 의지는 아직 약해서 오랫동안 나를 사로잡고 있었던 강한 '옛 의지'를 이겨내지 못했습니다. 이리하여 나의 두 의지, 즉 옛 의지와 새로운 의지, 육(肉)의 의지와 영(靈)의 의지는 내 안에서 서로 싸워 내 영혼을 찢어놓았습니다."(VIII, v, 10)

이것이 아우구스티누스가 마리우스 빅토리누스의 이야기를 듣고 체험한 내용이었습니다. 빅토리누스의 이야기를 듣고 대단하다고 생각해 그를 따르고자 했지만, 그럴 수 없었던 것입니다.

"'내 지체 속에서 한 다른 법이 내 마음의 법과 싸워 내 지체 속에 있는 죄의 법 아래로 나를 사로잡았을 때' 내가 속 사람으로 하느님의 법을 즐거워했음은 헛된 일이었습니다. 그 죄의 법이란 다름 아닌 습관의 폭력으로서 이로 인해 인간의 마음은 자신의 의지에 역행해서까지 붙잡혀 있기도 하고 가기도 합니다. 그러나 인간이 그렇게 붙잡히게 된 것도 처음에는 스스로 원해서 습관화된 것이니

핑계할 수 없습니다. 이렇게 비참한 나를 이 죽음으로부터 누가 구해줄 수 있습니까? 다만 우리 주 예수 크리스트를 통한 당신의 은혜밖에는 없습니다."(VIII, v, 12)

여기에서 이야기되는 내용은 위에서 설명한 것과 거의 같습니다. 그러나 언어를 사용하는 방식은 바울의 별도 부분에 근거하고 있습니다. 『로마서』 7장에도 율법에 대한 언급이 있습니다. 『갈라테아서』에서 바울은 율법을 사랑의 규범으로 이해했습니다. 여기에서도 "율법은 거룩합니다. 계명도 거룩하고 의롭고 선한 것입니다. 그렇다면 그 선한 것이 나에게는 죽음이 되었다는 말입니까? 결코 그렇지 않습니다. 오히려 죄가 그 선한 것을 통하여 나에게 죽음을 가져왔습니다. 죄가 죄로 드러나게, 죄가 계명을 통하여 철저히 죄가 되게 하려는 것입니다. 우리가 알고 있듯이 율법은 영적인 것입니다. 그러나 나는 육적인 존재, 죄의 종으로 팔린 몸입니다"(『로마서』 7:12~14). 율법은 영적인 것이므로 우리를 영적인 것으로 향하게 해줍니다. 그러나 율법이 있기 때문에 우리는 영적인 것으로 향할 수 없고, 가련한 예속 상태에 있는 자신을 발견할 수밖에 없습니다. "나는 내가 하는 것을 이해하지 못합니다. 나는 내가 바라는 것을 하지 않고 오히려 내가 싫어하는 것을 합니다"(『로마서』 7:15). 이것은 바로 아우구스티누스가 말하고 있는 바와 같습니다. 자신이 바라는 것은 아니지만 거기에서 벗어날 수 없습니다. 명성, 지위, 결혼에 대한 욕망을 버릴 수 없습니다. "그렇다면 이제 그런 일을 하는 것은 더이상 내가 아니라, 내 안에 자리잡고 있는 죄입니다. 사실 내 안에, 곧 내 육 안에 선이 자리잡고 있지 않음을 나는 압니다. 나에게 원하는 마음이 있기는 하지만 그 좋은 것을 하지는 못합니다. 선을 바라면서도 하지 못하고, 악을 바라지 않으면서도 그것을 하고 맙니다. 그래서 내가 바라지 않는 것을 하면, 그 일을 하는 것은 더이상 내가 아니라 내 안에 자리잡은 죄입니다. 여기에서 나는 법칙을 발견합니다. 내가 좋은 것을 하기를 바라는데도 악이 바로 내 곁에 있다는 것입니다. 나의 내적 인간은 하느님의 법을 두고 기뻐합니다. 그러나 내 지체 안에는 다른 법이 있어 내 이성의 법과 대결하고 있음을 나는 봅니다. 그 다른 법이 나를 내 지체 안에 있는 죄의 법에 사로잡히게 합니다"(『로마서』 7:17~23). 아우구스티누스가 '내 영혼을 찢어놓았다'(VIII, v, 10)고 말한 것은, 스스로가 『로마서』에서 제시된 바로 그러한 상태에 있다는 것입니다. 따라서 바울의 언어가 놀라운 방식으로 이해되고, 자신의 의지가 분열 상태에 있다는 것을 발견할 수밖에 없었던 것입니다. 그것은 매우 비참한 일이었습니다. 자신이 자신을 지배할 수 없는 상태였습니다. 바울의 경우, 그러한 상태로 만든 것은 율법이었습니다. 율법을 알고부터 자신이 죄의 상태에 있다는 것을 인식하게 된 것입니다. "누가 이 죽음에 빠진 몸에서 나를 구해줄 수 있습니까? 우리 주 예수 크리스트를 통하여 나를 구해주신 하느님께 감사드립니다"(『로마서』 7:24~25). 아우구스티누스가 읽었던 성서에서는 이 부분이 "불쌍한 나를 이러한 죽음의 몸에서 해방시킬 수 있는 것은, 우리 주 예수 크리스트에 의한 당신의 은혜 이외에 도대체 누가 있겠습니까 (miserum ergo me quis liberaret de corpore mortis huius nisi gratia tua per Iesum Christum, dominum nostrum)"(VIII, v, 12)라고 되어 있습니다. 여기에서는 '예수 크리스트를 통해 부여된 아버지의 은혜(gratia) 이외에는, 죄의 포로가 되어 있는 몸으로부터 나를 해방시켜줄 수 있는 것은 없다'고 말하고 있는 것입니다. 여기에 회심의 근본이 있습니다. 이것을 알게 된 시점에서 회심이 이루어졌다고 할 수 있을 것입니다. 그러나 아우구스티누스에게는 '예수 크리스트 이외에'라는 말이 좀처럼 이해가 되지 않았습니다. 두 가지 규범 또는 의지가 다툼으로써 자신이 죄의 노예 상태에 있다는 것만은 아는 괴로운 상태가 계속되고 있었지만, 정원 장면에서 술잔치와 만취, 음탕과 방탕, 다툼과 시기를 버리고 "예수 크리스트를 입으십시오(induite dominum Iesum Christum)"(VIII, xii, 29)라는 구절을 읽음으로써 마음이 열렸고, 그때 예수 크리스트를 몸에 걸치는 존재가 되었던 것입니다.

8권에서 묘사된 회심 이야기가, 육체의 욕망을 버리고 오로지 신만 관상觀想하는 황야의 은자와 같은 금욕적 생활을 추구하는 것은 아니었을 것입니다. 만약 그랬다면 카시키아쿰에서 친구들이나 어머니와 함께 키케로처럼 진리를 추구하는 철학적 명상 생활을 할 일도 없었을 것입니다. 아우구스티누스는 '예수 크리스트를 입으라'는 구절의 의미를 몰랐을 것입니다. 예수 크리스트에 의한 은총이 무엇인지 알 수 없었습니다. 두 가지 규범이 자기 안에서 다투고 있었지만, 한쪽의 규범을 버리고 다른 한쪽으로 간단히 옮겨갈 수는 없었습니다. 이것은 7권에서 '말씀이 육신이 되었다'는 구절의 의미를 알 수 없었다(VII, xix, 25)는 것과 같습니다. 아우구스티누스의 회심이란, '말씀이 육신이 되었다'는 구절의 의미가 점점 와 닿아 이해할 수 있게 되었다는 것입니다.

또 『로마서』 7장은 아우구스티누스에게 매우 근본적인 것이었으리라 짐작됩니다. 『고백록』 8권 6장에는 폰티키아누스라는 사람이 아우구스티누스를 방문한 내용이 적혀 있습니다(VIII, vi, 14~15). 폰티키아누스는 궁정의 높은 지위에 있는 사람이었습니다. 거기에는 이렇게 쓰여 있습니다.

"그때 우리 앞에 노름을 할 때 사용한 책상이 하나 있었는데, 그는 어쩌다가 그 위에 놓여 있던 한 책을 보게 되었습니다. 그가 그 책을 집어들고 펴보니 기대했던 것과 정반대로 사도 바울의 서신이었음을 알게 되었습니다."(VIII, vi, 14)

그리고 아우구스티누스가 지금 가장 주의깊게 읽는 책이 성서라고 말한 것을 계기로, 이야기가 이집트의 은수자 안토니우스에 대한 것으로 전환됩니다. 알렉산드리아의 주교 아타나시우스라는 사람이 안토니우스의 전기를 썼습니다. 아타나시우스는 알렉산드리아에서 추방당하자 갈리아의 아우구스타 트레베로룸(트리어)으로 갔습니다. 이것이 폰티키아누스 이야기의 내용으로 이어지고, 그곳 궁정 고관들의 이야기로 옮겨갑니다. 그들은 작은 방에서 『안토니우스의 생애』를 발견하고는 마음이 변해 폰티키아누스를 남겨둔 채 수도생활에 들어갔다는 이야기를 폰티키아누스가 해주었습니다. 이런 상황에 대해 아우구스티누스는 다음과 같이 말합니다.

"이것이 폰티키아누스가 말해준 이야기였습니다. 오, 주님, 그가 이렇게 말하는 동안 당신은 나를 나 자신으로 돌이켜 자기성찰을

하도록 하셨습니다. 내 자신을 살피기 싫어서 이때까지 내 등 뒤에 놓아두었던 나를 당신은 잡아떼어 내 얼굴 앞에 갖다 세워놓으셨습니다. 그리하여 당신은 나로 하여금 내가 얼마나 보기 흉하고, 비뚤어지고, 더럽고, 얽었고, 종기투성이인지 보게 하셨습니다. 나는 나 자신이 보기 싫어서 나를 피해 어디로 가고 싶었으나 갈 곳은 없었습니다."(VIII, vii, 16)

예속 상태에 있는 자신의 추함을 여실히 직시한 것이 아우구스티누스의 회심의 마지막 계기가 되었다고 생각합니다. 자신의 추함에 직면할 수밖에 없는 갈등이나 또는 투쟁이라고 해도 좋겠지요. 이러한 상황이 11장까지 이어집니다. 8장에서는 '정원에 들어가' 자기 자신과 싸웠다고 되어 있습니다(VIII, viii, 19). 실제의 정원인지 아니면 '마음의 정원'인지, 이른바 '정원 장면'이 아우구스티누스의 픽션인지, 실제로 있었던 일인지에 대해서는 학자들 사이에서 의견이 갈리지만, 어쨌든 7장 이후에는 아우구스티누스의 마음속에서 일어난 싸움이 그대로 묘사되고 있습니다. 8장의 도입부는 이렇게 되어 있습니다.

"내가 내 영혼을 상대로 시작한 강렬한 싸움이 내 자신의 내면의 집안, 즉 내 마음의 밀실에서 일어났습니다."(VIII, viii, 19)

여기에서의 '마음'은 라틴어 cor입니다. 자신의 마음 깊은 곳에서 자신의 영혼(anima)과 격렬하게 싸웠다는 것인데, 이는 무엇을 말하는 것일까요. 이어지는 서술에서는 자신의 마음속에 두 가지 규범이 있음을 인정할 수밖에 없다고 말하고 있습니다. 그러면, 어떻게 이 싸움이 끝났는지 살펴보겠습니다.

"나의 깊은 생각이 내 영혼의 심연을 파헤치고 나의 모든 비참함을 찾아내어 마음의 눈앞에 쌓아놓았을 때 눈물의 홍수를 동반한 큰 폭풍이 내 마음에서 일어났습니다.…… 나는 어떻게 했는지는 몰라도 어느 무화과나무 밑에 쓰러져 흘러나오는 눈물을 마음껏 흐르도록 했습니다. 오, 주님, 그렇게 세차게 흘러나온 나의 눈물은 당신에게 드리는 합당한 희생제물이었습니다.……"(VIII, xii, 28)

'세차게 흘러나온 나의 눈물'은 '당신에게 드리는 제물'이었다고 쓰여 있습니다. 눈물을 격하게 쏟음으로써 마음이 풀어졌습니다. 마음이 무너진 그때, 아우구스티누스에게는 '들고 읽어라, 들고 읽어라(tolle lege, tolle lege)'라는 아이들의 목소리가 들려왔고, 알리피우스가 있는 곳으로 돌아가 바울의 책을 '집어들자마자 펴서 읽었다(arripui, aperui, et legi)'는 것입니다. 그때 눈에 들어온 부분이 '예수 크리스트를 입으십시오'라는 구절이었습니다.

"나는 더이상 읽고 싶지도 않고 또한 더 읽을 필요도 없었습니다. 그 구절을 읽은 후 즉시 확신의 빛이 내 마음에 들어와 의심의 모든 어두운 그림자를 몰아냈습니다."(VIII, xii, 29)

'확신의 빛'이라고 번역된 lux securitatis의 securitas란, '확고해서 움직이지 않는 것', '동요하지 않는 것'을 나타냅니다. '확고함(securitas)'과 '명확성(certitudo)'은 다른 말입니다. 후자는 인식에 의해 확실해지는 것을 의미합니다. 그러나 명확함만으로는 확신에 머무를 수 없습니다. securitas(확고함)에 의해 인간의 존재 방식이 정해집니다. 그것이 정해지는 부분이 '예수 크리스트를 입으십시오'라는 것입니다. 또 10장에서는 의지의 분열이 원죄의 결과라고 말하고 있습니다.

"그것은 내 안에 다른 영혼의 본성이 있어서 생긴 것이 아니고 내 자신에게 내린 벌이라고 생각했습니다. 그러므로 그 싸움의 원인은 내가 아니요, 내 안에 있는 죄였습니다. 그리고 내 안에 있는 죄란 자발적으로 지은 아담의 죄에 대한 벌로부터 온 것인데, 사실 나는 그 아담의 후손입니다."(VIII, x, 22)

여기에도 『로마서』가 인용되어 있습니다. 죄는 아담의 죄이고, 죄의 상태에 있다는 것은 원죄에 의해 일어난 것이므로, 인간의 힘으로는 그러한 상태에서 벗어날 수 없습니다. 의지로도 여의치 않음을 체험으로 안 끝에, '예수 크리스트가 인간으로서 이곳에 계심'으로써 그 상태가 사라지는 것입니다. 회심의 성취 장면으로 돌아가면 이렇게 되어 있습니다.

"나는 손가락으론가 다른 어떤 것으로 책장 사이에 표시를 한 다음 그 책을 덮고 나에게 일어난 모든 이야기를 알리피우스에게 말했습니다.…… 우리는 바로 집으로 들어가 어머니에게 이 사실을 여쭈었습니다."(VIII, xii, 30)

여기에서 친구 알리피우스의 이름이 나옵니다. 아우구스티누스의 신앙의 길과 걸어가야 할 길에는 늘 친구가 곁에 있었습니다. 또한 어머니 모니카는 아우구스티누스의 신앙의 근거지이자 돌아가야 할 항구인 것입니다. 방탕한 아들의 비유에서 돌아갈 곳은 아버지의 집이지만, 그곳이 아우구스티누스에게는 어머니였습니다. 여기에서 이야기되고 있는 것은, 회심은 신앙공동체 안에서 모두에게 기댄다는 것입니다. 그것은 방탕한 아들의 비유에서 말하는 '아버지의 집으로 돌아간다'는 것과 같습니다. 교회공동체도 신앙공동체이기는 하지만, 여기에서는 더 가까운 신앙공동체가 이야기되고 있는 듯합니다. 회심 후 카시키아쿰에서는 어머니 그리고 친구들과 함께 공동생활을 하면서 세례 받을 준비를 했습니다. 어머니와 친구들은 아우구스티누스 신앙공동체의 핵심이었습니다.

끝으로 한 가지만 더 다루고자 합니다. 11장 26절에서 말하는 '어리석고 어리석은(nugae nugarum)', '덧없고 덧없는(vanitates vanitantium)', '오래된 나의 여자친구들(antiquae amicae meae)'이라는 표현법입니다.

"나를 꼭 붙들고 있던 어리석고 어리석으며, 덧없고 덧없는, 바로 오래된 나의 여자친구들이 나의 옷자락을 슬쩍 치면서 고요히 속삭였습니다.……"(VIII, xi, 26)

여기에서는 아무래도 성적인 유혹을 서술하는 것처럼 보입니다. 그러한 일이 없었을 리 없겠지만, 여기에서 '오래된 나의 여자친구들'이란 '어리석음의 극치', '덧없음의 극치'를 가리키고 있다고 생각합니다. '어리석음의 극치'는 역시 '이 세상에 대한 욕망'이고, '덧없음의 극치'는 그 근거가 되는 『코헬렛』 1:2에서도 같은 의미로 쓰이고 있습니다. 이에 대해 아우구스티누스의 내면에서는 이렇게 말합니다.

"그러나 이런 소리가 이제 아주 작아졌습니다. 그것은 내가 마지막 일보를 내딛기 두려워했던 그곳을 향해 고개를 돌렸을 때 거기에서 나는 순결한 절제의 맑은 위엄을 보았기 때문입니다."(VIII, xi,

여기에서 '순결한 절제'라고 번역된 말은 continentia인데, 이 말을 '순결한 절제'라고 번역하면 독신 상태를 가리키지만, 고전 라틴어에서 continentia는 '순결한 절제'라는 의미보다는 '조신함'으로 번역될 수 있는 말입니다. 원래 continentia는 con-teneo, 즉 '제대로 갖고 있다'는 의미로, '자제하다'라는 뜻입니다. 따라서 continentia가 맑은 위엄(casta dignitas)을 가지고 다가오는 것입니다. 그러므로 여기에서는 성적인 욕구로부터 자유로워졌을 뿐 아니라 결혼생활을 포함하는 이 세상에서의 안정된 지위나 명예에 대한 집착으로부터도 자유로워짐을 의미한다고 봅니다.[9]

10강

구원의 평안함, 카시키아쿰 (9권 1)

이번과 다음번의 2회에 걸쳐 『고백록』 9권을 읽겠습니다. 9권에서는 두 가지 내용이 서술되어 있습니다. 우선 회심 후 세례 받을 준비를 하는 과정이 묘사되고, 이어서 아프리카로 귀향하던 도중에 겪은 어머니의 죽음과 어머니에 대한 추억이 서술되어 있습니다. 회심을 성취했다는 평안함과, 이제부터 뭔가 새로운 일들이 시작되리라는 기대감이 섞여, 이 9권에는 미묘한 차분함과 장중한 느낌이 넘칩니다. 그래서 8권과 같은 극적인 장면은 없습니다. 어머니의 죽음은 분명 극적인 사건이기는 했지만 나름의 차분함 속에서 이야기되고 있고, 9권 전체는 신의 곁에 있는 자신의 모습을 서술한 1권에서 시작해 방황의 과정을 거쳐 신의 은총이 자기에게서 어떻게 실현되었는가를 서술하는 자전적 부분을 맺기에 적절한 내용입니다.

먼저 이번 강의에서는 세례를 받기까지의 과정을 이야기하려고 합니다.

도입부에 놓인, 구원의 성취에 대한 격조 높은 문장을 음미하면서 시작합시다.

"오, 주여, 나는 당신의 종, 당신의 종, 당신 여종의 아들입니다. 당신이 나를 쇠사슬에서 풀어주셨으니 나는 당신께 찬미라는 제물을 드립니다. 이제 내 마음과 혀로 당신을 찬미하게 하소서. 내 모든 뼈가 소리 높여 '주님, 누가 당신과 같습니까?'라고 말하게 하소서. 내 모든 뼈가 그렇게 말할 때 당신께서 나에게 대답하시고 내 영혼에게 '나는 너의 구원이다'라고 말씀해주소서."

O domine, ego servus tuus, ego servus tuus et filius ancillae tuae. dirupisti vincula mea; tibi sacrificabo hostiam laudis. laudet te cor meum et lingua mea, et omnia ossa mea dicant: domine, quis similis tibi? dicant, et responde mihi et dic animae meae: salus tua ego sum.(IX, i, 1)

맨 앞의 '주여(domine)'는 1권 도입부에서 부르는 말과 조응합니다. 그리고 '나는 당신의 종입니다(ego servus tuus)'로 이어집니다. 라틴어에서 인칭대명사는 문법구성상 필요가 없습니다. 동사의 활용이나 어미변화로 인칭을 알 수 있기 때문입니다. 따라서 '나(ego)'라고 말하는 것은 강조의 뜻을 나타냅니다. 특히 ego servus tuus는 두 번 반복되고 있으므로, 이 부분은 더욱 강조되고 있는 것으로 봐야 합니다. 또 야마다 선생의 번역에서 '나는 ~이다'의 동사에 해당하는 라틴어 sum은 첫 문장에서는 생략되어 '당신의 하인인 나, 당신의 하인인 나'라고만 나란히 반복되고 있습니다. 무슨 의미인지는 확실히 모르겠지만, 어쨌든 크게 강조하고 있는 것은 틀림없습니다. 그리고 여기에서 이미 자신은 '당신의 여종', 즉 어머니 모니카의 아들임을 고백하고, 스스로 '주여'라고 부르고 있습니다. 따라서 이때 '주여'라고 부르고 있는 자신과 함께 어머니 모니카도 그곳에 있어, 이어지는 구절은 아우구스티누스와 어머니 모니카가 함께 올리는 찬미의 말이 됩니다. 여기에서는 아우구스티누스 자신의 기쁨과 함께, 어머니 모니카의 내면에 퍼지는 고요한 기쁨이 느껴집니다.

이어서 '당신은 나를 쇠사슬에서 풀어주셨다(dirupisti vincula mea)'고 완료형으로 말합니다. '나는 당신을 향해 찬미라는 제물[1]을 드립니다(tibi sacrificabo hostiam laudis).' '내 마음 깊은 곳이 당신을 찬미하도록(laudet te cor meum).' laudet는 laudat의 접속법 형태로 사실이 아닌 마음속 일을 말합니다. '그리고 나의 혀가 찬미하도록(et lingua mea).' 이 도입부는 8권에서 이야기한 회심의 성취를 다시 한번 확인하는 대목으로 시작하고 있다고 봐도 좋을 것입니다. '그리고 내 모든 뼈들이 소리 높여 이야기하도록(et omnia ossa mea dicant).' 여기에서도 dicant라고 원함을 나타내는 접속법이 쓰이고 있습니다. '주님, 누가 당신과 같습니까?(domine, quis similis tibi?)' 이 구절의 역할에 대해서는 이미 언급했습니다.[2] 그리고 '그렇게 말하도록(dicant)'이라고 반복되며, '그리고 나에게 답해주십시오(et responde mihi)', '그리고 나의 영혼에게 말씀해주십시오(et dic animae meae)', '나는 너의 구원이다(salus tua ego sum)'로 이어집니다.

이 도입부에 관한 야마다 선생의 주를 보면, 『시편』 115:16~17이라고 되어 있습니다(신공동번역에서는 116).

"저는 정녕 당신의 종.

저는 당신의 종, 당신 여종의 아들.

당신께서 저의 사슬을 풀어주셨습니다.

당신께 감사의 제물을 바치겠습니다."

라틴어 『시편』115에서는 O domine, quia ego servus tuus, ego servus tuus et filius ancillae tuae. dirupisti vincula mea; tibi sacrificabo hostiam laudis라고 되어 있습니다. 여기에서는 아우구스티누스가 이 9권 도입부에『시편』115:16~17을 quia를 제외하고 그대로 인용한 것을 알 수 있습니다.[3] 아우구스티누스는『시편』을 샅샅이 훑었기 때문에, 무엇인가를 말하려고 하면 그만『시편』의 구절이 흘러나오는 것입니다. 『시편』의 표현으로 짜여 있는 글, 그것이 『고백록』입니다.

오늘날 통상적인『고백록』라틴어 원전을 보면, O domine, ego servus tuus, ego servus tuus et filius ancillae tuae. dirupisti vincula mea; tibi sacrificabo hostiam laudis까지는 문자끼리의 간격이 넓습니다. 이는 아우구스티누스가 일부러 그렇게 한 것이 아니라, 교정자가 성서 인용이라고 생각되는 부분을 나타내기 위해 그렇게 한 것입니다. 그러나 이어지는 laudet te cor meum et lingua mea에서는 자간이 벌어져 있지 않습니다. 이는 교정자가 이 부분에 해당하는『시편』구절을 찾지 못했다는 것인데, 이 부분은 아우구스티누스 자신의 말입니다. 동사 형태로 보면, 아우구스티누스의 표현인 laudet는 접속법이고, 『시편』에서 인용한 sacrificabo는 미래형입니다. 즉, 『시편』구절을 노래한 후에 아우구스티누스 자신의 마음속에서 생겨난 표현이 laudet te cor meum et lingua mea인 것입니다.

또 앞에서 언급했지만, cor는 '심장'이자 '마음 깊은 곳'인데, 때로는 스스로도 깨닫지 못하는 자기의 중심 부분으로, 신의 언어가 그곳에 들어감으로써 나는 신에게로 향하는 존재가 되는 것입니다. '혀'라는 뜻의 lingua는 말을 하는 것이고, cor는 신의 구원을 접하고 외치는 것인데, 그것을 외부에 표현하기 위해 혀도 말을 하는 것입니다. 이어서 et omnia ossa mea dicant는 자간이 벌어져 있으므로, 『시편』에서 인용된 구절입니다. 이 부분은 8권의 도입부와 흡사합니다. 8권에서는 '나의 뼈들(ossa mea)'이 외치며 '누가 당신과 같습니까?(domine, quis similis tibi?)'라고 했습니다. 이어서 '당신이 나의 쇠사슬을 풀어주셨으니 나는 당신께 찬미의 제물을 바치겠습니다(dirupisti vincula mea; sacrificem tibi sacrificium laudis)'라고 했는데, 이 구절은 『시편』 115와, ossa mea는 『시편』 34:10과 각각 조응합니다.

"내 영혼은 주님 안에서 기뻐 뛰고
그분의 도우심으로 즐거워하며
내 모든 지체는 아뢰리라.
'주님, 누가 당신과 같습니까?
당신께서는 가련한 이를 그보다 힘센 자에게서,
가련한 이와 불쌍한 이를 약탈자에게서 구해주십니다.'"

9권으로 돌아가보겠습니다. "당신께서 나에게 대답하시고 내 영혼에게 '나는 너의 구원이다'라고 말씀해주소서"라고 이어집니다. 이것은 『시편』 34:3과 조응합니다. 라틴어로는 dic animae meae, salus tua ego sum입니다. 앞에서 아우구스티누스는 같은 『시편』 34:10을 인용했고, 이제 마무리하는 대목에서 이 3절을 가져온 것입니다.

이렇게 『시편』 115의 '저는 당신의 종'이라는 구절과 『시편』 34:10의 '누가 당신과 같습니까?'라는 구절, 『시편』 34:3의 '나는 너의 구원이다'라는 구절이 여기에서 서로 긴밀하게 결합되어 순서대로 나열되어 있습니다. 이는 아우구스티누스의 『고백록』 언어에 나타나는 하나의 전형이라고 해도 좋을 것입니다. 『시편』의 언어들은 모두 아우구스티누스의 마음속에서 재조합되어 그의 언어로 탈바꿈해 솟아납니다. 솟아날 때에는 매우 아름다운 구성을 갖추어 완전하게 균형을 이룬 일종의 시와 같은 표현이 됩니다. 이것은 놀랄 만한 일입니다. 우리가 그저 『시편』을 읽기만 해서는 지나쳐버릴 부분들이, 일단 아우구스티누스의 마음 깊은 곳으로 들어가면 용광로 안에 있는 듯 녹아내리며 신의 사랑의 불길에 의해 타오르고, 언어는 각각 적절한 자리에 배치됩니다. 이것이 아우구스티누스의 언어이자 『고백록』의 언어입니다. 그러면 이를 전형적으로 드러내는 부분을 더 자세히 살펴봅시다.

9권 1장 1절을 보겠습니다.

"주님, 그러나 당신은 선하시고 자비로우셔서 당신의 오른손을 내 죽음의 심연에 펴시어 내 심장(마음)의 밑바닥에 있는 깊은 부패의 늪을 마르게 하여 주셨습니다. 그 결과로 나는 내 뜻을 부인하고 당신이 원하신 뜻을 원하게 되었습니다."

tu autem, domine, bonus et misericors et dextera tua respiciens profunditatem mortis meae et a fundo cordis mei exhauriens abyssum corruptionis, et hoc erat totum nolle, quod volebam, et velle, quod volebas(IX, i, 1)

'그 결과로 나는 내 뜻을 부인하고 당신이 원하신 뜻을 원하게 되었습니다(et hoc erat totum nolle, quod volebam, et velle, quod volebas)' 라는 구절은 놀라운 표현입니다. 그럼에도 그것이 '영혼의 구원'이라는 것입니다. 그것은 신 안에서 신의 손에 의해 이루어지는 것으로, 거기에서 인간의 의지는 신의 의지나 원함과 하나가 되어 있습니다. 그것이 바로 '구원'이라는 것이겠지요. 아우구스티누스가 이 시점에서 단번에 그렇게 되었다고는 말할 수 없을 것입니다. 그렇지만 거기에 '구원'이라는 것의 근본적인 무엇인가가 제시되어 있습니다. 즉, 구원이란 어떤 의미에서는 자기가 신과 일치되는 것입니다. 예전에 원했던 것을 더이상 원하지 않게 되었고, 나는 이제 신이 원하시는 것을 원하고 있는 것입니다. 바울 역시 '이제는 내가 사는 것이 아니라 크리스트께서 내 안에 사시는 것입니다'라고 말했습니다.[4] 그것은 같은 의미입니다.

"그러나 그동안에 (당신의 뜻을 원하는) 내 자유의지는 어디에 있었습니까? 오, 나의 도움이 되시고 나의 구주가 되시는 예수 크리스트여, 내 자유의지가 순간적으로 호출되어 나오게 된 그 깊고 은밀한 곳은 어디입니까? 이제 내 목은 당신의 멍에를 쉽게 메게 되었고 내 어깨는 당신의 짐을 가볍게 짊어지게 되었습니다."

sed ubi erat tam annoso tempore et de quo imo altoque secreto evocatum est in momento liberum arbitrium meum, quo subderem cervicem leni iugo tuo et umeros levi sarcinae tuae, Christe Iesu, adiutor meus et redemptor meus?(IX, i, 1)

'자유의지'라고 번역되는 liberum arbitrium은 '자유선택'으로 옮겨도 되는 말입니다. 여기에서는 내가 자유로운 선택에 의해 나의 목덜미를 당신의 멍에 아래 두게 되었다고 말하고 있습니다. 또 그러한 자유의지는 당신이 숨었던 곳에서 이끌려나온 것이라고 말하고 있습니다. 이는 8권에서 제시된 '두 가지 의지', '상반되는 의지'라는 문제와 관련됩니다. 여기에서 '자유의지'란 인간이 진정한 의미에서 '자유로운 존재가 되려는 의지' 또는 '자유로운 존재로 여겨지려는 의지'입니다. '자유선택'이라고 하면 어떤 것이든 상관없으니 '무언가를 선택하면 되는 것'으로 여기기 쉽지만, 그렇지 않습니다. 그것은 '진리가 당신을 자유롭게 한다'[5]고 하는 경우의 '자유'입니다. 8권에서 언급된 '육肉의 의지'와 '영靈의 의지'가 대립되는 곳에서는 '자유'는 없고 '예속'이 있을 뿐입니다. 그렇기 때문에 8권에서 이야기되듯, 신을 따르려 하는 의지와 그와는 반대로 향해 가려는 의지의 갈등으로 '의지의 분열'이 생기는 곳에서는 아우구스티누스의 경우에 '자유'가 없었던 것입니다. 그러한 상황에서는 무엇을 해도 '자유'가 없습니다. 그러한 상황에서는 '자유의지'가 숨어버리는 것입니다. 그래서 결국 당신에 의해 이러한 자유의지가 이끌려나옴으로써 나는 자유로운 존재로서 지금 여기에 있다는 것입니다. 이것이 '구원'이라는 상태라고 할 수 있습니다.

번역문에서 '나의 구주가 되시는 예수 크리스트여'는 한가운데에 있지만, 라틴어 원전을 보면 맨 마지막에 놓여 있습니다. 이어서 '크리스트의 멍에를 쉽게 메게 되었다'고 말하고 있습니다. 따라서 여기에서도 '회심'이라거나 '구원'은 '크리스트의 멍에를 메는 것'이고, 거기에 진정한 '자유'가 있다는 것입니다.

2장으로 넘어가겠습니다. 여기에는 변론술 교사를 사임하겠다는 결의가 나타나 있습니다.

"나는 당신의 면전에서 내 혀를 사용하여 언변을 팔았던 시장에서 물러나려고 결심했습니다. 그것은 당신의 법도와 평화에는 관심이 없고 어리석은 거짓과 법정 논쟁만을 일삼는 젊은이들이 다시는 내 입으로부터 광포한 무기를 사지 못하게 하기 위함이었습니다."

et placuit mihi in conspectu tuo non tumultuose abripere, sed leniter subtrahere ministerium linguae meae nundinis loquacitatis, ne ulterius pueri meditantes non legem tuam, non pacem tuam, sed insanias mendaces et bella forensia mercarentur ex ore meo arma furori suo.(IX, ii, 2)

이 대목을 읽으면 앞에서 설명한 내용의 반복이지만, 역시 회심을 방해한 최대 요인은 변론술 교사였던 것이 아닐까 생각합니다. 영예로운 자리를 던져버리는 것은 중대한 사안이었습니다. 그러나 회심 후의 아우구스티누스에게 '변론술 교사'는 '허위를 가르치는 직분'일 뿐이었습니다.

이어서 다음과 같이 서술되어 있습니다.

"다행히도 포도 수확기 방학 때까지 며칠이 남지 않아서 그때까지 참았다가 정식으로 학교를 그만두기로 했습니다. 이제 나는 당신에 의하여 속량을 받은 자이니 또다시 말을 파는 시장에 팔려가지 않기로 결심했습니다. 당신은 내가 계획한 바를 알고 계셨습니다. 다만 내 주위에 있는 친구들 외에는 아무도 그것을 모르고 있었습니다. 우리들끼리는 이런 사실을 사람들에게 알리지 말자고 의견을 같이했습니다."(IX, ii, 2)

이처럼 자신의 교사직 사임이 세상에 알려지지 않도록 조용히 물러나려 했던 것 같습니다.

그리고 9권 2장 3절은 이렇게 시작됩니다.

"당신은 우리 마음을 당신의 사랑의 화살로 관통했고, 우리는 당신의 말씀을 우리의 창자에 지니고 다녔습니다."

sagittaveras tu cor nostrum caritate tua, et gestabamus verba tua transfixa visceribus(IX, ii, 3)**6**

여기에서는 '우리 마음(cor nostrum)'이라고 말합니다. 회심 장면에서 아우구스티누스는 아필리우스와 함께 정원에 있었다고 묘사되어 있습니다. 아필리우스나 그 밖의 몇몇 친한 사람들도 아우구스티누스와 함께 크리스트교도가 되기로 결심했기 때문에, 여기에서 '우리'라고 말하는 것입니다.**7** 이어서 이런 대목이 나옵니다.

"그러나 세상에는 온 땅에서 거룩하게 여김을 받고 있는 당신의 이름을 찬미하기 위하여 우리의 결심과 목적을 높이 칭찬할 사람들이 있을 줄로 우리는 알고 있었습니다. 그러므로 우리 생각에는 얼마 남지 않은 방학 때까지 기다리지 않고 모든 사람이 다 알고 있는 내 교사직을 당장 그만둔다는 것은 좀 외적인 과시인 듯 보일 것 같았습니다."

요컨대, 회심이 널리 알려져 화제에 오르는 일은 없었으면 한다고 말하는 것입니다. 당시의 황제도 크리스트교도였지만 반대세력도 있었을 것이기 때문에, 크리스트교도가 되겠다고 공언하면 밀라노 사람들에게 칭찬을 들을 수도 있었을 것입니다. 그러나 자신은 그렇게 하고 싶지는 않다고 말한 것입니다. 결국에는 가슴에 이상이 생겨 목소리가 잘 나오지 않는다는 이유로 사직을 하게 되었습니다.[8]

이 장 마지막에서는 다음과 같이 이야기됩니다.

"결국 그 기다리던 기간이 지나갔습니다. 그런데 그 기다리는 매일매일이 너무 많고 길게 느껴졌던 것은 우리가 자유와 여가를 얻어 마음속으로부터 당신을 찬미하고 싶어서였습니다. '내 마음이 주께 말하되 내가 당신의 얼굴을 찾겠습니다. 오, 주님, 당신의 얼굴을 내가 찾겠습니다'라고 찬미하고 싶어서였습니다."

cum ecce evoluti sunt dies illi tandem. nam longi et multi videbantur prae amore libertatis otiosae ad cantandum de medullis omnibus: tibi dixit cor meum, quaesivi vultum tuum; vultum tuum, domine, requiram.(IX, iii, 6)

여기에서 말하는 '자유와 여가를 얻어'라는 표현에 주목하고 싶습니다. 라틴어로는 libertas otiosa(문자 그대로는 '한가한 자유')라는 말입니다. otium은 '한가함'을 의미합니다. 아우구스티누스에게 큰 영향을 끼친 키케로는 한때 정치의 세계에서 물러나 로마 근교의 투스쿨룸에 있는 별장에서 시간을 보내며, 『투스쿨룸 논총 Tusculanae Disputationes』이라는 책을 썼습니다.[9] 그 책은 영혼의 불멸 등을 주제로 삼고 있는데, 다양한 철학적 사상이 이 별장을 비롯한 나폴리 만 근방에서 이루어졌습니다. 아우구스티누스에게 키케로는 300년도 더 전의 인물이지만,[10] 아우구스티누스가 학교에서 배우고 가르쳤던 것 중에서 키케로의 책은 중요했고, 키케로는 아우구스티누스에게 정신적으로 매우 가까운 인물이었다고 할 수 있습니다. 따라서 '한가한 자유'란 오로지 철학적 연구에만 몰두하는 것이며, 아우구스티누스는 그러한 생활을 동경하고 있었던 것입니다.

이 대목에서 '카시키아쿰'이란 무엇이었는가 하는 문제가 거론됩니다. 9권 4장 서두를 살펴봅시다.

"드디어 내가 수사학 교사직에서 해방되는 날이 왔습니다. 물론 나의 마음은 벌써 거기에서 해방되어 있었습니다. 이미 내 마음을 그 직업에서 구해내주신 당신은 이제 내 혀를 거기에서 구해내주셨습니다. 나는 기쁨으로 당신께 감사하면서 나와 함께 있었던 자들을 다 데리고 별장으로 갔습니다.

나는 거기에서 당신을 전적으로 섬긴다고 하면서도, 숨가쁠 때 잠깐 쉬어 숨을 돌리듯 여가를 얻어 학문의 교만을 호흡하고 있었습니다. 내가 거기서 무엇을 했는가에 대해서는 내가 쓴 책들이 증거하고 있거니와 그것들은 주로 친구들과의 대화나 당신 앞에서 행한 나의 독백을 포함하고 있습니다."

et venit dies, quo etiam solverer a professione rhetorica, unde iam cogitatu solutus eram. Et factum est, eruisti linguam meam, unde iam erueras cor meum, et benedicebam tibi gaudens profectus in villam cum meis omnibus. ibi quid egerim in litteris iam quidem servientibus tibi, sed adhuc superbiae scholam tamquam in pausatione anhelantibus testantur libri disputati cum praesentibus et cum ipso me solo coram te.(IX, iv, 7)

이 둘째 단락에는 '카시키아쿰'에 대해 생각하는 데에 대단히 중요한 내용이 적혀 있습니다. 아우구스티누스는 히포의 주교로서 이 글을 썼는데, 이미 언급했듯 '카시키아쿰 저작'이라고 불리는 아우구스티누스의 초기 작품은 그의 최초의 철학적 저작으로, 카시키아쿰 저작과 『고백록』의 집필 방식은 서로 아주 다릅니다. 20세기 전반에는 『고백록』에서 묘사되는 회심에 대한 서술은 픽션이고, 386년의 회심은 카시키아쿰 생활과 같은 철학적 생활을 위한 회심이었다는 설이 제기되어 이를 둘러싼 논의가 오갔고, 지금도 그 논쟁은 계속되고 있습니다. 그러나 이 논쟁은 쓸모없지만, 꼭 그렇다고 단언할 수 없는 부분도 있습니다. 이 단락은 그런 점을 보여주고 있습니다. 여기에서 '학문의 교만(superbiae schola)'이라는 말이 무엇을 가리키는지는 해석상 문제가 됩니다. 야마다 선생은 관련 주석에서, 카시키아쿰에서 저술된 세 작품, 즉 『아카데미아학파 논박』, 『행복한 생에 대하여』, 『질서론』을 들면서 '이 세 권의 책은 아우구스티누스가 실제로 그곳에서 이루어진 토론을 속기해 정리한 것이다. 전반적으로 신플라톤 철학의 영향이 강하고 크리스트교 신앙이 표면에 드러나지 않아서, 이를 근거로 그의 밀라노에서의 회심 사실 자체를 의심하는 사람도 있다'고 말하고 있습니다. '신플라톤 철학의 영향이 강하다'는 이해 방식과 '학문의 교만'이라는 서술이 서로 조화를 이루는지에 대해서는 의문이 듭니다. 아우구스티누스는 '학문의 교만을 호흡하고 있던 내가 거기에서 무엇을 했는가에 대해서는 내가 쓴 책들(『솔리로키아』)이 증거하고 있다'고 말하고 있습니다. 요컨대, 카시키아쿰 저작에서는 '학문의 교만'이 확실히 나타난다고 말하는 것입니다. '학문의 교만'이 신플라톤 철학인지에 대해서는 주의가 필요합니다. 거기에는 어려운 문제도 있습니다. 왜냐하면 나 역시 최근에 '카시키아쿰 저작'을 읽으며 느낀 점은, 거기에서는 신플라톤주의와 플로티노스 철학이 반드시 겉으로 드러나지는 않기 때문입니다. 오히려 변론술 교사로서 아우구스티누스가 가르치던 '토론 방식'이 그대로 나타나 있다는 느낌이 강합니다. 그리고 그런 토론 때에 다뤄지는 것은 키케로나 아카데미아학파 같은 무척 번쇄한 논의를 하는 사람들입니다. 그 사람들이 문제로 삼는 것은 '진리를 인식할 수 있는가'라는 것으로, '진리는 인식할 수 없고 탐구할 수 있을 뿐이다'라고 결론지었는데, 카시키아쿰 저작에도 그러한 논의의 줄기가 분명히 있습니다.[11] 그러나 신플라톤주의 철학에는 그러한 논의의 줄기가 없습니다. 예컨대 아우구스티누스도 『신국』에서 플라톤 철학을 언급할 때 '플라톤과 플라톤 철학을 따르는 사람들은 신에 대해 바르게 생각하고 있었다'고 했습니다.[12] 따라서 이러한 표현 방식과 '학문의 교만'이라는 서술이 서로 연관되는지는 문제가 되고, 오히려 카시키아쿰 저작에서 '학문의 교만'이란 신플라톤주의라기보다는 변론술 학교에서 말하는 식의 어떤 것으로 보는 편이 적절하지 않을까, 나는 그렇게 생각합니다.

같은 4장 7절의 조금 뒷부분을 보겠습니다.

"알리피우스는 처음에 크리스트의 이름이 우리들의 글에 언급되는 것을 싫어했습니다. 그는 오히려 우리들의 책이 뱀에 물린 상처를 고치기 위해 교회가 제공한 약초의 냄새를 풍기기보다는 오히려 학문의 세계의 드높은 백향목의 향기를 풍기기 원했습니다."

quod [nomen Iesu Christi] primo [Alypius] dedignabatur inseri litteris nostris, magis enim eas volebat redolere gymnasiorum cedros(IX, iv, 7)

여기에서는 아우구스티누스의 가장 친한 친구인 알리피우스가 크리스트교도적 표현 방식은 그만두고 어떻게든 학자다운 이야기를 해보자고 주장했기 때문에 '카시키아쿰 저작'이 이렇게 되었다고 설명하고 있습니다. '카시키아쿰 저작'에서의 '학문의 교만'을 이렇게 생각하면, 이어지는 4장 8절의 앞부분도 중요한 의미를 갖게 됩니다.

"나의 하느님, 내가 교만심 없는 다윗의 시편, 그 신앙의 찬미, 그 경건의 노래를 읽고 당신께 무엇을 부르짖었습니까?"

quas tibi, deus meus, voces dedi, cum legerem psalmos David, cantica fidelia, sonos pietatis excludentes turgidum spiritum.(IX, iv, 8)

여기에서는 '학문의 교만'이 '교만심 없는 다윗의 시편'과 대비되어 나타납니다. 그리고 이렇게 이어집니다.

"당신의 사랑 안에서 아직 초심자요 예비신자였던 알리피우스와 함께 그 별장에서 한가한 시간을 보내고 있었습니다."

rudis in germano amore tuo, catechumenus in villa cum catechumeno Alypio feriatus(IX, iv, 8)

즉, 별장에 있을 때에 『시편』을 접했다는 내용이 여기에 쓰여 있습니다. 그러나 '카시키아쿰 저작'에서 이러한 내용을 읽어내기는 어렵습니다.[13] 따라서 여기에서는 『시편』에 마음이 흔들렸던 아우구스티누스 자신의 경험과, 카시키아쿰 저작의 내용 사이에 차이가 있다는 점이 이야기되고 있다고 생각하면 좋지 않을까요.

이어서 어머니 모니카 역시 카시키아쿰 별장에 함께 있었다고 서술됩니다.

"어머니도 함께였습니다. 어머니는 여자의 옷은 입었으나 남자의 강한 신앙을 가지고 계셨고 자신의 연령에 맞는 마음의 평화와 자식에 대한 사랑, 그리고 크리스트교인의 경건을 몸에 함께 지니고 있었습니다."

matre adhaerente nobis muliebri habitu, virili fide, anili securitate, materna caritate, christiana pietate

9권 도입부에서 '오, 주여, 나는 당신의 종, 당신의 종, 당신 여종의 아들입니다'라고 했습니다. 야마다 선생이 주석에서, 아우구스티누스가 '당신 여종의 아들이다'를 '어머니 모니카의 아들'이라는 의미로 인용하고 설명한 것은 올바른 읽기라고 생각합니다. 다음번 강의에서 다루겠지만, 9권 후반부에서는 어머니 모니카의 죽음과 어머니에 대한 추억이 이야기되므로 9권은 어머니 모니카에게 바치는 부분이라고 해도 좋을 것입니다.

그러면 다시 4장 8절의 이어지는 대목으로 돌아가겠습니다.

"내가 그 시편을 읽고 당신께 무엇을 부르짖었습니까? 그 시편을 읽고 나의 마음은 당신을 향해 얼마나 불탔습니까? 가능하다면 나는 그 시편을 온 세계에 큰 소리로 외쳐 인류의 교만을 무찌르고 싶었습니다."

quas tibi voces dabam in psalmis illis et quomodo in te inflammabar ex eis et accendebar eos recitare, si possem, toto orbi terrarum adversum typhum generis humani!

여기에서도 『시편』을 읽은 경험이 이야기되는데, 그중에서 '내가 조용한 시간에 시편 4편을 읽을 때'라고 한 부분에 주목하려고 합니다. 신공동번역 『시편』 4:2~3을 봐주십시오.

2 제 의로움을 지켜주시는 하느님

　제가 부르짖을 때 응답해주소서.

　곤경에서 저를 끌어내셨으니

　자비를 베푸시어 제 기도를 들으소서

3 사람들아, 언제까지 내 명예를 짓밟고

　헛된 것을 사랑하며 거짓을 찾아다니려 하느냐?

아우구스티누스가 인용한 『시편』 4편은 다음과 같습니다.

2 당신을 불러 원할 때, 내 뜻인 신이여, 당신은 나의 기도를 들어주십시오.

　주여, 우리를 불쌍히 여겨, 내 기도를 들어주십시오

　고난 속에서 구부러진 것을, 편안히 지내도록 해주십시오.

3 사람의 아들이여, 언제까지나 무거운 마음으로 있을 것인가?

　무엇을 위해 헛된 것을 좋아하고, 허위를 추구할 것인가?(IX,

iv, 8~9)

이렇게 비교해보면 아우구스티누스의 인용과 신공동번역 사이에는 일치하지 않는 부분이 있다는 것을 알게 됩니다. '불가타'라고 일컫는 라틴어 성서를 보면, 아우구스티누스가 『고백록』에서 인용한 내용과 거의 같습니다. 또 『70인역 그리스어 성서』에도 이대로 되어 있습니다. 앞서 설명했듯이 교부 시대에는 『70인역 그리스어 성서』가 정전 『성서』로 중시되었고, 아우구스티누스 역시 그 라틴어 번역본을 읽었을 것으로 생각됩니다. 당시 『70인역 그리스어 성서』의 원본이 된 히브리어 『성서』가 있었다고 합니다. 히브리어 구약성서는 3종쯤 존재했다고 하는데, 어느 단계부턴가 성전으로 여겨진 마소라판은 대체로 기원 무렵에 성립된 것으로 알려집니다. 『70인역』은 기원전 3세기경부터 번역되기 시작했다고 하는데, 교부들은 마소라판이 아닌 『70인역』을 중시했습니다. 바울 역시 그리스어 성서를 읽은 듯합니다. 바울이 읽은 히브리어 성서도 70인역에 가까운 것이었을지 모릅니다. 따라서 현행 구약성서의 바탕이 된 마소라판 『성서』를 유일한 정식 구약성서 원전이었다고 생각할 필요는 없습니다. 교부들이 사색의 바탕으로 삼았던 『70인역 그리스어 성서』는 매우 중요한 것이었다고 할 수 있습니다.

『고백록』으로 다시 돌아가면, 『시편』 4편에서 인용한 부분이 길어지는데, 이것은 모두 '불가타'와 일치합니다. 또한 인용 순서도 『시편』의 절 번호순으로 되어 있습니다. 따라서 『고백록』의 이 부분은 『시편』 4편에 대한 아우구스티누스의 코멘터리라고 해도 좋을 것입니다. 『시편』 4편을 인용하는 중간 중간에 바울 서간이나 『요한복음서』 구절이 보충으로 들어가 있습니다. 이 부분은 아우구스티누스의 성서해석의 한 모범이라고 할 수 있고, 또 그가 『시편』 4편을 어떻게 읽었는지를 잘 보여줍니다. 4장 11절에는 『시편』 4:9~10이 인용되어 있습니다.

"'오, 평화이시고 항상 동일하신 자여!(o in pace! o in id ipsum!)' 나는 내 마음으로부터 그다음 구절을 소리 내어 읽었습니다. 그 구절은 시편 기자가 말한 바와 같이 우리가 당신 안에서 '평안히 누워 잠든다(obdormiam et somnum capiam)'는 것을 말해주고 있었습니다."

'오, 평화이시고 항상 동일하신 자여, 우리는 당신 안에서 평안히 누워 잠든다'는 부분은 『시편』 4:9의 인용입니다. 여기에 이어 아우구스티누스는 이렇게 주석을 붙였습니다.

"사실 '승리가 죽음을 삼켜버렸다'는 말씀이 이루어질 때 누가 감히 우리를 대적하겠습니까? 확실히 당신은 탁월하게 동일하시고 변치 않는 '그 자신인 존재'[14]로 계시니, 당신 안에만 모든 수고와 근심을 잊게 하는 안식이 있습니다. 아무도 당신과 같으신 이가 없으니 우리는 당신이 아닌 다른 많은 것들을 위하여 수고를 하지 않아야 합니다. 오, 주님, 그러므로 당신만이 우리를 소망 안에서 살게 하십니다."

quoniam quis resistet nobis, cum fiet sermo, qui scriptus est: absorta est mors in victoria? et tu es id ipsum valde, qui non mutaris, et in te requies obliviscens laborum omnium, quoniam nullus alius tecum nec ad alia multa adipiscenda, quae non sunt quod tu, sed tu, domine, singulariter in spe constituisti me.(IX, iv, 11)

'오, 주님, 그러므로 당신만이 우리를 소망 안에서 살게 하십니다'는『시편』4편 말미인 10절의 인용입니다. 그렇기 때문에 이 대목의 결말에는『시편』4:9~10이 놓였고, 이 구절이 아우구스티누스의 마음에 깊이 와 닿았던 것으로 생각됩니다. 바울 서간에 나오는 '승리가 죽음을 삼켜버렸다'라는 구절[15]은 크리스트의 십자가를 말하는 것입니다. 따라서 여기에서는『시편』이 크리스트론적으로 읽히고 있음을 보여주는 한편, 회심의 체험이기도 했다고 볼 수 있을 것입니다.

5장에서는 변론술 교사직을 사임한 아우구스티누스가 암브로시우스에게 편지를 보내 이제부터 무엇을 하면 좋을지 물었더니, 예언자 이사야를 읽으라고 조언해주었다고 서술되어 있습니다. 그러자 아우구스티누스는『이사야서』를 읽었지만 제대로 이해하지는 못했다고 말하고 있습니다. 첫 대목을 이해하지 못해서 끝까지 읽어나가지 못했다고 썼습니다. 이는 당시 아우구스티누스가『성서』를 무척 주체적으로 읽고 있었음을 말해주는 것이 아닐까요. 암브로시우스가 애써 가르쳐주었는데도 첫 대목을 이해하지 못했고 끝까지 읽으려고도 하지 않은 채 그만두었다는 것입니다. 물론『고백록』을 집필하던 무렵에는 이미『이사야서』를 읽은 상태였습니다. 그럼에도 이 서술은 당시(=카시키아쿰 시기) 아우구스티누스가『시편』을 철저하게 읽었음을 오히려 솔직하게 나타내고 있는 것은 아닐까요.

6장에서는 세례를 받은 일에 대해 쓰고 있지만, 아우구스티누스

의 아들인 아데오다투스에 관한 이야기만 등장합니다. '세례를 받고
나니 과거의 그릇된 생활에 대한 우리의 불안이 전부 사라져버렸습
니다'(IX, vi, 14)라고 했지만, 이 서술만으로는 누가 세례를 받았는
지 알 수 없습니다. 앞부분을 읽으면 세례를 받은 사람은 아데오다
투스인 듯하지만, 라틴어 원문으로 보면 그렇지도 않습니다. 방금
인용한 부분과 함께, 다소 짧지만 세례 이야기가 언급되는 6장 말
미를 잘 읽어보면 깊은 맛을 느낄 수 있습니다. 아우구스티누스는
세례에 대해서는 길게 쓰지 않았습니다. 어쩌면 길게 쓸 수 없었을
것입니다. 이 부분의 라틴어를 살펴봅시다.

et baptizati sumus et fugit a nobis sollicitudo vitae praeteritae.
nec satiabar illis diebus dulcitudine mirabili, considerare
altitudinem consilii tui super salutem generis humani. quantum
flevi in hymnis et canticis tuis suave sonantis ecclesiae tuae vocibus
conmotus acriter! voces illae influebant auribus meis et eliquabatur
veritas in cor meum et exaestuabat inde affectus pietatis, et
currebant lacrimae, et bene mihi erat cum eis.(IX, vi, 14)

처음에 et baptizati sumus라고 되어 있습니다. sumus는 1인칭 복
수 형태이므로 '그곳에서 우리는 세례를 받았습니다'가 됩니다. '그
러고 나니 과거의 그릇된 생활에 대한 우리의 불안이 전부 사라졌
습니다(et fugit a nobis sollicitudo vitae praeteritae)', '그 오묘한 맛을 나
는 충분히 맛보지는 못했습니다(nec satiabar illis diebus dulcitudine
mirabili)', '인류 구원을 위한 당신의 깊으신 계획을 명상하는 데서
(considerare altitudinem consilii tui super salutem generis humani)' 같은

표현들은 신의 은총이 어떻게 실현되었는가를 말하는 『고백록』 전체의 내용을 제시하고 있다고 해도 좋을 것입니다. 이어서 야마다 선생의 번역을 인용하면, '찬미가 또는 성가를 들으면서 감미롭게 울리는 당신 교회의 목소리에 감동하고, 격렬하게 눈물 흘렸습니다(quantum flevi in hymnis et canticis tuis suave sonantis ecclesiae tuae vocibus conmotus acriter)'라고 했습니다. 교회에 모인 사람들의 노랫소리에 격하게 감동하면서 얼마나 울었는지를 말합니다. 이 부분이 바로 세례에 관한 언급입니다. 이어서 '그 노랫소리는 내 귀에 흘러들어갔고(voces illae influebant auribus meis)', '그리고 진리는 내 마음속으로 스며들었습니다(et eliquabatur veritas in cor meum)'. 아우구스티누스에게 '진리(veritas)'라는 단어는 '신'을 일컫는 말이며, '크리스트'와 거의 같은 의미로 사용된다는 것은 앞에서도 언급했습니다. 여기에서는 그러한 '진리'의 감미로움이 찬송을 듣고 있는 가운데 마음속에 점점 스며들었다는 것입니다. '경건의 감정이 차고 넘쳤고(et exaestuabat inde affectus pietatis)', '눈물이 넘쳐 흘러나왔습니다(et currebant larimae)', '그것은 행복의 눈물이었습니다(et bene mihi erat cum eis)'. 라틴어로는 이렇게 겨우 9행으로 세례 이야기를 다루고 있습니다. 그러나 이 짧은 구절 안에 아우구스티누스의 마음을 흔들어놓은 것이 전부 묘사되어 있습니다.

7장에서는 암브로시우스가 주교로 있던 밀라노의 교회에서 라틴 교회 차원의 전례 성가가 확립된 일이 서술되어 있습니다. 그 배경에는 아리우스파와의 투쟁이 있어서 교회에서 신자들이 아리우스파에 대항하기 위해 일종의 응원가처럼 노래했다고 하는

데, 『고백록』의 이 부분에는 '바로 이때 이곳에서는 동방교회를 본받아 찬송을 부르고 시편을 노래하는 관습이 시작되었습니다(tunc hymni et psalmi ut canerentur secundum morem orientalium partium, ... institutum est.)'라고 되어 있습니다. 오늘날 교회에서 노래하는 전례 성가는 『시편』 중심의 노래로 찬송을 그 사이에 넣고 있는데, 라틴 교회의 이런 전통은 밀라노의 교회에서 시작되어, 세례를 받던 아우구스티누스의 마음속에도 스며들었던 것입니다. 나 역시 전례 성가를 대단히 중시하고 있습니다.[16]

11강

구원의 평안함,
어머니의 죽음 (9권 2)

이어서 9권의 후반부를 읽겠습니다. 이 부분은 어머니 모니카의 죽음과 그 추억에 바쳐집니다. 어머니에 대한 아우구스티누스의 살뜰한 애정과 신자들에게 약속된 평안함에 대한 희망으로 엮여 있어 감동적입니다. 별다른 해설이 필요 없을 것으로 생각합니다.

9권 8장 17절부터 9장 22절까지는 어머니와의 추억, 그리고 어머니의 충실한 생애를 기술하고 있습니다. 그 첫 부분인 8장 17절에는 이렇게 쓰여 있습니다.

"우리가 당신을 섬기기에 어디가 더 적당할까 생각하고 찾다가 다 같이 아프리카로 돌아가자고 결정했습니다."

우선 어머니의 죽음과는 관계가 없는 이 구절이 무엇을 의미하는지는 상세하게 설명되지 않습니다. 아우구스티누스는 밀라노의 대표적인 변론술 교사였지만, 세례를 받은 후 '당신에게 봉사하려면 어디에 거주해야 좋을지'에 대해, 밀라노는 아니라고 여겼음을 이 부분에서 읽을 수 있다고 생각합니다.

"돌아오던 중 우리가 티베리스 강 하구에 있는 오스티아에 도착했을 때 내 어머니가 이 세상을 떠났습니다. 내가 바쁜 탓으로 많은 것을 언급하지 않고 지나갑니다. 오, 나의 하느님, 내가 말하지 않은 여러 가지 일들에 대하여 당신께 드리는 나의 감사와 고백을 받으소서."

여기서부터 어머니에 대한 기억을 이야기합니다.

"어머니는 자신의 육신으로는 나를 시간의 빛에 태어나게 하셨고, 자신의 마음으로는 나를 영원한 빛에 태어나게 하셨습니다."

quae me parturivit et carne, ut in hanc temporalem, et corde, ut in aeternam lucem nascerer.(IX, viii, 17)

이처럼 어머니가 나를 낳으셨다는 것이 주요 내용이지만, 원문을 보면 '육신으로는'과 '마음으로는'이라는 두 부분이 어머니와 연관되어 있습니다. 즉, '육신으로는' 아들이 이 세상의 빛을 받을 수 있도록, 그리고 '마음(cor)으로는', 즉 '마음 깊은 곳에서는' 아들이 영원한 빛 안에서 탄생할 수 있도록 낳았다는 것입니다. 이것은 모니카가 신앙으로 살아가며, 자신의 아들이 신의 생명을 받는 존재가 되기를 처음부터 마지막까지 마음 깊은 곳에서 원하고 있었음을 말해줍니다. 조금 건너뛰면, 모니카가 세상을 떠나기 직전에 했던 말이 서술되어 있습니다.

"아들아, 나는 이제 이 세상에서 누릴 즐거움이라고는 하나도 없다. 이 세상에서 나의 바라던 것이 다 이루어졌는데 내가 이 세상에서 더 해야 할 일이 무엇인지, 그리고 왜 내가 더 세상에 남아 있어야 하는지 나는 모르겠다. 내가 이 세상에 잠깐이라도 더 오래 남아 있기를 원했던 단 한 가지 이유는 죽기 전에 네가 크리스트교인이 되는 것을 보고 싶다는 것이었다. 나의 하느님은 내가 바라던 것보다 더 풍성하게 보답해주셔서 네가 세상의 행복을 끊고 그의 종이 된 것을 나로 하여금 보게 하셨다. 내가 이 세상에서 할 일이 더이상 무엇이 있겠느냐?"(IX, x, 26)

앞에서 인용했던 부분은 이 마지막 말을 예시하고 있는 것으로 볼 수도 있겠습니다.

8장 17절 중간부터는 모니카가 성장하던 시절의 일들이 묘사되어 있습니다. 모니카는 크리스트교적 분위기 속에서, 자기 아버지를 키우기도 했던 나이 많은 하녀의 돌봄을 받으며 자랐다는 것, 그리고 모니카의 나쁜 술버릇에 대해서도 다루고 있는데, 우선 모니카의 결혼에 대한 서술을 살펴봅시다. 모니카의 남편이자 아우구스티누스의 아버지인 파트리키우스는 크리스트교를 믿지 않는 로마인이었는데, 당시에는 아내에게 폭력을 휘두르는 남편이 많았지만 파트리키우스는 그러지 않았다고 서술되어 있습니다. 또한 모니카가 시어머니를 잘 모셨고, 신자가 아니었던 파트리키우스가 모니카의 감화로 결국 크리스트교도가 된 일도 적혀 있습니다(IX, ix, 22). 그런 다음 아우구스티누스는 이렇게 마무리하고 있습니다.

"오, 주님, 끝으로 당신의 은총이 당신의 종들인 우리로 하여금 더 말하도록 허락하시니 여쭙니다. 어머니가 당신 안에서 세상을 떠나기 전에 세례의 은총을 받은 우리들은 다 함께 살고 있었습니다. 그때 어머니는 우리들을 보살펴주실 때에는 친아들들처럼 보살

펴주셨고 당신의 종들이라 해서 우리를 섬길 때는 딸이 부모를 섬기듯 했습니다."(IX, ix, 22)

이와 관련해 9권 마지막 절(13장 37절)에는 이런 대목이 있습니다.

"나의 주님, 나의 하느님, 내가 말과 마음과 글로 섬기고 있는 나의 형제들인 당신의 종들, 당신의 자녀들, 그리고 나의 스승들에게 감화를 끼치소서. 또한 내 고백록을 읽을 많은 사람들에게도 감화를 끼치소서."

et inspira, domine meus, deus meus, inspira servis tuis, fratribus meis, filiis tuis, dominis meis, quibus et corde et voce et litteris servio(IX, xiii, 37)

이 부분에는 야마다 선생의 주석이 붙어 있습니다. "'나의 형제들', '당신의 종들', '당신의 자녀들', '나의 스승들'은 모두 같은 의미로, 교회 신자를 말한다. 아우구스티누스는 당시 주교로서 모든 신자들을 위해 봉사하고 있었다." 주교였던 아우구스티누스는 여기에서 신자들을 '나의 스승들(dominis meis)'이라고 부릅니다. 그야말로 '봉사하는 자가 되어라'고 했던 크리스트의 가르침을 따른 인물이었다고 할 수 있을 것입니다. 주교는 신자들의 시종이며, 그것이 교회 본연의 모습이라는 것입니다. 어머니의 죽음과 그 생애를 이야기하면서, 이후 이 책을 읽을 사람들을 포함한 신자공동체의 모든 사람들이 어머니 모니카와 그의 남편을 주님의 제단 앞에서 떠올려주기를 바라는 것입니다. 이 대목은 『고백록』의 자전적 부분이 무엇을 위해 기술된 것인지를 잘 보여주면서, 이를 끝맺는 데 어울리는 표현임을 보여주는 것이 아닐까요.

9권 10장으로 돌아가겠습니다. 여기에는 영원의 생명에 대해 어머니와 이야기하는 명상의 한 순간이 묘사되어 있습니다. 오스티아에서 아프리카로 떠나기 위해 쉬고 있다고 했는데, 거기에서 '우리는 지루하고 피곤한 여행을 마친 후(post longi itineris laborem)'라고 한 부분은 다소 이상하게 생각됩니다. 로마에서 오스티아는 가깝고, 밀라노에서 로마, 그리고 오스티아로 가는 길도 그리 멀다고는 볼 수 없기 때문입니다. 그래서 어머니 모니카가 이 세상의 긴 여정을 마친 후, 영원의 나라로 출항하기 위해 쉬고 있었다는 의미가 들어 있는 것이 아닐까 생각합니다.

이어지는 부분에서는 『필리피서』 3:13이 인용되어 있습니다. 해당 부분의 전후를 살펴봅시다.

"우리는 단둘이서 이미 뒤에 있는 것을 잊어버리고 앞에 있는 것으로 마음을 지향하려 애쓰면서 서로 즐거운 대화를 나누었습니다. 우리는 현전하는 진리이신 당신에게서 보지도 못했고 듣지도 못했으며 사람의 마음에도 떠오르지 않는 성스러운 사람들의 영원한 생명이 무엇과 같을까 하고 서로 이야기했습니다."

conloquebamur ergo soli valde dulciter et praeterita obliviscentes in ea quae ante sunt extenti quaerebamus inter nos apud praesentem veritatem, quod tu es, quails futura esset vita aeterna sanctorum(IX, x, 23)

『필리피서』 3:13의 '뒤에 있는 것을 잊어버리고 앞에 있는 것을 향하여'라는 부분은 『고백록』 11권에서 전개되는 시간론에서도 자주 인용되는 매우 중요한 구절입니다. '뒤에 있는 것(praeterita)', 즉 크리스트의 길에서 벗어나 있던 과거는 잊어버리고, '앞에 있는 것을 지향(in ea quae ante sunt extenti)'한다는 것입니다. 이 말은 과거와 미래를 '흘러가는' 시간이나 언젠가 다가올 미래로 파악하는 것이 아닙니다. 자기 앞에 놓여 있는 것과 마주하면서, 시간 속에서 정해진 마땅히 그러해야 하는 것과 마주하면서 자기를 구성해가는 식으로 과거와 미래를 생각하고 있는 것입니다.

또 여기에서는 '현전하는 진리(apud praesentem veritatem)'라고 했습니다. praesens는 현재를 의미하는 말이지만, 지나가고 있는 현재가 아니라, 머물러 있는 현재입니다. 또 '진리'란 신인 동시에 예수 크리스트를 가리킵니다. 따라서 '현전하는 진리'란, '예수 크리스트로서 제시된 있는 그대로의 신의 모습'이 '진리'이며, 그것은 변하지 않고 지나가는 일도 없다고 말하고 있는 것입니다. 그리고 이러한 진리는 언제 어디서든 우리 눈앞에 있으며, 그것은 곧 크리스트가 그곳에 존재한다는 뜻입니다. 앞에서 언급한 『필리피서』 3:13과 관련해 말한다면, 지금의 내 행동은 이렇게 머물러 있는 현재에 결정된다는 것입니다.

'영원한 생명(vita aeterna)'은 성스러운 사람들에게 결국 주어져야 하는 것으로 제시되고 있습니다. "열정적으로 타오르는 사랑으로 인하여 '항상 같으신 분'을 향해 오를 때(erigentes nos ardentiore affectu in id ipsum)", 그리고 감상적인 것을 넘어 '다함이 없이 넘치는 그 풍성한 영역에 다다르고자 했습니다(attingeremus regionem ubertatis indeficientis)', '그곳은 당신이 진리의 음식으로 항상 이스라엘을 먹이시는 곳이었습니다(ubi pascis Israel in aeternum veritate pabulo).' 즉, '영원한 생명(vita aeterna)'이란 성스러운 사람들이 진리에 의해 살아가는 곳이라고 말하고 있는 것입니다. 그곳에서는 '과거와 미래는 이미 없고, 현재만이 있기 때문입니다(quin potius fuisse et futurum esse non est in ea, sed esse solum)'라는 것이 계속해서 이야기됩니다. '신의 진리의 영원한 현재'와 같이 표현하면 이해하기 어려운 느낌이 들겠지만, 크리스트로서 제시된 신의 진리란, 사라지지 않고 늘 존재한다는 것입니다. 그래서 우리는 과거를 잊어버리고 다가올 것을 향해서 가게 되는데, 그것은 진리 자체로 존재하는 자이며, 지나간 존재가 될 수 없습니다. 이것이 '영원한 생명(vita aeterna)'입니다.

그러면, 어머니 모니카의 죽음에 대한 서술로 옮겨가겠습니다. 11장은 "어머니가 병상에 눕게 된 지 아흐레째 되던 날, 어머니가 쉰여섯 살이 되시던 해, 내 나이 서른세 살이 되던 해에 그렇게도 신실하고 경건한 저 영혼이 몸에서 벗어나게 된 것입니다"라고 끝맺고, 12장 서두에서는 "나는 어머니의 눈을 감겨드렸습니다"라고 했습니다. 12장의 서술은 무척 감동적인데, 플라톤이 『파이돈』에서 그렸던 소크라테스의 죽음 장면과 비슷한 면이 있습니다. 소크라테스는 독배를 마실 때에, 이제부터 자신은 신이 있는 곳으로 가는 것이라면서, '좋은 사람에게는 살아 있는 동안이든 죽고 나서든 나쁜 일이 일어나지 않는다'는 것을 모두 잘 생각하기 바란다고 말하며 죽음을 맞았습니다. 그가 조용히 독배를 마셨을 때 주위에 있던 사람들은 참지 못하고 눈물을 흘렸지만, 소크라테스는 '왜 평정을 잃는가'라며 울던 사람들을 위로했습니다. 죽음 앞의 차분함이라는 점에서 이 두 장면은 아주 비슷합니다. 울고 싶은 마음을 어쩌지 못했던 아우구스티누스는 어떻게든 견뎌냈다고 했지만, 울음을 터뜨린 소년 아데오다투스에게 주위 사람이 눈물을 멈추도록 하는 장면의 서술은 흥미롭습니다. 이런 내용이 묘사된 12장 도입부를 라틴어로 읽어보겠습니다. '나는 어머니의 눈을 감겨드렸습니다(premebam oculos eius)', '그리고 북받쳐올랐습니다(et confluebat)', '나의 가슴속에(in praecordia mea)', '말할 수 없는 슬픔이(maestitudo ingens)', '그리고 그것은 눈물이 되어 밖으로 흘러나왔습니다(et transfluebat in lacrimas)', '동시에 나의 눈은(ibidemque oculi mei)', '정신의 강한 명령에 따라(violento animi imperio)', '삼켰습니다(resorbebant)', '눈물의 근원을(fontem suum)', '마를 때까지(usque ad siccitatem)'. 이것은 곧 '눈물이 북받쳤지만, 밖으로 흘러넘치지 않도록 전부 삼켜버렸다'는 말입니다. 여기에서 '정신의'라고 해석한 animus는 '당당한 마음으로'라는 뜻입니다.

이어서 어머니의 장례와 함께 아우구스티누스의 슬픔이 묘사되어 있습니다. 슬픔을 다스리기 위해 목욕을 하러 간 일도 서술되어 있습니다. 그런 다음 암브로시우스가 지은 시를 떠올렸다고 말합니다. 라틴어로는 다음과 같습니다.

deus, creator omnium
polique rector vestiens
diem decoro lumine,
noctem sopora gratia,

artus solutos ut quies

reddat laboris usui

mentesque fessas allevet

luctusque solvat anxios.

이 시를 보면, 우선 자음과 모음의 겹치는 방식이 매우 아름답습니다. 고대 그리스 시에서도 마찬가지이지만, 라틴어 시에서는 길고 짧은 리듬이 매우 엄격합니다. 이 시는 단-장-단-장의 리듬을 가지고 있습니다.

만물을 창조하신 하느님
당신은 하늘을 다스리시는 분,
낮을 아름다운 빛으로 옷 입히시고,
밤을 편안한 잠으로 덮으십니다.
피곤한 팔 다리 쉬게 하시고,
다시 새 힘 주어 일하게 하십니다.
마음이 지칠 때 일으키시고,
슬퍼 괴로워하는 마음 풀어주십니다.

'밤이 오면 잠이라는 은혜로 휴식을 주신다'는 이 시의 내용은 어머니 모니카의 죽음, 그리고 인생의 마지막이 겹쳐 있는 것으로 생각됩니다. 평안함을 얻은 아우구스티누스의 마음도 차분해집니다. 암브로시우스의 시를 인용하기 직전에, '당신의 종 암브로시우스가 지은 좋은 시가 내 마음에 떠올랐습니다(recordatus sum veridicos versus Ambrosii tui)'라고 했습니다. 암브로시우스의 시처럼 당신이 우리를 밤의 은혜로 편안하게 해주셨다고 말하는 것입니다. 또한 마음은 편안해졌지만, 이어지는 12장 33절에서는 '당신 앞에서 마음껏 울었다(et libuit flere in conspectu tuo)'고 했습니다.

13장에서는 어머니를 위한 기도를 적고 있습니다.

이상으로 자전적 부분의 마지막인 9권이 끝납니다. 전에 언급했듯이, 10권 이후에는 아프리카로 돌아가 무엇을 했는지, 그런 것은 전혀 나오지 않습니다. 『고백록』은 전기문이 아닙니다. 자전적 부분의 구성은 어머니 모니카의 눈물로 시작해 어머니의 죽음으로 마무리됩니다. 이어 10권에서는 주교가 된 지금, 나에게 신이란 무엇인가를 생각하는 철학적 반성으로 옮겨갑니다. 그렇게 생각하는 동안, 자기 위에 있는 존재로서의 신을 발견하고, 그러한 신이 『성서』 안에서 어떻게 제시되는가를 확인하기 위해, 신과 인간의 관계를 밝히는 『창세기』를 살펴보게 됩니다. 이때 처음으로 영원과 시간이 문제시되고, 이 부분이 11권에서 시간론으로서 전개됩니다. 이후 13권 말미에 이르기까지, 창조의 움직임이 어떻게 구원론적 의미도 포함하는지 설명하면서, 창조론과 구원론을 하나로 보는 독특한 『창세기』 해석이 제시됩니다.

12강

메모리아 안에서의
신의 장소 탐구 (10권 1)

10권은 자신의 걸음 안에 나타난 신의 은총과 그 성취로서의 회심 과정을 서술했던 9권까지의 내용을 전제로,

(1) 현재 주교인 자신이 교회공동체 안의 형제인 신자들에게, 이렇게 고백하는 것이 어떠한 행위이며, 그것이 어떻게 의미를 가지는가를 반성합니다(X, i, 1~v, 7).

(2) 이어서 현재의 자기의식(=memoria, 기억) 안에서 '사랑(amor)'으로 관련되어 있고 또 관련되도록 하는 신을 어디에서 찾을 수 있는지 탐구합니다(X, vi, 8~xxvii, 38). 〔메모리아론〕

(3) 나아가 이러한 탐구를 통해 '나의 위(supra me)'에 있는 존재로서 제시된 신을 이해하기 위해, 자신이 어떤 이유로 '깊은 곳에 있는 마음이 맑은 존재(mundo corde)'[1]인지를 파고듭니다(X, xxvii, 39~xliii, 70). 〔정화론〕

이번에는 (1)에 대해 '교회공동체 안에서의 고백 행위: 사랑과 진

실'이라는 주제로 이야기하려고 합니다.

1장 1절을 라틴어로 살펴봅시다.

cognoscam te, cognitor meus, cognoscam, sicut et cognitus sum. virtus animae meae, intra in eam et coapta tibi, ut habeas et possideas sine macula et ruga. haec est mea spes, ideo loquor et in ea spe gaudeo, quando sanum gaudeo. cetera vero vitae huius tanto minus flenda, quanto magis fletur, et tanto magis flenda, quanto minus fletur in eis. ecce enim veritatem dilexisti, quoniam qui facit eam, venit ad lucem. volo eam facere in corde meo coram te in confessione, in stilo autem meo coram multis testibus.

"나는 당신을 알고 싶습니다. 나를 아시는 주님, 당신이 나를 아시는 것같이 당신을 알고 싶습니다(cognoscam te, cognitor meus, cognoscam, sicut et cognitus sum)."

야마다 선생의 번역에는 '당신을 알게 하소서'라고 되어 있지만, 나는 '당신을 알고 싶습니다'라고 번역하려 합니다. cognoscam은 일인칭 접속법 형태로 마음을 표현하고 있기 때문입니다. 마음속에서 끓어오르는 영혼의 외침이라고 해도 좋을 것입니다. cognitor는 '아는 것', meus는 '나를', 그리고 다시 '알고 싶습니다(cognosca)'로 반복된 후, sicut et cognitus sum이라고 말합니다. cognitus sum은 수동형이므로 '나는 알려져 있다'는 의미가 되기 때문에, 이 문장은 '지금 내가 당신에게 알려져 있는 것과 같은 방식으로'라는 뜻입니다. 처음부터 다시 한번 반복해봅시다.

'나는 당신을 알고 싶습니다. 나를 아시는 주님, 당신이 나를 아

시는 것같이 당신을 알고 싶습니다.'

　이어서 virtus animae meae라고 했습니다. '힘'을 의미하는 virtus 는 여기에서 '나의 영혼을 살아 있게 하는 존재'를 뜻합니다. '내 영 혼 안으로 들어와주소서(intra in eam)', '그리고 그 영혼을 당신의 뜻 에 맞도록 만들어주시고(et coapta tibi)', '지켜주시고(ut habeas)', '그리 고 소유하시고(et possideas)', '티나 주름 잡힌 것 없이(sine macula et ruga)', 이것은 어디까지나 '사랑 고백'의 문장이라 해도 좋을 것입니 다. '티나 주름 잡힌 것 없이'라는 것은 앞의 (3)에서 언급한 '마음 이 맑은 존재'를 나타내고, '마음이 맑은 존재로서 당신이 나를 소 유물로 삼아주소서'라는 의미가 됩니다. '이것이 나의 희망입니다 (haec est mea spes)', '그렇기에 내가 이렇게 말합니다(ideo loquor)'로 이어집니다. 당신이 내 안에 들어와 나를 소유할 것이라는 희망이 있기 때문에 나는 말을 건네는 것이고, 그러한 희망이 없으면 도무 지 말을 꺼낼 수 없다는 의미입니다. '이 희망 속에서 내가 즐거워할 때(et in ea spe gaudeo)', '나는 정말로 건전하게 즐거워하는 것이 됩 니다(quando sanum gaudeo)', 이것 역시 '사랑의 찬가'라고 할 수 있겠 지요. 이어서 '이러한 인생 이외의 일에는(cetera vero vitae huius)', '덜 슬퍼해야 합니다(tanto minus flenda)'라고 하면서, '더 많이 슬퍼하는 만큼(quanto magis fletur)', 예를 들어 돈이 없다고 말한 것을 슬퍼하 면 슬퍼할수록 슬퍼할 일이 아니고, 슬퍼해서도 안 된다는 것입니 다. 또 '이 세상일에 대해 우리가 덜 슬퍼할수록, 실은 더 슬퍼해야 한다(et tanto magis flenda, quanto minus fletur in eis)'고 합니다. 요컨 대, 우리가 이 세상일에 만족한 나머지 슬퍼하지 않게 된다면, 그것이야말로 한탄스러운 일이라는 것입니다. '보십시오, 당신은 진리를 원합니다(ecce enim veritatem dilexisti)', '그것은 진리를 행하는 자가 빛으로 오기 때문입니다(quoniam qui facit eam, venit ad lucme)', 이것은 『요한복음서』 3:21에 나오는 예수의 말씀입니다.[2] '나는 그 진리를 실행하고자 합니다(volo eam facere)', '내 마음으로(in corde meo)', '당신 앞에서(coram te)', '고백할 때에(in confessione)', 그러니까 '바로 이 진리를 당신 앞에서 고백할 때에는 나의 마음으로', 그렇지만 '많은 증인들 앞에서는(coram multis testibus)', '나의 글로(in stilo autem meo)', '진리를 실행하고 싶다'고 말하는 것입니다.

10권의 첫 부분을 이렇게 직역에 가까운 형태로 번역해보았습니다. 이 부분을 한층 더 상세하게 살펴보겠습니다.

(a) cognoscam에 대하여. 카시키아쿰에서 쓴 저작 『솔리로키아』에 유명한 문장이 있습니다. '나는 신과 영혼을 알기 원합니다(deum et animam scire cupio)'.[3] 여기에서 주목하고 싶은 것은 '알다'라는 뜻의 동사 scire입니다. 이 『고백록』 10권 서두의 cognoscere는 『솔리로키아』의 scire와는 다른데, 무엇이 다른지가 문제입니다. cognoscere는 프랑스어의 connaitre(명사형: connaissance), 영어의 cognition에 해당하는 단어입니다. connaisance의 naissance는 '태어나는 것'을 나타냅니다. 라틴어에서 genus는 '종족'이라는 의미가 있고, gen- 또는 gn-은 인도유럽어의 '태어나다'의 어근에 가깝다고 합니다. cognoscere에는 co-(함께)라는 접두사가 붙어 있어서, '출신이 같다는 것에 의해 알고 있음', '숙지하고 있음'을 의미합니다. 그 숙지는

예컨대 부모나 형제를 가까운 사람이라고 알고 있는 그런 것이라고 생각합니다. 따라서 10권의 도입부는, 내가 신에 의해 말하자면 친근한 존재로 알려져 있듯이, 나 역시 신을 가까운 존재로서 알고 싶어한다는 것입니다. 바울의 『코린토서1』 13:12에 나오는 '우리가 지금은 거울에 비친 모습처럼 어렴풋이 보지만, 그때는 얼굴과 얼굴을 마주볼 것입니다'라는 문장은 아우구스티누스의 경우, 신 인식에 관한 최종 언어인 셈인데, cognoscere에는 '얼굴과 얼굴을 마주해 아는' 것이라는 의미가 최종적으로 포함되어 있습니다.[4]

이에 비해 scire는 영어의 science에 해당하는 말로, 과학적 인식, 즉 사물을 분절해 알아가는 것을 의미합니다. A와 B는 다르다, B와 C는 다르다, A와 B를 합치면 어떻게 되는가, B와 C를 합치면 어떻게 되는가 등, 각각의 요소를 나누고 합침으로써 아는 것입니다. 그러나 이것이 신을 인식하는 데 어울리는 방법일까요? 『고백록』을 집필하던 시점의 아우구스티누스는 더이상 그렇게 생각하지는 않았던 듯합니다. 『솔리로키아』에서는 신과 영혼을 철학적으로 인식하는 수단으로 scire를 생각하고 있었는데, 이러한 앎의 방식은 신이나 영혼을 말하자면 맞은편에 두는 대상적 인식이 됩니다. 그렇지만 여기에서는 자기보다도 더 가까운 존재로서의 신, 자기의 내면을 넘어서는 존재로서의 신에게 가까워지기 위한 방식이 문제시됩니다. 그것은 회심 과정에서 자신을 사로잡은 신과의 관련에 대한 문제입니다.

(b) '진리를 실행한다(veritatem facere)'에 대하여. 이 구절은 이미 언급했듯이 『요한복음서』에 나오는 예수의 말씀입니다. 일반적인 이

해로는 '진리'란 인식의 대상이고, '진리를 안다'는 것은 보통의 의미로는 평범한 표현 방식입니다. 그에 비해 '진리를 실행한다(veritatem facere)'는 것은 어떤 의미일까요? 행위 대상으로서의 진리란 보통 말하는 방식으로는 잘 이해할 수 없습니다. 아우구스티누스에게는 '진리를 실행하는' 것이 매우 중요했고, 무엇보다 『요한복음서』에서는 그것이 더욱 중요한 것이었다고 생각합니다. 그렇게 중요한 '진리를 실행하는' 것에 대해 아우구스티누스는 두 가지의 실행 방식을 말하고 있습니다. 하나는 '마음으로 하는 고백(in corde meo coram te in confessione)'이라는 방식입니다. 즉, 내가 아무리 헛된 존재이더라도, 신이 그런 나에게 어떻게 나타나는지를 확실하게 공언하는 방식입니다. 말을 통해 진리를 나타내는 방식으로 '진리를 실행'하는 것입니다. 또 하나는 '많은 증인 앞에서 글로 쓰는(in stilo autem meo coram multis testibus)' 방식입니다. 마음으로 하는 고백은 사람들에게 보이지 않습니다. 신 앞에서 고백하는 것과 사람들이 볼 수 있도록 고백하는 방식은 별개입니다. 이 부분은 수사적으로도 아름다운 표현으로 쓰여 있습니다. '고백으로(in confessione)'와 '글로(in stilo meo)'가 대응하고, '나의 마음으로, 당신 앞에서(in corde meo coram te)'와 '많은 증인 앞에서(coram multis testibus)'가 대응하는데, 어순이 전치되면서 역순이 되는 '키아스무스(chiasmus)'라는 수사문체를 활용하고 있습니다.

(c) 진리를 실행하기를 '원한다'(volo eam facere)는 것에 대하여. volo를 '원한다'고 번역했지만, 앞에서 거론했던 『솔리로키아』에서는 cupio가 사용되었습니다. cupio는 '욕망'과 연결되는 것이지만, volo

는 마음 깊은 곳에서 원하고 있음을 의미하는 말입니다.

이어서 3장을 보겠습니다. '그러면 내가 왜 사람들로 하여금 이 고백을 듣도록 하는 것입니까?'(X, iii, 3). 내가 고백하는 것에 대해, 사람들은 왜 알고 싶어하는 것일까요. "그들이 내 자신에 대하여 고백하는 나의 말을 듣고 그것이 진실인지 아닌지 어떻게 알 수 있습니까? '그 사람 속에 있는 영이 아니고서야, 어떤 사람이 그 사람의 생각을 알 수 있겠습니까?'(『코린토서1』 2:11)라고 하지 않았습니까?" 아우구스티누스는 지금 자기 자신에 대해 말하고 있지만, 어떻게 다른 사람들이 그것을 진실이라고 알 수 있는지, 또 자신만이 아는 일을 이야기하는 것이라서 거짓을 말한다고 여길 수도 있는데, 어떻게 자신이 진실을 말하고 있다고 여기는 것인지 묻는 것입니다.

"그렇지만 사랑의 줄로 하나가 된 사람들 사이에서는 '사랑(caritas)은 모든 것을 믿기'(『코린토서1』 13:7) 때문에, 나는 그 사람들 앞에서 큰 소리로 당신께 고백합니다. 물론 내 고백이 진실인지 아닌지를 그들에게 증명할 길은 없습니다. 그러나 사랑으로 자기들의 귀를 나에게 여는 자는 내가 참말을 하고 있음을 믿을 것입니다."

sed quia caritas omnia credit, inter eos utique, quos conexos sibimet unum facit, ego quoque, domine, etiam sic tibi confiteor, ut audiant homines, quibus demonstrare non possum, an vera confitear; sed credunt mihi, quorum mihi aures caritas aperit.(X, iii, 3)

여기에서는 '사랑(caritas)'이라는 말이 사용되고 있습니다. 아우구스티누스는 '사랑'을 나타내는 단어로 caritas와 amor 두 가지를 썼는데, caritas는 신에 근거하는 '자애로움'을 가리키고, amor는 좀더 인간적인 사랑을 나타냅니다.[5] 아우구스티누스는 '사랑은 모든 것을 믿는다(caritas omnia credit)'는 바울의 『코린토서1』 13:7의 구절을 확실한 의도를 가지고 인용하고 있습니다. 그리스어 아가페(*agape*)에 해당하는 카리타스에 의해 교회공동체가 윤택해진다면, 자신에게 신이란 무엇인지, 신 앞에서 자신은 무엇인지를 스스로 제시할 때 이 공동체 안의 사람들은 자신이 말하는 바를 믿어줄 것이고, 반대로 만약 자신이 거짓을 말하고 있다면, 자신은 신 앞에서 거짓말쟁이가 되고 말 것입니다. 요컨대, '고백'은 신앙공동체 안에서 비로소 진정한 의미를 가질 수 있다는 것입니다. 따라서 카리타스로 맺어지지 않은 사람들이 자신을 비난한 경우, 그것은 의미가 없게 됩니다.

"그러므로 그들은 자기들의 눈으로나, 귀로나, 정신으로 꿰뚫고 들어갈 수 없는 내면에 있는 '내'가 누구인지를 내 고백을 통해서 듣고자 합니다. 그들은 믿기를 원하는 사람들처럼 듣기를 원하고 있습니다만, 그들이 과연 나를 이해할 수 있을까요? 그들을 좋은 사람으로 만드는 사랑이 내 고백은 참되다는 것을 그들에게 증거할 것이요, 그들 안에 있는 그 사랑이 이 고백을 하는 나를 믿게 할 것입니다."(X, iii, 4)

이 부분 역시 카리타스로 맺어진 교회공동체에서의 고백이 비로소 의미를 이룬다는 점을 말하고 있습니다.

4장 6절로 가보겠습니다. 여기서부터 10권의 중요한 부분이 시작되는데, 우선 이렇게 시작됩니다.

"그러므로 내가 나의 과거뿐만 아니라 나의 현재 상태를 고백하는 목적은 당신 앞에서만 은밀히 '경외하며' 소망 속에서 은밀히 슬퍼하며 내 생을 고백하기 위함만은 아닙니다. 내가 또한 모든 믿는 사람들의 귀 앞에서도 이것을 고백하기 위함입니다. 그들은 나의 즐거움을 같이 나누는 이들이고, 나와 다 같은 유한한 존재들이며, 나와 같은 시민이 된 자들이고, 나를 앞서 갔거나 내 이후에, 또는 나와 함께 이 세상에서 길을 걸어가는 순례자들입니다."(X, iv, 6)

여기에서 서술되는 '모든 믿는 사람들, 나의 즐거움을 나누는 사람들, 나와 다 같은 유한한 존재들, 나와 같은 시민, 나와 함께 이 세상의 길을 걸어가는 사람들, 나를 앞서 간 사람들, 이후에 올 사람들, 함께 있는 사람들(in auribus credentium filiorum hominum, sociorum gaudii mei et consortium mortalitatis meae, civium meorum et mecum peregrinorum, praecedentium et consequentium et comitum vitae meae)'이라는 대목에서는 '교회공동체란 어떤 것인가'가 설명되고 있습니다. 즉, 교회공동체는 진정한 즐거움을 나눠 가지며, 유한한 운명의 나와 같은 본성을 가지고 있고, 신의 나라의 같은 시민으로서 이 세상을 함께 여행하고 있는 사람들, 사도들을 포함해 우리를 앞서 간 모든 사람들, 내 뒤에 계속해서 올 모든 사람들, 그러니까 나와 생애를 함께하는 사람들이고, 그들 앞에서 '진실을 실행하는' 것이 『고백록』을 쓰고 있는 지금의 내 모습이라고 말하고 있습니다.

이 부분에 이어 놀라운 문장이 보입니다.

"이들은 당신의 종들이고, 나의 형제들입니다(hi sunt servi tui,

fratres mei)."

이것은 당연한 말이겠지요. 그리고 이렇게 이어집니다.[6]

"이들은 당신이 당신의 자녀로 택한 자들입니다. 당신이 나에게 명하시기를 내가 당신의 은혜 안에서 당신과 함께 살기를 원한다면 그들을 주인으로 섬기라고 하셨습니다(quos filios tuos esse voluisiti dominos meos, quibus iussisti ut serviam, si volo tecum de te vivere)."(X, iv, 6)

'당신의 아들(filii tui)이자 나의 주인(domini mei)인 존재', 이 부분에서 놀라운 점은, 주교인 아우구스티누스가 신자공동체를 향해 했던 말입니다. 그들이 나의 주인인 것은 신이 그렇게 원했기 때문이라고 말하고 있습니다. 또한 '그러나 당신의 이 명령이 말씀으로만 나에게 전해지고 실제 모범을 통해 먼저 나에게 보여주지 않으셨다면 그것은 나에게 별로 의미가 없었을 것입니다. 그러므로 나는 당신의 명령을 말과 행동으로 따르는 것입니다'라고 했는데, 이것은 예수의 십자가를 말하고 있는 것으로 생각해도 좋겠지요.

다음 문장 역시 놀라움을 느끼며 읽었습니다. "진실로 나는 어린아이밖에 되지 않습니다. 그러나 나의 아버지는 영원히 살아계시며 나의 보호자가 되어주시니 내게 부족함이 전혀 없습니다. 그는 항상 같으신 분으로서 나를 태어나게 하셨고 나를 보살펴주십니다(parvulus sum, sed vivit semper pater meus et idoneus est mihi tutor meus; idem ipse est enim, qui genuit me et tuetur me)."(X, iv, 6) 여기에서 '나의 아버지(pater meus)'는 신을 뜻합니다. 신을 '나의 아버지'라고 확실히 부른 존재는 예수입니다. 아우구스티누스가 『고백록』에서 신을 '나의 아버지'라고 부른 부분은 이곳뿐이지 않을까 생각합니다.[7] 즉, 여기에서 아우구스티누스는 예수와 같은 존재로서 이야기하고 있는 것입니다. 또한 '나를 태어나게 하신 분(qui genuit me)' 역시 놀라운 표현입니다. 이 역시 다른 데에서는 사용되지 않은 표현일 것입니다. 대개는 '나를 만드신 분'이라는 식으로 이야기될 것이라 생각합니다. 이렇게 놀랄 만한 내용들이 언급되는데, 아우구스티누스는 교회공동체가 본래 그러한 것이라고 믿었고, 아마도 그러한 장소와 행동을 통해 신의 진실이 분명해진다고 생각했을 것입니다.

"이제 나는 당신이 나더러 섬기라고 명하신 그들에게 과거의 나에 대해서만 말하지 않고, 현재의 나와 아직도 계속하여 있을 나에 대하여 말하려 합니다. 그러나 나는 나 자신을 판단하지 않으니, 내가 말하는 대로 들어주기를 바랄 따름입니다."

indicabo ergo talibus, qualibus iubes ut serviam, non quis fuerim, sed quis iam sim et quis adhuc sim; sed neque me ipsum diiudico.

나는 있는 그대로 이야기하겠지만, 그것이 진실인지 아닌지를 스스로 말할 수는 없다는 것입니다. 5장 7절은 이 대목을 받아서 '주님, 나를 판단하시는 이는 당신뿐이십니다(tu enim, domine, diiudicas me)'(X, v, 7)라고 했습니다. 진실은 신만이 알고 있다는 것입니다.

"사람의 사정을 사람 안에 있는 영 외에는 아무도 모른다고 하지만, 사람 안에는 영 자신도 모르는 것이 있는가 봅니다."

etsi nemo scit hominum, quae sunt hominis, nisi spiritus

hominis, qui in ipso est, tamen est aliquid hominis, quod nec ipse scit spiritus hominis.(X, v, 7)

이 부분도 매우 중요합니다. 자신 안에 무엇이 있는지 스스로는 어느 정도 알고 있습니다. 그러나 그 자신마저도 알 수 없는 것이 있을 것이라고 말하는 것입니다.

"그러므로 당신을 떠나 이 세상에서 순례를 하는 동안 나는 당신에게보다는 나 자신에게 더 가까이 하고 있습니다."

et ideo, quamdiu peregrinor abs te, mihi sum praesentior quam tibi

이는 신 앞에 있다는 사실을 스스로는 좀처럼 알 수 없고, 자기 앞에 있는 것만 간신히 볼 수 있다는 것입니다. 또한 사람은 자기의 식을 가지고 있어도, 스스로 신 의식을 가지고 있다고 할 수는 없다는 것입니다. 5장 말미에서는 이렇게 말하고 있습니다.

"그러므로 나는 나 자신에 대하여 알고 있는 것뿐만 아니라 모르고 있는 것도 함께 고백하려 합니다. 내가 나 자신에 대하여 알게 된 것은 당신의 빛이 나를 조명해주시기 때문입니다. 그리고 내가 나 자신에 대하여 모르는 것은 내가 당신의 면전에서 빛을 받아 내 어둠이 대낮과 같이 될 때 알게 될 것입니다."

confitear ergo quid de me sciam, confitear et quid de me nesciam, quoniam et quod de me scio, te mihi lucente scio, et quod de nescio tamdiu nescio, donec fiant tenebrae meae sicut meridies in vultu tuo.

자기 자신에 대해 알지 못하는 부분이 있다는 사실은, 이 세상을 여행하는 상황 속에서는 인정할 수밖에 없을 것이라고 생각합니다. 신앙 속에서 걸어가는 것은 최후의 날에 밝아질 것이라고 믿는 것입니다.

조금 건너뛰어서, 자기 안에서 신을 찾는 과정이 끝난 다음인 27장 38절을 봐주십시오. 유명한 대목입니다.

"당신을 나는 너무 늦게 사랑했습니다. 그렇게 오래되셨음에도, 그렇게도 새로운 아름다움이 되시는 당신을 나는 너무 늦게 사랑했습니다."

Sero te amavi, pulchritudo tam antiqua et tam nova, sero te amavi!

아우구스티누스의 마음 깊은 곳에서 나오는 사랑 고백의 표현입니다.

그러나 그다음 28장에서는 지상에서의 인간의 삶은 시련의 연속일 뿐이라는 것이 서술되어 있습니다.

"이 세상에서는 번영할 때에도 우리에게 계속 두 가지의 저주가 따르게 되오니 그것은 곧 역경에 대한 두려움이요, 왜곡된 즐거움입니다. 이 세상의 역경에는 세 가지의 저주가 따르오니 그것은 번영을 바라는 욕심이고, 역경에서 받는 쓰라림이며, 그 역경을 견뎌내는 인내력이 무너질까 두려워하는 것입니다. 이 지상에서 사는 인간의 생활은 끊임없이 계속되는 시련이 아닙니까?"

vae prosperitatibus saeculi semel et iterum a timore adversitatis et a corruptione laetitiae! vae adversitatibus saeculi semel et iterum et tertio a desiderio prosperitatis, et quia ipsa adversitas dura est, et ne frangat tolerantiam!(X, xxviii, 39)

　개개인의 인생에서 이러한 일을 만난다는 것은 누구나 인정할 수밖에 없을 것입니다. 그래도 교회공동체 안에서는 그러한 일이 공공연히 이야기되지는 않을 것이라 생각합니다. 나에게도 올해의 부활제나 수난제는 유달리 마음에 남는 시간이었는데, 어둠 속에서 크리스트의 빛이 비치던 성 토요일의 일입니다. 여러분과는 그 전인 2월에 만났습니다. 그런데 최근 수년간 일본에서는 감당할 수 없는 범죄가 빈발하고 있습니다. 나는 대체 이것이 무슨 일인지 물을 수밖에 없었고, 묻지 않는 것이 오히려 이상한 일이라고 생각합니다. 죄를 범한 소년들과 그 범죄에 휘말린 사람들은 큰 고통 속에 놓여 있을 텐데, 그 고통을 어떻게 하면 좋을지, 교회 또는 신자의 입장에서 기도할 수밖에 없습니다. 어쨌거나 크리스트교 신자는 크리스트의 빛이 어디에서 어떻게 나타나는지를 구체적으로 보여줘야 한다고 생각합니다. 어디에 구원이 있는 것인지 사람들에게 보여줄 수 없다면, 우리 크리스트교 신자들은 대체 무엇을 하고 있는 것일까요. '세상의 빛'이라거나 '땅의 소금' 같은 것들을 말해본들 별 소용이 없는 것 아닐까요. 말하자면 사회가 불에 타고 있는데 팔짱을 끼고 아무것도 하지 않을 것인지, 참으로 이상하지 않습니까. 여러분도 생각해보았으면 합니다. 물론 예컨대 심리학이나 사회학, 사회심리학 등으로 다각적인 방면에서 나서야 할 일들도 있습니다. 그러나 우리는 그런 대증요법이 아니라, 대체 왜 이렇게 두려운 일이 일어나는 것인지를 인식해야 한다고 봅니다. 거기에는 복합적인 원인이 작용하겠지요. 지금처럼 사회 전체가 병들어 있는 상황에서 신앙이 이성적 판단을 제시해나갈 수 없다면, 신앙 역시 별 도움이 안 될 것입니다. 신앙은 '진정한 이성'을 회복하는 것이어야 합니다.

13강

메모리아 안에서의
신의 장소 탐구 (10권 2)

메모리아 안에서의 신의 장소 탐구는 『고백록』 10권의 중심 부분이고 철학 문헌으로서도 고전적인 부분이므로, 먼저 아우구스티누스의 신 탐구란 어떤 것인지를 일반적으로 생각해보려 합니다.

'신이란 무엇인가'에 대해서는 누구나 저마다의 처지와 생애 속에서 음미하며 깊이 사고할 것입니다. 크리스트교회가 성립된 이래로 오늘에 이르는 과정에서, 교회가 '신이란 무엇인가'를 가르쳐온 방식에는 하나의 전개 또는 역사가 있었다고 할 수 있습니다. 여기에 모인 여러분들도 세대가 다양한 만큼, 교회와 만나게 된 계기 역시 다양하겠지요. 내가 가톨릭교회와 만난 것은 대학 시절이었습니다. 거의 60년 전인 1945년경으로, 말하자면 전후戰後였습니다. 그때부터 오늘에 이르기까지 일본의 가톨릭교회와 세계의 가톨릭교회는 여러 가지 일을 겪어왔습니다. 특히 제2차 바티칸 공의회를 계기로 큰 변화가 일어났습니다. 그 변화가 무엇을 가져왔고, 또 그 변화로 인해 앞으로 어떤 일이 전개될지에 대해서는 아직 하나하나의 줄거리가 다듬어졌다고는 말할 수 없을 것입니다. 이제까지 가톨릭교회에 관여해온 여러분 한 명 한 명이 앞으로 어떻게 엮어갈지에 따라 교회 자체가 새로운 모습을 열어갈 것이라 생각합니다. 그것이 21세기 교회의 모습입니다. 그러나 한편으로 제도는 하나의 형태를 가지는 것이고, 하나의 제도가 만들어지면 형태는 일정한 지속성을 지닙니다. 제도는 제도를 가지는 것을 어떻든 고정시키게 되는데, 이것은 인간 사회의 제도로서는 당연한 일입니다. 따라서 제2차 바티칸 공의회로 큰 변화가 일어났다고 해도, 교회에는 아직 변하지 않은 부분이 많이 남아 있습니다. 역사란 그런 것입니다. 따라서 나 자신이 60년 동안 관심을 가져온 것과도 관련되지만, 이제까지 '신이란 무엇인가'라는 문제에 대한 다양한 접근이 있었음을 다시금 생각해볼 필요가 있습니다. 『고백록』 10권은 아우구스티누스가 신과 관련을 맺는 방식이 가장 진솔하게 설명되어 있는 부분입니다. 여기에서 아우구스티누스의 그런 방식을 공부함으로써 우리는 많은 것을 얻을 수 있을 것입니다. 또한 이제껏 교회가 고정된 것으로서 견지해온 형태가 어떠한 것이었는가를 돌아보는 것도, 아우구스티누스가 신과 관련을 맺는 방식을 이해하는 데 도움이 될 것입니다.

아우구스티누스는 기원후 4세기에서 5세기에 걸쳐 살았던 인물입니다. 그후 중세 유럽 세계에 교회가 전개되어가는 과정에서 아우구스티누스의 저작은 가장 중시되었고, 계속해서 읽힌 작품 중 하나입니다. 그래서 아우구스티누스의 저작은 『성서』를 읽는 데서도 중요한 역할을 했고, 그후 유럽 크리스트교 사상을 형성해왔습니다. 그러나 아우구스티누스가 살았던 고대 세계와 그 안에서 성립된 고대 크리스트교회가 가지고 있던 형태는, 고대 세계가 끝나고 중세 유럽 세계로 옮겨가면서 중세 크리스트교회로서 전개된 형태와 차이를 보이는 것도 확실합니다. 또한 그 차이도 제법 큰 것이었을 수 있다는 것을 의식할 필요가 있습니다. 고대 크리스트교회 안에서 크리스트의 복음이 사람들에 의해 어떤 형태로 살아 있었는지를 여기에서 음미하는 것이 중요하다고 생각합니다. 그러기 위해서는 그것이 아우구스티누스에게서 어떠한 형태로 나타나는지를 살펴보는 것이 유익합니다.

흔히 '신을 탐구한다'고 말하지만, 그중에서도 '신이란 무엇인가'에 대해 탐구하는 것은 늘 중요한 문제였습니다. 라틴어로는 신은 quid est(무엇인가)의 문제라고 말합니다. 그리스 철학에서 시작된 이 문제는 고대 크리스트교 세계와 중세 크리스트교 세계로 계승되었습니다. 즉, 교회가 철학의 전통을 넘겨받음으로써 '신이란 무엇인가'라는 물음을 가지게 된 것입니다. quid est(무엇인가)의 명사형은 문자 그대로 quidditas(무엇이냐는 것)가 됩니다. 이는 흔히 '본질'이라고 하는 것입니다. esse(있다)라는 동사에서 만들어진 명사형 essentia 역시 마찬가지로 '본질'이라는 의미로 쓰이며, 영어에서는 그대로 essence라는 말이 되었습니다. 따라서 '신이란 무엇인가'라는 문제는 신의 '본질론'인 것입니다. 그런데 여기서 '신은 어디에 있는가(ubi Deus est)'의 문제도 함께 생각해볼 수 있습니다. 나는 이것을 신의 '장소론'이라고 부릅니다. 이 두 가지 문제를 구분한 것은, 『고백록』 10권에서 메모리아, 즉 인간의 의식이나 기억 속에 '신이 어디에 있는가' 하는 신의 장소 탐구가 이루어지고 있기 때문입니다. 10권은 기본적으로 '신의 장소론'이라는 성격을 가지는데, 이것은 매우 중요한 부분입니다. 신과 관련해 신의 본질을 묻는 것과 신의 장소를 묻는 것에는 큰 차이가 있기 때문입니다. 유럽 중세에 크리스트교 신학이 성립된 과정에는 그리스 철학의 영향도 있었지만, 신학의 중심을 형성한 것은 신의 본질론이었다는 사실을 인식해야 합니다. 그에 비해 신의 장소론은 중세 신학에서 반드시 확실한 위치를 차지하고 있었다고 할 수는 없습니다. 그러나 동양의 전통에서 살고 있는 우리들에게는 신이 무엇인지를 묻는 본질론도 중요하지만, 그보다도 우리가 '어디에서' 신과 관련되어 있는지를 묻는 신의 '장소론' 문제가 한층 절실한 문제라고 생각합니다. 그런 의미에서 중세 신학보다는 아우구스티누스의 신 탐구 쪽이 우리의 문제에 가까이 있다고 나는 생각합니다.[1]

철학과 신학의 전통에서 '장소'의 문제가 어떤 위치를 차지하는지 생각할 때, 유럽의 신학 전통에서 그것은 확실하지 않은 듯합니다. 그러나 예수 복음으로 돌아가면, 『요한복음서』의 고별 설교에서 예수는 '나는 아버지의 집에 너희를 위한 자리(그리스어로 *topos*)를 마련하러 간다'고 말합니다.[2] 신의 곁에 있는 안락한 '장소'는 『요한복음서』의 고별 설교에서 매우 중요한 부분이라고 생각하지만, 유럽 신학에서는 그다지 전개되지 않은 부분이라고 할 수 있습니다. 그러나 아우구스티누스에게는 '신의 장소'가 무엇보다 중요한 문제입니다. 여담이지만, 나는 이 문제와 관련해 1977년에 독일 본에서 열린 국제중세철학회에서 아우구스티누스에 대한 논문 한 편을 독일어로 발표한 적이 있습니다.[3] 당시 일본을 떠나기 전, 존경하는 독일 출신의 한 신부가 나의 부탁으로 이 논문을 읽고 "신에게는 장소가 없습니다"라고 말했습니다. 요컨대, 신은 공간과 무관하다는 말이었습니다. 유럽 신학에서 신은 오히려 '편재遍在(ubiquitas)'하는 존재이고, 공간 안에서 특정한 장소를 갖지 않습니다. 이런 사고가 유럽의 신학과 정신사를 형성하고 있습니다. 공간적인 장소를 통해 신을 생각하는 것이 아니라, 오히려 시간을 통해, '영원'과 관련되는 '시간'의 문제 속에서 생각하는 것이 유럽 신학의 전통입니다. '장소'나 '공간'은 우리가 신체로서 관련을 맺는 곳입니다. 그러한 신체와의 관계를 끊어버리고 영혼 그 자체 안으로 돌아가고, '장소'를 갖지 않는 정신으로 돌아가려는 방향에서 신을 탐구하는 것입니다. 정신의 존재 방식은 시간이고, 그것은 영원과 관련되는 시간입니다. 이렇게 유럽 신학에서는 신의 '장소' 문제가 단절되어버린 구조를 가지고 있습니다. 그러나 바로 여기에 신과 관련한 근본 문제가 있다고 생각합니다. 이러한 근본 문제를 파고든 인물 중 한 명인 니시다 키타로 선생의 철학에서는, '장소'의 문제가 근본 문제로 여겨집니다. 우리도 자기 자신에게 돌아가 극히 자연스럽게 생각하면, 결국 '장소'의 문제에 부닥치게 됩니다. 신을 탐구하는 데서도 신의 장소론이 근본적인 문제라고 생각합니다. 물론 나의 이런 생각은 아우구스티누스에게서 비롯된 것인데, 이는 우리가 신앙생활을 하는 데도 소중한 생각인 듯합니다.

교설로서의 신학과 탐구로서의 신학

다음으로 '신학(theologia)'이라는 용어에 대해 조금 이야기해보려 합니다. theologia의 –logia는 '말' 또는 '론論'을 의미하는 그리스어 *logos*에서 파생된 것으로, '말로 논거를 밝히고 논해가는 것, 또는 논리를 세워가는 것'을 의미합니다. 그래서 일반적으로 '학문'을 의미하는 말이 되었습니다(psychologia, zoologia, sociologia 등). theologia는 '신에 대해 말로 논해가는 것' 또는 '신을 이야기하는 방식'이라고 해도 좋을 것입니다. '신학'이라는 말의 원래 의미는 그런 것입니다.[4] 역사적 전개라는 관점에서 '크리스트교'를 '하나의 종교'로 볼 때, '신학'이라는 말에는 '교설로서의 신학'과 '탐구로서의 신학'이라는 '두 가지 용법 또는 형태'가 있었던 것 같습니다. 종교가 하나의 제도로 형태를 갖출 때에는 믿어야 할 '신조'가 무엇인가를 정하는 절차가 필요한데, 그것이 교회 제도 안에서 '신앙 조목의 확정'이라는 형태를 취합니다. 그리고 그것이 정해지면서 '교회의 가르침'의 틀이 정해지게 되어, 그 틀에 있는 사고방식과 그 틀에서 벗어나는 사고방식을 판별해 규정하게 됩니다. 틀에 맞는 것이 '정통'이고, 벗어나는 것이 '이단'입니다. 정통과 이단이 이렇게 판별되고 재단됨에 따라, 교회는 정통을 가르치고 이단을 배격하는 제도로서 기능합니다. 또한 '교회의 가르침'을 전하기 위한 '성직제도'가 갖춰지면서 주교, 사제의 위계제도도 확립됩니다. 여기에서는 이처럼 '교회의 가르침'으로 '교육되어야 하는 것'으로서의 '신학'을 '교설로서의 신학'이라고 부르고자 합니다. 이는 크리스트교가 하나의 종교로서 제도를 확립하면서 거쳤던 역사적 과정이고, 또 '믿어야 할 것 (=신조)'을 확정하며 '정통'과 '이단'을 판별, 재단해가는 과정에서도 '신이란 무엇인가'라거나, '신과 인간의 관계, 그리고 인간이 속해 있는 세계와 신의 관계'가 늘 문제시되고 탐구되어온 것도 사실이며, 이러한 '탐구 과정'에 근거해 '신조'를 확정하고, '정통'과 '이단'을 판별, 재단했던 것입니다. 그래서 '신이란 무엇인가', '신과 인간의 관계, 그리고 인간이 속해 있는 세계와 신의 관계'를 탐구하는 과정을 '탐구로서의 신학'이라 부르겠습니다. 크리스트교회 역사에서 이 '탐구로서의 신학'을 '사도들'이 맨 처음 담당했고, 이어서 '교의教義 공의회'를 이끈 교부들과 그후의 신학자들이 주도했는데, 이런 교부들이나 신학자들과 함께 저마다의 시대를 살았던 일반 신자의 신앙이 그것을 지탱하고 이끌었다고 해야 할 것입니다. 교부와 신학자들도 역시 저마다 한 명의 신자였고, 같은 신앙을 함께 견지하는 일반 신자들의 신앙에 힘입어 살아가며 사색해왔기 때문입니다.

이나가키 료스케(稻垣良典) 선생은 한 논문에서,[5] "크리스트교는 늘 일관된 방식으로 신을 '문제'시하면서 탐구하도록 인간을 다그치는 종교였다"고 말하며, 크리스트교의 특징 중 하나는 '신학'을 가지는 종교라는 점에 있다고 했습니다. 이것은 매우 중대한 지적입니다. 크리스트교가 성립된 이래로 인간은 '신이란 무엇인가'에 대해 생각할 수밖에 없었습니다. 그것이 진정한 크리스트교의 역사였다고 생각합니다.[6] 확실히 일본의 전통에서 '신'이라는 말은 오래전부터 신토(神道)의 전통으로서 전해지고 있지만, 정작 제사지내는 신이 무엇인가에 대한 물음은 그다지 제기되지 않았다고 할 수 있습니다. 히라타 아쓰타네[平田篤胤, 1776~1843]라는 사람은 신토의 전통 속에서 신이란 무엇인가 하는 문제제기를 했다고 하는데, 그 역시 크리스트교의 전통에 영향을 받아 신토에도 그러한 신학이 필요하다고 생각했던 듯합니다. 이나가키 선생의 말을 좀더 인용해보겠습니다.

"물론 사람들의 마음 깊은 곳에는 만물의 제1의 시원과 궁극의 실재 또는 세계의 최고 이법理法—그것을 '신'이라 부르지 않더라도—에 대한 모종의 관념이 잠재해 있어, 그에 대한 깊은 사색이나 고찰이 이루어졌다. 그런 의미에서 동양에서도 사람들은 신의 현존을 느끼며 거기에 다양한 방식으로 응답해왔다고 할 수 있을 것이다. 그러나 확실한 것은 거기에는 신을 '문제'로 삼아 탐구하도록 다그치는 종교는 없었고, 그와 관련하여 '문제'로서의 신 탐구나 고찰을 중심 과제로 삼는 철학의 역사도 발견되지 않았다……. 우리는 동양의 크리스트교 신자로서 이렇게 근원적으로 달랐던 종교 및 철학적 전통이 만나는 지점에 서 있는데, 쉽사리 이런 상이한 전통들의 통합이나 종합을 꿈꾸지는 않더라도, '문제'로서의 신을 둘러싼 탐구와 고찰에서 새로운 국면을 개척하는 것은 가능할지도 모른다."[7]

이나가키 선생의 이러한 견해는 일본의 전통을 충분히 감안하면서 '신학'이 어떠한 것일 수 있는지, 그것을 생각할 만한 장소는 어디인지를 제시한다는 점에서 중요합니다.

영국 국교회 사제로 출발했던 존 헨리 뉴먼은 타성에 젖어 관습화되어 있던 당시의 교회와 일반 신도들의 신앙 행태에 마음 아파하며, 친구들과 함께 일반 신자들을 중심으로 하는 종교 혁신운동

('옥스퍼드 운동')을 영국 국교회 안에서 일으킨 인물입니다. 이 사람은 그 무렵 영국의 일반인들을 대상으로 한 설교에서, 크리스트교도는 성년이 된 후로는 자신의 신앙이 무엇인지에 대해 다시 생각해보고, 스스로 납득할 수 있도록 반성할 필요가 있다고 말했습니다. 이 말은 그대로 우리에게도 별로 어색하지 않은 것이라고 생각합니다. 여러분의 가족도 어린 시절에 크리스트교식으로 교육을 받았을 테지만, 아마도 신이란 무엇인지에 대해 본격적으로 생각해본 적은 없을 것으로 짐작됩니다. 그러나 뉴먼이 말한 대로, 어른이라면 진지하게 생각해보는 것이 중요합니다. 특히 일본과 같은 비복음적 세계에서 살아가는 존재에게는, 자신의 생명인 신앙이 무엇인지를 스스로 명확히 해둘 필요가 있습니다. 자신에게 중요한 것을 명확히 해두는 일은, 남들에게도 중요한 것을 명확히 해두는 일이어야 합니다. 그것이 신앙의 빛을 명확히 해가는 길이라고 생각하며, 신자 한 명 한 명이 그렇게 해야만 합니다.

신학이란 멀리 있는 것이 아니라, 신에 대한 자신의 증명을 명확히 하는 데에 있습니다. 그것이 신학입니다. 신앙의 은혜가 무엇인지 자신의 언어로 표현하는 것이 필요하고, 서로 대화를 통해 이를 확인하면서 하나의 신앙공동체를 만들어내는 것이 중요합니다. 아우구스티누스의 『고백록』은 바로 그러한 책입니다. 그것은 교회의 전통을 이어받으며 예수의 복음을 살리는 것이어야 합니다. 그것이 '신앙의 이해(Intellectus fidei)'라는 것입니다.

아우구스티누스는 "신은 인간의 이성으로는 완전히 파악할 수 없는 존재이지만, 신이 무엇인지 조금이라도 이해하려고 하는 것이 인간에게 이성이 주어져 있는 것의 의미이다"라고 말했습니다.[8] 즉, '인간의 이성'이란 신이 무엇인지를 생각하도록 하기 위해서 있는 것입니다. 또한 그렇게 희구함으로써 인간은 '선한 존재'가 된다고 말하고 있습니다(『삼위일체론』 15권 2:2). 이것이 고대 교회에서 신학이 존재하던 방식이었고, 교리 역시 여기에서 형성된 것입니다. 그러한 신학을 지금 되찾는 일이 긴요합니다. 당시 지중해 세계에서 크리스트교의 독점은 없었습니다. 여러 종교가 병존하고 있었습니다. 그런 상황에서 교부들은 예수 크리스트가 전한 복음이 모든 사람들에게 어떠한 빛이고 생명인지를 밝히기 위해 노력했습니다. 그리고 거기에서 교부의 신학이 성립되었습니다. 이제 다양한 종교의 병존을 사실로 받아들여야 할 시대가 왔습니다. 다문화와 다종교가 병존하는 작금의 지구화 시대에 우리는 교부들로부터 크리스트교의 존재 방식에 대해 많은 것을 배워야 할 것입니다. 그 생명을 이제 복원해야 합니다.[9]

불교에는 '불립문자不立文字'라는 사상이 있어서, 신에 대해 언어로 말하는 것을 피하는 편이 일본인들에게는 받아들여지기 쉽다고 강조하는 경향이 있는데, 아우구스티누스의 경우는 다릅니다. 아우구스티누스는 인간의 언어가 신에 대해 마지막까지 말하고, 그 말이 다한 곳에 신의 현존이 있다고 했습니다. 나 역시 그렇게 생각합니다.

여기에서 『고백록』 10권으로 돌아가보겠습니다. 10권은 신을 '메모리아(=기억, 의식)' 안에서 찾는 탐구입니다. 자기가 자기 메모리아의 어디에서 신과 연관되어 있는지, 또는 오히려 자기 메모리아의 어디에 신이 관여하고 있는지 묻고, 스스로 메모리아 안에서의 신의 장소를 찾아가는 탐구로서의 신의 장소론이 10권의 내용입니다.

'메모리아(memoria)'라는 말은 영어에서 '기억'을 의미하는 memory에 해당하는데, 이 말과 관련된 라틴어 형용사 memor에는 '마음에 떠올리다'라는 의미가 있습니다. 따라서 '메모리아'는 '의식'으로 번역해도 되는 말입니다. 그러므로 자기 자신이 마음에 떠올릴 만한 장소 안에서 신이 어디에 있는지를 찾아가는 탐구가 10권인 것입니다.

이 탐구의 출발점은 6장 8절에 있습니다.

"주여, 내가 당신을 사랑함은 어떤 모호한 느낌에서가 아니고 확실한 생각을 가지고 하는 것입니다."

Non dubia, sed certa conscientia, domine, amo te.(X, vi, 8)

conscientia란 영어의 conscience에 해당하며, '의식'이라는 말입니다. 위에서는 '생각'이라고 번역했습니다. 내가 당신을 사랑하고 있는 것이 나의 생각 안에서는 '확실하고, 틀림없고, 의심할 수 없다(non dubia, sed certa conscientia)'는 것입니다. '나는 사랑하고 있다(amo)'는 동사는 현재형입니다. 따라서 이것은 '현재 나는 당신을 사랑하고 있습니다'라는 의미가 됩니다. 이어서,

"그러면 내가 당신을 사랑한다 할 때 무엇을 사랑하는 것입니까?"

quid autem amo, cum te amo?

라고 묻습니다. 내가 신을 사랑하고 있음은 나의 의식에서 의심할

수 없는 사실이지만, 이 탐구는 이러한 사랑에 무엇이 관여하고 있는지 묻는 데에서 출발하는 것입니다.

"당신의 말씀이 내 마음을 관통한 때부터 나는 당신을 사랑하게 되었습니다."

percussisti cor meum verbo tuo, et amavi te.

'당신은 관통했다(percussisti)', '내 마음을(cor meum)', '당신의 말씀으로(verbo tuo)', '그리고(et)', '나는 당신을 사랑하게 되었다(amavi te)'는 것입니다. 말미의 완료형 동사 amavi는 현재완료의 의미로 '사랑하게 되어, 지금 사랑하고 있다'는 뜻입니다. 여기에는 고대 연애문학의 상투어인 '사랑하다(amare)'라는 단어가 사용되고 있습니다. 큐피드의 사랑의 화살이 관통해 '사랑에 빠진다'는 것이 유럽 문학의 전통인데, 여기에서는 큐피드의 화살이 아니라 '당신의 말씀이(verbo tuo)' 관통했다고 했습니다. 여기에서 '당신의 말씀'이란 구체적으로는 지금까지 『고백록』에서 이야기되어온 신의 여러 가지 은총이라고 해도 좋을 것입니다.[10] 그러므로 여기에서 '내가 지금 당신을 사랑하고 있습니다, 의심할 수 없습니다'라고 말하는 것은 회심 과정을 통해 자신이 관여한 신, 아니 오히려 자신에게 관여해온 신, 회심 과정에서 자기 전체를 사로잡고 마음 깊은 곳을 관통한 신의 은총에 대한 확고한 기억과 의식인 메모리아가 내 안에 현전하고 있다는 것입니다. 10권은 이렇게 1권부터 9권까지 전개해온 신의 은총에 대한 고백을 전제로 시작되고 있습니다. '자신이 관여한 신'이라기보다는 오히려 '자신에게 관여해온 신'이라고 하는 것이 적절하다고 언급했듯이, 오히려 주체적인 쪽은 신입니다. 따라서 이 부분은 자신에게 그렇게 관여해온 신이란 무엇인가에 대한 물음에서 출발하는 것입니다. 이처럼 '무엇인가' 하는 물음에서 탐구는 시작됩니다. '내가 당신을 사랑한다 할 때 무엇을 사랑하는 것입니까?'라고 한 물음은 어떤 의미에서는 사랑하고 있는 존재가 어떤 것인지를 묻는 '본질론의 물음'입니다. 그러나 여기에서 탐구는 '무엇인가'에 대한 물음에서 '어디에 있는가'를 묻는 것으로 옮겨갑니다. 자기의 메모리아(=의식) 안에서 신이 어디에 있는지, 신과 자기의 연관 장소를 찾아가는 물음으로 전환되는 것입니다.

그러한 전환의 과정은 다음과 같이 전개됩니다. 우선 탐구는 자기를 둘러싸는 외적 세계로 향하는데, 그것이 무엇인지에 대해 땅과 바다와 하늘에 묻습니다(X, vi, 9). 땅과 바다와 하늘은 모두 자신들은 '당신의 신'이 아니라고 답합니다. 아우구스티누스는 더 묻습니다. '네가 그분이 아니라면 그분에 대하여 무엇을 좀 말해다오.' 이때 그들은 큰 소리로 외쳤다고 합니다.

"그분이 우리를 만드셨다."

ipse fecit nos.(X, vi, 9)

여기에서 아우구스티누스는 이렇게 덧붙입니다.

"물론 나의 질문은 그들에 대한 나의 관찰이었고 그들의 대답은 그들의 조화의 아름다움에 있었습니다."

interrogatio mea intentio mea et responsio eorum species eorum.

이것은 매우 아름다운 문장이지만, 다소 어려운 부분도 있습니다. 그 설명은 조금 뒤로 미루고, 그다음을 읽어봅시다. 아우구스티누스는 계속해서 말합니다.

"이제 나는 주의를 나 자신에게 돌려 나에게 '네가 누구냐?'고 물어보았습니다. 나는 '사람이다'라고 대답했습니다. 생각해볼 때 나에게는 육체와 영혼이 있습니다. 전자는 밖에 있고 후자는 안에 있습니다."

et direxi me ad me et dixi mihi: "tu quis es?" et respondi: "homo". et ecce corpus et anima in me mihi praesto sunt, unum exterius et alterum interius.(X, vi, 9)

이렇게 해서 자신이 속한 인간이 '육체와 영혼'으로 이루어진 존재라는 점이 인식되고, 이어서 이 내면의 영혼 안으로 신의 장소를 찾아가는 탐구가 시작됩니다. 이것이 내면으로서의 영혼에 의한 내면으로서의 신 탐구의 출발점인데, 이 탐구가 시작되는 전환점인 이 첫 부분은 흥미롭고도 사뭇 중요한 내용을 포함하고 있으므로, 앞서 남겨둔 문제를 지금 여기에서 좀더 상세하게 이야기해보려고 합니다.

내면으로서의 신을 찾는 '내면화'라는 것을 아우구스티누스적 정신이라고 합니다. 이것은 말 그대로 '내면으로의 귀환'이라거나 '자기 자신으로의 귀향(reditio in se ipsum)'이라고 합니다. 이러한 과정은 어떻게 해서 일어나는 것일까요? 10권에서 그것이 어떻게 이야기되는지, 또 '자기의 내면'이란 어떻게 이야기되는지 다시 한번 처음으로 돌아가 생각해보겠습니다.

이 탐구는 '나는 지금 신을 사랑하고 있다'는 자기 안에서의 확실한 의식에서 출발한 것이었습니다. 이러한 '나의 신'에 대해 땅과 바다와 하늘에 물었더니 그들은 '우리도 네가 찾는 하느님은 아니다'

라고 답했습니다. 이로써 신을 자기의 바깥에서 찾을 수는 없다는 것이 처음으로 제시됩니다. 아우구스티누스는 '그분에 대하여 무엇을 좀 말해다오'라고 더욱 재촉했고, 그러자 그들은 '그분이 우리를 만드셨다(ipse fecit nos.)'고 큰 소리로 외쳤다(exclamauerunt)는 것입니다. 땅과 바다, 하늘과 같은 자연물이 '큰 소리로 외친다(exclamare)'는 것은 무엇을 말할까요. 여러분은 뭉크의 〈절규〉라는 그림을 아실 것입니다. 그것은 '소리 없는 외침'을 표현하고 있는 것이 아닐까요. 사물은 침묵하면서도 외치고 있는 것입니다. 이러한 '외침'은 들리는 것이 아닙니다. 외침은 '울림'과는 다릅니다. 바람이 부는 소리나 불이 타오르는 소리는 '울림'입니다. '목소리(vox)'는 인간의 귀에 들리는 음성이고, 인간의 언어를 전하는 것입니다. 그러면 '외침'이란 무엇일까요? 그것은 '울림'도 아니고 '목소리'도 아닌, 사물 자체가 사람에게 무엇인가를 말해주는 것입니다. 복음서 중에는 예루살렘에 입성하는 예수를 군중이 환호하며 맞이하자 유대인 원로들이 그것을 중단하도록 했을 때, 예수가 '만약 이 사람들이 잠자코 있으면 돌들이 소리칠 것'11이라고 말했다는 대목이 있습니다. 이것은 그야말로 '돌의 절규'인 것입니다. 존재 자체의 바탕이 갈라져, 거기에서 울려퍼지는 존재 자체의 목소리로서 귀에 들리지 않는 울림이 외침인 것입니다.

　여기에서 자연물은 그렇게 목소리를 높여 자신들은 만들어진 것이며 당신의 신이 자신들을 만든 분이라고 외친다는 것입니다. 이 대목에서 자연물의 외침이란 그러한 자연물 자체의 자기 증언입니다. 여기에는 '창조(creatio)'의 문제가 있습니다. 토마스 아퀴나스의 신학에서 인간은 이성에 의해 '신이 있는' 것은 알 수 있어도 '신이란 무엇인지' 또는 '신이 세계를 창조했는지'는 알 수 없다고 했습니다. 신이 세계의 제1원인으로서 존재하는 것은 알지만, 신이 창조주라고 말할 수는 없으며, '창조(creatio)'는 신앙의 대상이어서 계시를 통해서만 고지된다고 말합니다. 여기에서 '계시신학'과 '자연신학'이 나뉘는데, 아우구스티누스의 경우에는 그렇게 구분하지 않습니다. 자연물의 '외침'을 통해 '창조'를 이야기하고 있는 것이 이 부분입니다.[12]

여기에서 자연물이 지르는 이러한 외침에 대해 아우구스티누스가 덧붙인 코멘트는 흥미롭습니다.

"나의 질문은 그들에 대한 나의 관찰이었고 그들의 대답은 그들의 조화의 아름다움에 있었습니다."

interrogatio mea intentio mea et responsio eorum species eorum. (X, vi, 9)

'나는 그들에게 질문하고(interrogatio mea) 그들을 관찰했다(intentio mea). 그들의 대답(responsio eorum)은 그들의 조화의 아름다움(species eorum)에 있었다'는 것입니다. species는 '종류'라는 의미도 있지만 이 경우에는 '형상形相'을 의미합니다. '형상'이라는 것은 '아름다운 모습'입니다. '그분이 우리를 만드셨다'는 외침은 이러한 '아름다운 형상'이 말하고 있는 것입니다. 이것은 플라톤 철학에 근거한다고 해도 좋을 것입니다. 사물이 '형상'을 가진다는 것은 어떤 것일까요? 형상은 하나로 완결되어 있는 것입니다. 하나의 완성이 있는 것에는 반드시 하나의 아름다움이 있습니다(예컨대, 소나무에는 소나무의 아름다운 형태가 있듯이).**13** 반대로 형상을 지니지 않는 것은 추한 것입니다. 플라톤 철학에서는 형상을 가지는 것이 '있는' 것이고, '있다'와 '없다'의 구별은 형상을 가지는지 여부에 따릅니다. 형상을 지니지 않는 것은 '있다'고 할 수 없습니다. 그러면 형상을 가지도록 한 근원은 무엇일까요? '네가 찾는 신'이 형상을 부여한 존재라고 땅과 바다와 하늘은 말한 것입니다. 이것은 조금 어려운 문제이지만, 이어지는 부분을 살펴보겠습니다.

"이제 나는 주의를 나 자신에게 돌려 나에게 '네가 누구냐?'고 물어보았습니다. 나는 '사람이다'라고 대답했습니다."

et direxi me ad me et dixi mihi: "tu quis es?" et respondi: "homo".

여기에서 땅, 바다, 하늘 등 자신의 바깥으로 향했던 눈길은 반전해서 자기 자신에게 향했고, '네가 누구냐?'라는 물음으로 전환되었습니다. 이러한 전환이 이 문맥 속에서 어떻게 일어나는지 생각할 필요가 있습니다. '너 자신은 대체 누구인가' 하고 스스로에게 던져진 물음은 과연 어디에서 생긴 것일까요? 이 문제는 교부들 일반과 플로티노스, 그리고 철학 일반에서 제기되는 근본적인 문제입니다. 10권의 문맥이 시사하고 있는 바는, 이 문제에는 '아름다움'이 관련되어 있다는 것입니다. '아름다움'이란 무엇일까요? 우리 주위에는 갖가지 아름다운 것들이 실제로 있습니다. 이 물음은 그런 아름다운 것들을 아름다운 것으로 보는 '아름다움'이란 무엇인가를 묻는 것입니다. 그것이 플라톤 철학의 근본 문제이기도 한 '아름다움이란 무엇인가' 하는 문제입니다. 플라톤은 이것을 '아름다움 자체' 또는 '아름다움의 이데아'라고 불렀는데, 다양한 아름다움으로부터 아름다움의 이데아로 눈길을 돌리는 변화가 어디에서 일어나는지 살피는 데에서 플라톤 철학이 시작됩니다. 좀더 알기 쉽게 설명해보겠습니다. 여러분은 인생 여정의 어딘가에서 잊을 수 없는 아름다운 일을 경험했을 것이라 생각합니다. 그것이 언젠가 산에서 보았던 단풍의 아름다움이나 저녁노을의 아름다움, 또는 누군가의 아름다운 행위여도 좋습니다. 마음을 흔드는 그런 아름다움을 경험한 적이 있겠지요. 그런 아름다움은 잊을 수 없는 것이고, 잊을 수 없는 아름다움으로 다가옵니다. 산자락의 단풍이나 어떤 행위의 경험은 곧 지나가지만, 거기에 담겨 있던 '아름다움 자체'는 변하지 않습니다. 이 변함없는 아름다움은 아름다움 자체로 남아 있거나 또는 그 아름다움을 체험한 사람의 마음 깊은 곳에 메모리아로 남아 있다고도 할 수 있습니다. '자기'란 어디에 있는 것일까요. '자기'란 무엇일까요. 그것은 다양한 욕망의 주체가 아닙니다. 만약 그렇다면 다양한 욕망에 의해 자기는 분열되어 제각각으로 무너져버릴 것입니다. 그러나 잊을 수 없는 아름다움을 만났을 때의 자기는 결코 사라지지 않고 남게 됩니다. 이렇게 자기 기억의 밑바탕에 지워지지 않고 남아 있는 것이 진짜 '자기'입니다. 잊을 수 없는 아름다움을 만난 경험이 사람을 성장시킵니다. 아름다움이란 자기의 바탕을 만드는 것이고, '아름다움'을 아는 것을 통해 사람은 진정한 '자기'를 알게 됩니다.

땅과 바다와 하늘이 '그분이 우리를 만드셨다'고 외쳤을 때, 아우구스티누스는 자기 자신에게 눈길을 돌려 '네가 누구냐?'라고 스스로 물었다고 합니다. 어째서인지 이것은 신비롭습니다. 그리고 자기 자신을 바라봄으로써 자신이 인간임을 새삼 확인하고, 인간인 자신에게는 신체(corpus)와 영혼(anima) 두 가지가 있어, 그것이 지금 자기 자신을 바라보고 있는 자신의 눈길 앞에 두 가지 존재로 현전하고 있음을 확인합니다. 그중 한쪽인 신체는 바깥에(exterior) 있고, 다른 한쪽인 영혼은 안에(interior) 있습니다. 자기 자신에게 안과 밖이 있어서, 바깥쪽의 신체가 외부의 자연물과 관련되어 있고, 안쪽의 영혼이 자기의 내면과 관련되어 있다는 것이 여기에서 확인됩니다. '내면화', '내면으로의 귀환', '자기 자신으로의 귀환'이 여기에서 일어납니다. 이것은 흥미롭고도 중요한 부분입니다. 바깥쪽의 자연물이 곧 자기가 자기 안에서 소중히 여기고 사랑하는 신이 아니라는 것이 분명해지고, 그 자연물 안에 갖춰진 '아름다움'을 바라보며 나의 신이 그들을 만들었음이 확인된 데에서 자기의 외면과 내면의 분별이 분명해져, 이로써 '내면'의 장소가 제시되고 '내면으로의 길'이 열리는 것입니다. 그것은 '변하지 않는 아름다움'과 관련되는 진정한 '자기'의 장소이면서 '내가 당신을 사랑하고 있음'이 확인되는 장소인 '자기의 내면'입니다.

또한 여기에서의 물음은 자신이 육체와 영혼으로 구성된 '인간'으로서 바깥 세계 및 내면 세계와 관련되는 존재임을 확인하는 쪽으로 나아갑니다. 영혼은 아름다움에 관여하고 있지만, 육체는 반드시 아름다움과 관련된다고는 말할 수 없습니다. 자신이 관여하고 있는 아름다움에 비하면 자신의 육체는 초라한 것일 뿐입니다. 그러나 우리가 이 육체 안에 놓여 있는 것도 사실이고, 이 육체를 통해 세계에 관여하고 또 사람들과 얽히는 그런 존재로서의 자기를 여기에서 발견하게 됩니다.

이제까지 살펴본 내용에서 알 수 있듯이, 이 부분은 플라톤 철학, 나아가 플로티노스의 「아름다움에 대하여」라는 논문[14]과 관련되는 바가 큰 부분입니다. 플로티노스 철학에서 '아름다움'은 근원적인 이데아로 되돌아가는 입구입니다.[15] 10권 27장 38절에서는 신을 향해 '오래되었지만 새로운 아름다움'이라고 칭하고 있습니다. 이것은 교부의 전통이라고 할 수 있는 것으로, 근원적인 것으로서의 아름다움과 아름다움으로서의 신은 이 세계의 아름다운 모습을 봄으로써 자기에게 되던질 때 스스로 관여하게 되는 것입니다. 자기에게 되던질 때, 자신의 외부로서의 신체와 내부로서의 마음, 정신, 의식이 분별되고, 이러한 자기의 의식 안에서 내가 사랑하는 존재인 '나의 신'이 무엇이며, 어디에서 발견할 수 있는지에 대한 탐구가 시작됩니다. 이제 탐구는 메모리아론으로서 의식의 확장을 살펴봅니다. 의식 속에는 외부에서 들어온 것도 있지만 그 안에 원래부터 있던 것도 있어서, 신이란 그런 존재인지 묻게 됩니다. 그리고 그런 내적인 의식을 넘어서는 것으로서 신의 장소가 정해지는 데에서 의식론이 마무리됩니다. 그리고 자기를 넘어서는 신을 어떻게 찾을 것인지, 이를 문제로 삼으면서 『성서』를 통해 신을 찾아가는 탐구가 11권부터 시작됩니다.

오늘 강의에서는 10권의 내용을 간추려 이야기하기보다는 신 탐구, 신과의 관련이 우리에게 어떤 식으로 이루어지는가에 대해 이

야기했습니다. 이는 교회와 신학의 긴 역사 속에 놓여 있는 우리가,
그 속에서 어떻게 행동해야 할지를 생각해보기 위해서였습니다.

14강

메모리아 안에서의
신의 장소 탐구 (10권 3)

지난 강의에 이어 이번에는 10권에 대해 더 철학적으로 고찰하려고 합니다. 그중에서도 특히 6장 9절의 다음과 같은 부분에 초점을 맞추어 독해를 시도해보겠습니다.

"이제 나는 주의를 나 자신에게 돌려 나에게 '네가 누구냐?'고 물어보았습니다. 나는 '사람이다'라고 대답했습니다. 생각해볼 때 나에게는 육체와 영혼이 있습니다. 전자는 밖에 있고 후자는 안에 있습니다."

et direxi me ad me et dixi mihi: "tu quis es?" et respondi: "homo". et ecce corpus et anima in me mihi praesto sunt, unum exterius et alterum interius.(X, vi, 9)

이 대목은 아우구스티누스의 생각을 특징적으로 드러내는 부분이며, 메모리아론을 이해하는 데에 특히 중요합니다.

'밖'에서 '안'으로 돌려진 시선

'나의 신(deus meus)'이 존재하는 장소를 외부의 자연물에서 찾는 탐구는 '우리는 너의 하느님이 아니다(non sumus deus tuus.)'⋯⋯ '그분이 우리를 만드셨다(ipse fecit nos.)'라는 자연물 자체의 외침에 의해 되돌려져, 밖으로 향했던 시선은 안으로 향하는 시선으로 전환됩니다.

아우구스티누스의 특징적 사고로 여겨지는 이런 '안으로의 전향, 자기로의 귀환(reditio in se ipsum)'에 대해, 지난번 강의에서 더 나아가 코멘트를 덧붙이고자 합니다. 저번에 자연물이 '우리는 너의 하느님이 아니다'라고 말하며 '그분이 우리를 만드셨다'고 외쳤고, 나의 질문은 '그들에 대한 나의 관찰'이었으며, '그들의 조화의 아름다움'이 그들의 대답이었다는 부분에 대해 상세히 고찰했습니다. 여기에서 더 생각해보고자 하는 것은, 어떻게 해서 '외부를 향했던' 시선이 '내부로' 전환되었는가 하는 문제입니다. 이렇게 자기 안에서 신을 찾게 된 것이, 인간정신의 '내면성(interioritas)'을 형성하는 요소이자 또한 유럽 크리스트교의 근간을 이루는 요소라는 점은 잘 알려져 있습니다.

첫 출발점은 자기 자신의 확실한 의식에 의해 스스로 당신을 사랑하게 되었음을 확인하는 데에 있다고 생각합니다. 그것은 회심을 통해 자신을 관통한 것과의 연관을 부정할 수 없다는 확증이자, 뭔가가 자기 자신의 깊은 곳을 관통했음을 부정할 수 없다는 자기 확증입니다. 거기에서 아우구스티누스는 신을 찾기 위해 우선 '밖으로' 눈길을 돌렸습니다. 왜일까요? 인간의 눈은 원래 외부를 향하고 있기 때문입니다. 시선의 외향성은 인간정신의 본성 속에 있습니다. 인간 존재는 세계 안에 놓여 있으므로, 인간의 눈은 저절로 외부 세계를 향하고 있는 것입니다. 따라서 아우구스티누스가 '자신의 신'의 장소를 찾기 위해 우선 외부를 향해 땅, 바다, 하늘에 자기의 신에 대해 물었던 것은 자연스러운 일입니다. 그러나 자연물은 '우리는 너의 하느님이 아니다'라고 답했습니다. 그때 탐구의 시선은 자연스럽게 안으로 돌려졌습니다. 그것은 만들어진 존재인 '자연물'의 본성이 이야기한 내용이었습니다. 고대종교(=주술종교)의 일반적 구조에서는 어떤 특별한 것을 '성스러운 것'으로 삼는 경향이 있습니다. 자기 외부에 있는 무엇인가에 성스러운 힘이 담겨 있다고 생각하는 것입니다. 인간을 넘어서는 힘을 가지고 있는 산, 강, 폭풍, 천둥 또는 힘있는 생물이 그것입니다. 이후 성립되는 세계종교에도 그 잔재가 남아 있습니다. 이슬람 세계에서 메카의 돌을 특별하게 여기는 것도 그런 예입니다. 크리스트교에서도 성유물을 숭배하기 시작하면서 순례하는 일이 흔해졌듯이, 크리스트교 역시 그 성립 시점에서 더 오래된 고대종교의 일부 형태를 허용했던 것은 사실입니다. 그러나 예수가 사마리아 여인과의 대화에서 '너희가 이 산도 아니고 예루살렘도 아닌 곳에서 아버지께 예배를 드릴 때가 온다'(『요한복음서』 4:21)고 말했을 때, 크리스트교의 새로움이 있었습니다. 바울의 설교에도 같은 내용이 있다고 할 수 있겠지요.[1] 즉, 크리스트교에서는 자기 바깥 세계의 어딘가에 특별히 성스러운 것이 있다고 보지 않고, 그것을 신이라거나 또는 특별하게 성화된 것이라고도 보지 않습니다. 일반적으로 말하면, 우상숭배의 폐기입니다. 그러나 우상숭배를 엄격하게 금지했던 유대교에서도 계약의 돌은 특별히 소중한 것이었습니다. 예수는 그러한 유대교에 대립하는 입장이었고, 바울의 입장도 확실히 그러했습니다. 그런 의미에서 크리스트교는 유대교에 대한 일종의 안티테제였습니다. 아우구스티누스가 우선 외부로 눈길을 돌려 자연물에 물었던 것은 이런 고대종교 일반의 흐름을 따른 것이었다[2]고 해도 좋겠지요. 그러나 자연물은 그것을 거부했습니다. 외부의 자연물로부터 거부당했을 때, 시선은 자연스럽게 안으로 향해집니다.

(a) 탐구의 출발점은 '나는 당신을 사랑하게 되었습니다(ego te amo)'라며 아우구스티누스가 자기 안에서 확인한, 모호한 느낌에서가 아닌 확실한 의식(non dubia, sed certa conscientia)(X, vi, 8)으로서의 신에 대한 '사랑(amor)'이고, '사랑'으로서의 '마음 상태(affectio)'였습니다. '애정'이라고도 번역할 수 있는 affectio는 '~로 향해'라는 뜻의 전치사 ad와 '만들다'라는 뜻의 동사 facio로 이루어져, '~로 향해 만드는', '~로 움직이게 하는'이라는 의미를 갖고 있습니다. 그리고 affectus는 완료분사로서 수동태의 기능을 가지고 있으므로 '움직여지고 있다'는 의미가 되는데, affectio는 그 명사형에 해당합니다. 그것은 '움직여진 마음 상태'를 가리키며, 여기에서는 신에 의해 움직여져 일어난 자기 자신의 마음 상태를 이야기하는 것입니다. affectio를 통해 관여하고 있는 존재가 '나의 신(deus meus)'으로 불리는 존재입니다. 따라서 자연물이 '우리는 너의 하느님이 아니다'라는

외침으로 답했을 때, 아우구스티누스의 시선은 자연스럽게 안으로 전환되는 것입니다. 또는 자신의 affectio에서 시작된 물음이 일단 밖으로 향한 후 다시 돌려짐으로써 시선이 안으로 향하게 되는 것입니다.[3] '나의 신'은 우선 내 안에서 그 장소를 찾아야 하기 때문입니다. 이러한 '내면화' 또는 '내면성(interioritas)'의 성립은 아우구스티누스 사고의 요체가 되며, 이로써 '메모리아(기억, 의식)'라는 장소가 열리게 됩니다. 왜 여기에서 '**우리**의 신(deus noster)'이라고 하지 않는지에 대해서는 설명이 필요하지 않을 것입니다. 그것은 아우구스티누스라는 개인의 내면에서 일어나는 일이기 때문이고, 역시 어디까지나 한 개인인 아우구스티누스의 '회심'이라는 체험에서 출발하는 것이기 때문입니다. 그리고 이에 대해 신앙공동체이자 믿음이 같은 사람들에게 진실을 분명하게 말하는 것이 '고백'이라는 행위이며, 그것이 '진리를 행하는(veritatem facere)'[4] 것입니다. 신앙공동체의 공동성은 이러한 행위에 의해 형성됩니다.

(b) 밖으로 향해 있던 탐구의 시선을 되돌린 아우구스티누스는 '스스로에게 '네가 누구냐?'라고 물어보았습니다(et direxi me ad me et dixi mihi: tu quis es?)'. 이런 식으로 내면으로 돌아가려 하는 것은, 맨 처음의 출발점이었던 affectio로 돌아가지 못하게 됨을 의미합니다. 자연물에 묻기에 앞서 아우구스티누스는 "내가 당신을 사랑한다 할 때 무엇을 사랑하는 것입니까?(quid autem amo, cum te amo?)"라고 스스로에게 묻고, 그것은 "물체의 아름다움도 아니고, 시절의 아름다움도 아니고, 우리의 눈을 즐겁게 하는 찬란한 빛도

아니고, 여러 가지 노래의 아름다운 소리도 아닙니다(non speciem corporis nec decus temporis, non candorem lucis ecce istis amicum oculis, non dulces melodias cantilenarum omnimodarum)"(X, vi, 8)라며 감각적인 것들과의 관련을 부정하지만, "그러면서도 어떤 면에서는 내가 하느님을 사랑한다 할 때 어떤 종류의 빛, 소리, 향기, 음식, 포옹을 사랑하고 있는 것도 사실입니다(et tamen amo quandam lucem et quandam vocem et quendam odorem et quendam cibum, et quendam amplexum, cum amo deum meum)"(X, vi, 8)라고 덧붙였습니다. 이것은 너무도 아우구스티누스적인 표현입니다. 아우구스티누스가 최초로 문제시했던 것은 affectio를 통해 자신과 관련되어 있는 '신'이란 무엇인가 하는 것이었습니다. 거듭 말하지만, affectio는 탐구의 출발점인 것입니다. 그러나 아우구스티누스는 '우리는 너의 하느님이 아니다'라는 자연물의 답변에 의해 내면으로 돌아가게 되지만, 돌아가는 곳은 이미 처음의 affectio가 아닙니다. 이것은 affectio 자체를 밝히는 것만으로는 그 affectio에 의해 관련되어 있는 존재인 신 자체를 명확히 할 수는 없음을 말합니다. 크리스트교 전통에는 '신비주의'라는 것이 있는데, 그에 따르면 신과의 관련은 일종의 향기나 빛과 같은 것입니다. 그것은 말로는 표현할 수 없고, 기도에 의해서만 가까이할 수 있다고 합니다. 이것은 어느 면으로는 확실한 부분이지만, 아우구스티누스는 그것만으로 만족하지 않습니다. 이 대목에는 그러한 아우구스티누스의 사고 내용이 잘 나타나 있습니다.

그것은 이렇게 해서 되돌려진 '자기의 내면'이 여기에 이어지는 단계에서 사실로서 고정되지 않고, '자기의 내면'은 신의 장소를 탐구해갈 만한 하나의 '확장'으로서 문제화된다는 것입니다. 그것이 '내면의 확장'인 '메모리아'의 탐구이자 '메모리아론'입니다.

다음과 같이 생각해봅시다. '자기'란 '나(ego)'라는 일인칭 대명사에 의해 내가 숙지하고 있고 내가 익숙하게 사용하고 있는 존재일 뿐이라면, 그러한 '자기'는 내용이 공허한 '부정不定의 자기'에 불과합니다. 그것은 그때그때의 욕망의 주체이자 감정의 주체(주체라고 마저 말할 수 없는 존재)이겠지만, 정해진 것 없이 다수화되어 끊임없이 흔들립니다. 이러한 '자기'는 이미 '내면성'을 잃은 존재이며, 그때마다 사실화되는 존재입니다. '내면성'이란 자기를 근거 짓는 것으로 향하는 방향성에 의해 성립되는 하나의 벡터입니다. 이런 방향성인 내면성을 자신의 문제로 받아들여, 그것을 근거 짓고 있는 것을 물으려 하지 않고, 이것을 사실화해서, 이러한 사실로서의 '자기'를 '근거'로 삼을 때 다양한 에고이즘의 형태가 생깁니다. 퇴락한 '민주주의', '쾌락주의', '공리주의' 같은 여러 형태가 이에 해당합니다. 물론 '민주주의'나 '공리주의'가 절대적으로 틀렸다는 것은 아닙니다. 그러나 사실화된 자기를 인식하고 이를 근본 전제로 여기게 되면, 민주주의는 이미 자기의 외부로 빠져나갈 길을 갖지 못하게 됩니다. 각각의 개인은 고립되어, 타자와의 내적 연관을 구축하는 길이 단절됩니다. 타자와의 관계는 타협에 의해 만들 수밖에 없습니다. 개개인의 자기가 고립화되고 자폐화되기 때문입니다. 근대민주주의의 약점이 여기에 있습니다. 이에 비해 아우구스티누스의 자기는 신을 찾는 탐구의 장소가 되는데, 이것이 메모리아론입니다.

(c) '너는 누구인가'라는 질문을 받은 아우구스티누스는 '사람이다(homo)'라고 답합니다. 이 부분에는 그리스 철학 전체가 흘러들어 있어 흥미롭습니다. '사람이다'라는 것이 그 사람의 본질(=무엇인가?)'을 이룬다고 생각하는 것이 그리스 철학입니다. '일본인이다', '로마인이다'와 같은 표현은 여기에서 '인간의 본질'이 될 수 없습니다. 이에 비해 '너는 누구인가'라는 질문에 '나는 사람이다'라고 답할 때에는 거기에서 '책임'이 생깁니다. 왜냐하면 자신을 포함한 '사람'이라는 존재 앞에서 자신은 어떠한 것을 추구해야 하는가에 대한 책임의 문제가 제기되기 때문입니다. 이것은 대단히 중요한 부분으로, 거기에서 진정한 '휴머니즘'이 성립됩니다. 이어서 이 탐구에서는 '사람'인 자기를 돌아보고, '자기에게는 육체(corpus=물체)와 영혼(anima)이 현전하고 있다'는 것을 확인합니다. 그리고 또 '육체는 밖에 있고, 영혼은 안에 있다(unum exterius, alterum interius)'고 했습니다.

'자기'란 무엇인가? '자기'란 '정신(Geist)'이다. '정신'이란 무엇인가? 정신이란 '자기 자신에 대한 관계이다', 그리고 이 '자기 자신에 대한 관계는 어떤 존재가 놓아둔 것이다'. 따라서 자기의 자기 자신에 대한 관계에는 자기 자신에 대한 관계와 함께 그것을 놓아둔 존재와의 관계가 포함되어 있다.—이것은 키에르케고어가 자기와 정신에 대해 내린 유명한 규정입니다.**5** 이런 키에르케고어의 규정과 아우구스티누스의 생각은 어떻게 다른지, 거기에 주목해보려고 합니다. 아우구스티누스는 '자기 자신'에게 시선을 던졌을 때 자기에게는 육체와 정신 두 가지가 '현전하고 있다(praesto)'고 했습니다. '현전

(praesto)'이란, 안으로 귀향하는 시선 앞에 나타난다는 것입니다. 데카르트 역시 사고하는 자기의 존재는 의심할 수 없다는 것을 근거로, '사고하는 정신(res cogitans)'으로서의 자기를 자신의 철학체계의 출발점으로 삼았습니다. 근대철학은 데카르트의 이러한 사고에 근거해 성립되었습니다. 이것과 아우구스티누스의 차이에 주목하려고 합니다. 『방법서설』에서 데카르트는 모든 것을 의심하며, 자기가 신체를 가지고 있는 것도 의심할 수 있다고 말했습니다. 그럼에도 의심하지 않는 것이 있는데, 그것은 의심하고 있는 자기 자신입니다. 그렇기 때문에 여기에서 데카르트의 자기는 신체를 가지고 있지 않습니다. 키에르케고어와 데카르트 모두 자기에게는 '신체'라는 요소가 결여된 것으로 보고 무시했다는 점이 특징적입니다. 그에 비해 아우구스티누스는 '자기'를 우선 '사람'이라는 존재로 확인하고, 사람은 육체와 영혼으로 이루어진 것임을 확인하고 있습니다.

'자기가 사람이다'라는 사실을 승인하는 것은 인간이 자기를 파악하는 근거가 될 것입니다. 거기에 휴머니즘의 기초가 있습니다. 그것은 우주 안에서의 자기 위치에 대한 겸손한 자인自認이자 과시입니다. 그러한 승인은 자기 인식에서 매우 중요한 것이라고 생각합니다. 거기에서 벗어날 때, 자기 파악은 진정한 자기 모습에서 멀어집니다. 이런 점에서 아우구스티누스는 자신을 적확하게 파악한 것입니다. 따라서 방금 살펴본 것과 같은 의미에서의 데카르트의 코기토로부터 시작되는 근대 유럽 철학에는 어떤 뒤틀림이 생겼음을 인정해야만 합니다.

자기가 인간이라는 것을 승인할 때, 그런 자기에게는 '육체'와 '영혼'이라는 두 요소가 있음을 인정해야만 합니다. 자기는 이 지상에서 삶을 얻은 존재로서 육체를 가지고 있음을 인정해야만 합니다. 이 육체는 살아서 움직이며 느끼고 있는 자기인데, 이렇게 살아서 움직이고 느끼는 자기를 영혼이라고 부릅니다. 따라서 '육체'와 '영혼'은 이러한 자기를 구성하는 두 요소이지만, 이 요소들은 각각 별개의 존재이며, 그것들이 만나서 자기를 만들고 있는 것이 아니라 같은 한 인간으로서의 자기가 있고, '육체'와 '영혼'은 이 자기를 이루는 두 요소인 것입니다. 아우구스티누스가 '육체와 영혼이 자기 안에서 자기로 현전하고 있다(mihi praesto sunt)'고 말하는 것은 그런 의미로 이해해야 할 것입니다. 여기에서 라틴어 corpus를 '육체'라고 해석했는데, 이 점에 대해서는 이미 다뤘더라도 다시금 주의를 환기시켜두고자 합니다. 라틴어 corpus는 인간의 육체를 나타내는 동시에 흙이나 돌 같은 '물체'를 나타내기도 합니다. 여기에 해당하는 그리스어 *soma* 역시 마찬가지입니다. 일본어의 '카라다(신체)'는 절대로 돌을 가리킬 수 없습니다. 일본인은 물체를 모두 '카라다'라고 일컫는 어법을 가지고 있지 않기 때문입니다. 그러나 라틴어와 그리스어에서는 '육체(카라다)'와 '물체'를 별도의 언어로 나타내는 어법이 없습니다. 따라서 '사람은 corpus와 anima로 구성된다'고 하면 '사람은 물체와 영혼으로 구성된다'는 것이고, 물체와 영혼은 각각 내력을 달리하는 본성이므로, 인간은 이렇게 내력을 달리하는 요소들로 구성된다는 뜻이 됩니다. 여기에서 심신이원론이라는 어려운 문제가 유럽 철학의 전통에서 등장하여 오늘에까지 이어지고 있습니다. 확실히 신체도 물체이기 때문에 신체에는 외계의 물체(=자연물)

와 동질적인 부분이 있음을 인정해야만 합니다. 신체로서의 물체가 다른 물체와 상이한 점은 그것이 살아서 움직이며 느끼고 있다는 것입니다. 그리고 느끼고 있는 것은 영혼입니다. 따라서 이때의 물체(=육체)는 영혼이기도 합니다. 아우구스티누스도 이러한 내용을 인식하고 있었다고 생각합니다.

그런데 아우구스티누스의 이와 같은 자기 파악의 출발점이 앞에서 언급한, 유럽 근대를 대표하는 두 철학자와 다르다는 점이 중요합니다. 그것은 아우구스티누스가 인간을 자연계 전체 안에서 삶을 얻은 존재로 여기고 있음을 보여주고, 인간 존재를 자연계 전체와 연결된 존재로 규정하고 있다는 것입니다. 아우구스티누스의 탐구는 거기에서 시작됩니다. 따라서 아우구스티누스는 데카르트와 달리, 육체의 감각을 통해 관여하는 외적 자연물의 존재를, 자기 존재가 인정될 수 있는 것과 같은 정도로 당연히 인정되어야 하는 것으로 보고, 자연계 전체에 존재하는 사물은 우리와 어떤 식으로든 삶을 함께하는 '공통의 존재사물'이라고 여겼습니다. 그러므로 이들 자연물을 신의 손에 의한 피조물(creata)로 인식하는 것은 그렇게 멀리 벗어난 생각이 아닙니다. 왜냐하면 우리 인간은 스스로의 존재를 직접 만든 것이 아니라, 만들어지고 부여받은 존재라는 점을 인식할 때, 우리가 우리의 존재를 자연계 전체의 사물과 함께 그 안에서 얻고 받았다는 점을 인식하는 것이 자연스럽기 때문입니다. 자신이 부모나 주위 사람들에 힘입어 살아가게 된 존재라는 점을 인식하는 것 역시 당연한 일입니다. 이렇게 모든 것을 부여받았다고 인식할 때, 그것들이 신에 의해 주어진 것이라는 점을 인식하게 됩니다. 인간은 자연계 전체에 있는 '피조물의 극히 적은 일부분 (aliqua portio creatturae tuae)'(I, i, 1)입니다. 이렇게 해서 자연계 전체와의 관련은 아우구스티누스가 존재를 생각하는 출발점에 놓입니다. 그곳을 벗어나면 자기의 진실도 잃어버리게 됩니다.

지금까지 신체성의 중요함에 대해 설명했습니다. 유럽의 중세와 근대에 심신이원론 문제가 좀처럼 해결될 수 없는 부분으로 남아 있었던 것은 사실이고, 거기에서 다양한 왜곡이 생겨났습니다. 크리스트교 안에서도 그로 인한 갖가지 왜곡이 생겨났습니다. 일본인은 자연계 전체에 친숙함을 가지고 있어서 그것을 범신론이라고 일컫는 경우가 있지만, 그것은 전혀 다른 내용입니다. '범신론'이라는 말은 유럽 이념사의 한 시기에 나온 표현입니다. 바울도 자연계 전체는 해방을 추구한다고 말했습니다.[6] 이 문제는 유럽에서도 다시금 생각해봐야 할 것입니다.

(d) 아우구스티누스는 이러한 인간 존재의 두 요소인 '육체'와 '영혼'을 각각 '밖(exterius)'과 '안(interius)'으로 한정했습니다. 여기에서 '외부'와 '내부'를 의미하는 라틴어 exterius, interius에 주목하려고 합니다. exterius는 '밖의'를 의미하는 형용사 exter의 비교급 exterior의 중성형이고, interius는 '안쪽'을 의미하는 부사 intus에서 유래한 비교급 형용사 interior의 중성형입니다. 이들은 비교급이므로 원래 '더 바깥', '더 안쪽'이라는 관계적 의미를 가지고 있습니다. 그러니까 '밖' 또는 '안'은 각각 그 자체로 한정되는 것이 아니라, '같은 하나의 것'과 관련된 상태에서 그것의 '밖'과 '안'을 의미하는 말입니

다. 따라서 '신체'란 자신의 바깥을 향하는 하나의 벡터이고, '영혼'은 안쪽을 향하는 벡터라고 생각하는 것이 옳습니다.

그러므로 우리는 인간이라는 존재 전체에서 '육체'와 '영혼'이라는 두 요소가 가지는 의미나 그 움직임을 바르게 이해할 수 있습니다. 즉, '육체'란 우리 인간이 외부의 자연 사물과 관련되는 쪽을 말하고, '영혼'이란 우리 인간이 인간보다 '더 안의' 무엇인가와 관련되는 쪽입니다. 외부와는 신체의 감각을 통해 직접 연관되지만, 이때 감각된 것은 이미 우리 '내면'에 있는 것이어서, 우리는 외부의 영향을 받아 끊임없이 흔들리는 동시에 이러한 감각의 힘에 의해 외부의 변화에도 적절히 반응함으로써 자기의 생존을 안정적으로 유지할 수 있는 것입니다. 한편, 이러한 감각은 우리의 마음 상태에 의해 언제나 영향을 받습니다. 따라서 마음의 상태가 어떠한가에 따라 외부의 사물을 바르게 판단하기도 하고 틀리게 판단하기도 합니다.

또한 우리 인간보다도 '더 안의' 것이란, 마음속에서 판단을 바르게 이끄는 '이성'의 움직임이나 자기 자신을 아는 움직임, 또는 이러한 자기 마음의 깊은 곳에서 자신과 관련되어 있는 어떤(=신) 존재이고, 이 어떤 존재에 대해 일종의 예감을 부여하는 영혼의 작용입니다.

이것이 바로 아우구스티누스가 '내면성'이라고 부른 부분입니다. '메모리아'의 영역이란 넓고, 깊고, 중층성을 가지는 전체를 말하며, 10권의 고찰은 이 영역을 향하고 있습니다. 방금 중층성이라고 했는데, 거기에는 스스로에게 현재적顯在的으로는 의식되지 않는 부분인 심층의식이 있는 것입니다.

저번 강의 때 다룬 '아름다움(*kalon*)'이란, 밖으로 기우는 것을 잘라버리고, 이러한 내면성으로 사람을 돌려세우는 힘을 가진 것이었습니다. 근원적인 아름다움과 만났을 때 '잊을 수 없는 자기'는 스스로에게 현전합니다. 잊을 수 없는 어떤 것이 바로 메모리아이고, 거기에 자기가 있는 것입니다.

15강

메모리아 안에서의
신의 장소 탐구 (10권 4)

자기의 메모리아 안으로 헤치고 들어가 그 깊은 곳에서 신의 장소를 찾으려고 하는 10권의 탐구가 어떻게 진행되고 어떤 의미를 지니는지, 이제까지 다양한 각도에서 검토하고 이야기했습니다. 모두 여러분 스스로 『고백록』을 읽으실 때 도움이 될 수 있도록 한 것이었습니다. 『고백록』의 서술 내용을 세부적으로 일일이 설명하는 것은 이 강좌의 취지에도 맞지 않고, 더구나 이렇게 제한된 범위에서는 불가능한 일입니다.

10권의 탐구는 이후 메모리아의 내부로 헤치고 들어가 전체적인 모습을 그려나갑니다. 이 대목은 『고백록』에서도 가장 철학적인 부분이어서 상세한 내용을 여기에서 전부 다룰 수는 없습니다. 여기에서는 이후의 대략적인 내용을 불완전하게나마 조금 이야기하며 이번 강좌를 마무리짓고자 합니다.

8장으로 들어가겠습니다.

"그러므로 나는 본래 나에게 주어진 이 힘을 초월하여 단계를 밟아 나를 만드신 그분에게로 오르려고 합니다. 그러자 나는 기억이라고 하는 평야와 넓은 궁전에 오게 된 것입니다."

transibo ergo et istam naturae meae, gradibus ascendens ad eum, qui fecit me, et venio in campos et lata praetoria memoriae(X, viii, 12)

'본래 나에게 주어진 힘'에 대해, 7장에서는 이렇게 서술하고 있습니다. "그러나 이러한 내 힘마저 나는 초월해야 합니다. 말이나 노새도 이러한 힘을 가지고 있기 때문입니다. 그들도 육체의 감각을 통하여 사물을 지각하고 있습니다(transibo et istam vim meam; nam et hanc habet equus et mulus: sentient enim etiam ipsi per corpus)."(X, vii, 11) 여기에서 '이러한 힘'이란 생물체 일반이 가지고 있는 감각하는 힘입니다. 감각을 함으로써 생물체가 외부의 어떤 존재와 연관된다는 의미에서는 이것은 생물체의 내부에 있는 것, 즉 안쪽입니다. 그러나 이제 나를 만드신 존재를 향하면서, 생명체 일반으로서의 이러한 힘을 초월하려 한다는 것입니다. 그리고 초월한 지점에서 어떤 일이 일어나는지, 그것이 이제부터 문제가 됩니다. 초월하면 '기억이라고 하는 평야와 넓은 궁전에 오게 된 것'이라고 했습니다. 앞에서 언급했듯이, '외부(exterius)'와 '내부(interius)'라는 말은 비교급인데, 그것들은 (어떤 경우에는) 하나의 존재인 '인간'과 관련되는 데 더해 '밖'과 '안'으로서 일종의 방향성 또는 벡터로 규정될 수 있습니다. 이러한 의미에서의 '밖'과 '안'은 동물에게도 공통적인 개념입니다. 그러나 최상급 표현인 '가장 깊숙한 곳(intima)'[1]은 그것들과 구별됩니다. 그것이 '메모리아'입니다. 아우구스티누스는 여기에서 메모리아라는 평야(campi) 또는 넓은 궁전(lata praetoria)으로 들어가 그 내부에서 신의 장소를 탐구합니다. 그곳은 동물들도 공유하는 감각이라고 했던 영혼의 힘을 넘어서는 부분입니다. '평야(campi)'라는 말은 복수로 표현되는데, 아우구스티누스가 들어간 곳은 복수의 평야입니다. 지평선 저편까지 계속해서 끝없이 펼쳐지는 '평야의 연속'이라고 해석해도 좋을 것입니다. 이후 아우구스티누스가 평야에 대해 계속 분석해가는 부분은 보통으로 읽어서는 이해하기 어렵습니다. 어느 평야에 들어서면 거기에는 또하나의 평야가 펼쳐지고, 또다른 평야에 들어서면 다시 별도의 평야가 펼쳐지는 것이, 이 복수형의 평야(campi)라는 말로 표현된다고 이해하면 좋을 것입니다. 이어지는 '넓은 궁전(lata praetoria)'이라는 표현에서, '궁전(praetoria)'은 본래 '장관(praetor)이 사는 집'을 뜻합니다. 처음에 '장관(praetor)'은 로마 공화제에서의 사법장관을 가리켰지만, 이후에는 로마 속주의 장관이면서 로마 법률을 대행하는 인물을 뜻했습니다. 『고백록』을 집필하던 시기의 아우구스티누스는 로마 속주인 누미디아 히포의 주교였습니다. 아프리카의 최대 도시 카르타고에도 장관의 거처가 있었겠지요. 로마 황제의 궁전도 호화로웠지만, 속주 장관의 거처도 대단했을 것으로 생각됩니다. 이 부분에서 아우구스티누스는 아마도 방에서 방으로 이어지며 연결되는 궁전을 상상하고 있었던 듯합니다. 그리고 가장 안쪽 방에 장관, 즉 신이 있다는 것을 전제하고 있습니다. 자기의 내면성(interiora)을 이렇게 비유하고 있는 점에 아우구스티누스 메모리아론의 특징이 있습니다. 내면성은 인간의 자기를 구성하는 것으로, '주관성(subjectivity)'과는 조금 다릅니다. '주관'이란 '자신이 스스로를 그렇다고 생각하거나 또는 믿어버리는 것'일 텐데, 메모리아는 그것과 다릅니다. 자기 내면에는 자기자신도 깨닫지 못하거나 잊고 있는 부분이 있는데, 그것은 자기의 심층에서 자기를 만드는 것을 포함합니다. 이러한 자기의 심층에서 그 심층을 뚫어버리는 저편에 신의 장소가 있습니다. 자기의 심층보다 더 깊은 곳에서 신과 연관됨으로써 자기의 자기성, 즉 자기 자체가 구성되는 것입니다. 그것이 아우구스티누스의 인간 파악입니다. 메모리아는 광대한 넓이와 깊이를 가지고 있습니다. 그것은 자기 자신도 간파할 수 없는 부분입니다. 우리는 그 위에 놓여 있고, 신은 그곳의 가장 안쪽에 계십니다. 아우구스티누스가 신을 '나 자신의 깊은 내면보다 더 깊은 내면에 계시며 내가 높이 도달할 수 있는 그 높이보다 더 높이 계셨다(interior intimo meo, superior summo meo)' (III, vi, 11)고 했듯이, 거기에 신의 장소가 있습니다. 기억은 하나의 부분인 듯 생각되기도 하지만, 아우구스티누스의 메모리아는 자신의 의식이자 자신이 느끼고 있는 모든 것입니다. 현재 의식되지 않고 있는 것이더라도 과거에 의식되었던 일을 포함하고 있고, 또 과거에는 확실히 의식되었던 것이 아니더라도 어딘가에 의식되고 있는 것이 포함되어 있습니다. 그것은 심층의식입니다. 이러한 기억으로서의 자기 구성을 하나하나 물어감으로써 신의 장소를 찾아가는 것이 메모리아 안에서의 신의 장소 탐구입니다. 철학의 역사에서 생각하면, 그리스 철학은 오늘날까지 계속되는 중요한 문제를 제기하고 이를 추구했지만, 무엇이 인간의 내면성을 구성하는지에 관한 주제적 연구는 적었던 듯합니다. 이 문제는 주로 아우구스티누스가 제기한 것이 아닐까 생각됩니다. 따라서 아우구스티누스가 제기한 이 내면성이라는 것이 무엇인지 잘 생각해볼 필요가 있습니다.

10권 후반부에 전개되는 내용은 감각과 기억의 차이, 자유 학예, 자기의식, 감정의 기억, 망각의 기억 등입니다. '망각의 기억'이라는 다소 드문 표현이 여기에서 언급되고 있어서 조금 주목해보려고 합니다. 거기에서 화제에 오르는 '잃어버린 은화를 찾는 여인' 이야기는 복음서에 실려 있는데,[2] 없어진 은화를 찾느라고 집안 구석구석을 뒤진 여인에 대한 이야기입니다. '없어진 것을 찾는' 일은 어떻게 일어날까요? 이 비유에서 여인은 없어진 은화를 확실히 기억하고 있는 것이겠지요. 그럼에도 잊어버려서 기억에 남아 있지 않은 것을 찾을 수가 있을까요? 또 '잊어버렸다'는 사실을 '기억하고 있다'는 '망각의 기억'이 애초에 있을 수 있는 것일까요? 이것은 흥미로운 철학의 퍼즐이라고 해도 좋을 문제입니다. '잃어버린 은화를 찾는 여인'에 대한 예수의 비유는 '천국'을 찾는 것에 대한 비유입니다. 사람은 '잃어버린 은화'처럼 잃어버린 '천국'을 잘 기억하고 있어서, 그것을 간절하게 찾는 것일까요? 예수가 천국에 대해 말했을 때, 천국은 은화처럼 바로 이해할 수 있는 그런 것이 아니겠지요. 그렇다면 천국이란 무엇일까요? 잘 알 수 없는 것은 아닐까요? 복음서로 돌아가 말하면, '천국'이란 예수가 입에 올리는 언어를 통해 이야기되고 있는 것입니다. 그 언어에 의해, 어떤 소중한 것을 잃어버려 잊고 있던 어떤 것이 떠올라 일생을 걸고 그것을 찾게 된다는 것입니다. '망각의 기억'이란 그런 어떤 것입니다. 메모리아의 깊은 곳에 남아

있는 '무엇인가 소중한 것을 잊고 있다'는 기억입니다.[3]

이것에 이어 '행복을 원하는 기억'이 이야기됩니다. 소크라테스가 말했던 '모든 사람은 행복을 바란다'는 말은 철학의 역사에서 이야기되며, 플라톤과 아리스토텔레스 철학을 비롯한 거의 모든 그리스 철학이 이 명제를 기본전제로 삼고 있습니다. 그리스 윤리학은 '행복'이란 무엇인가, 어떻게 하면 '행복'을 얻을 수 있는가 하는 문제에 의해 성립됩니다. 그러나 여기에서 아우구스티누스는 '오류 가능성'의 문제를 상기시킵니다. 요컨대, 사람들이 그것을 '행복'이라고 생각하더라도 반드시 그렇지 않은 경우가 있다는 것입니다.

"오, 주님, 내가 이 세상에서 어떠한 기쁨을 경험한다 할지라도 그것으로 인해 내가 참으로 행복하다는 생각을 갖지 말게 하소서. 당신에게 고백하는 당신의 종인 나의 마음에서 이런 생각을 멀리 떠나게 하소서."

absit, domine, absit a corde servi tui, qui confitetur tibi, absit, ut quocumque gaudio gaudeam, beatum me putem.(X, xxii, 32)

'어떠한 기쁨을 경험한다 해도 그것으로 인해 행복하다고 생각한다면 그것이 기쁨'이라는 것은 쾌락주의의 입장입니다. '쾌락'이란 주관적인 것이어서, 그 사람에게 그것이 '기쁨'이라고 하면 '기쁨'인 것이라는 생각입니다. 지금도 영미권 윤리학에서는 유력한 입장인데, 그에 따르면 '선'이란 '쾌락'인 것입니다. 그러나 위의 인용에서처럼, 아우구스티누스에게는 '기쁨'이란 그러한 것이 아닙니다.

"당신께서는 참다운 기쁨을 불경건한 사람들에게는 주시지 않고 당신만을 목적으로 예배하는 자들에게만 주십니다. 그러기에 당신만이 그들의 기쁨이 되십니다. 참다운 행복(beata vita)이란 당신으로부터 오는, 당신을 향한, 그리고 당신을 위한 기쁨입니다. 진정한 행복이란 이것뿐 그외에는 없습니다. 혹시 다른 종류의 행복이 있다고 생각하는 사람들은 다른 종류의 기쁨을 추구할 것입니다. 그러나 그것은 참다운 기쁨이 아닙니다. 그럼에도 불구하고 그들이 추구하는 그러한 기쁨도 어떤 면에서는 참다운 기쁨을 닮은 면이 있기에 그것을 추구하는 사람들의 의지도 그 영상에 의해 움직여져서 그러한 기쁨을 추구하는 모양입니다."4

est enim gaudium, quod non datur inpiis, sed eis, qui te gratis colunt, quorum gaudium tu ipse es. et ipsa est beata vita, gaudere ad te, de te, propter te: ipsa est non est altera. qui autem aliam putant esse, aliud sectantur gaudium neque ipsum verum. ab aliqua tamen imagine gaudii voluntas eorum non avertitur.(X, xxii, 32)

여기에서는 두 가지 내용이 이야기되고 있습니다. 우선 참다운 기쁨은 신을 기쁘게 하는 데 있다는 것입니다. 또하나는 신을 기쁘게 하는 것을 모르는 사람이라도 '행복을 추구하는' 한, 완전히 잘못되는 것은 아니며, 참다운 기쁨과 비슷한 것을 추구하는 것이라는 생각입니다. 행복한 삶의 방식을 추구하는 한, 사람은 어떤 식으로든 자신이 모르는 '참다운 행복'인 신을 찾게 되는 것입니다. 거기에는 '망각한 것에 대한 기억'을 더듬어가는 것과 비슷한 데가 있습니다.5

그러나 이것은 보통의 행복론으로서는 미진한 것이기도 합니다.

"그러므로 모든 사람이 다 (참다운) 행복을 추구한다는 것은 확실하지 않습니다. 세상에는 당신 안에서 기뻐하기를 원치 않는 자들이 있기 때문입니다."

non ergo certum est, quod omnes esse beati volunt, quoniam qui non de te gaudere volunt, quae sola vita beata est, non utique vitam beatam volunt.(X, xxiii, 33)

이어서 바울의 '육에 따라 살아가는' 삶과 '영에 따라 살아가는' 삶을 구별해 설명하는 구절이 이어집니다. 이것은 아우구스티누스가 제시하는 인간의 근본적인 삶의 방식에 대한 두 가지 차이인데, '영에 따라 살아가는' 것이 행복한 삶이라고 말하며 다음과 같은 흥미로운 이야기를 합니다.

"이제 내가 사람들에게 진리 안에서 기뻐하겠느냐, 아니면 거짓 안에서 기뻐하겠느냐고 물으면 모두 서슴지 않고 대답하기를 '진리 안에서' 기뻐하겠다고 할 것입니다. 그것은 그들에게 무엇을 원하느냐고 물을 때 행복을 원한다고 서슴지 않고 대답하는 것과 똑같습니다."

nam quaero ab omnibus, utrum malint de veritate quam de falsitate gaudere: tam non dubitant dicere de veritate se malle, quam non dubitant dicere beatos esse se velle.(X, xxiii, 33)

잘못되어도 좋으니 기쁨을 맛보고 싶다는 그런 사람은 없을 것이라는 말입니다. 이것은 아우구스티누스에게 근본적인 부분입니다. 인간은 잘못되고 싶어하지 않고, 잘못되기를 바라지도 않습니다. 이것은 아우구스티누스의 최종 문제였습니다. 인간은 진리를 반깁니다. 아우구스티누스의 귀결은 결국 '진리 자체는 신이다'라는 것입니다.

"나는 남을 속이기 원하는 사람들을 많이 만나보았으나 속임을 당하기 원하는 자는 한 사람도 만나보지 못했습니다."

multos expertus sum, qui vellent fallere, qui autem falli, neminem.(X, xxiii, 33)

그리스 철학에서는 이런 식으로 말한 사람은 없었던 것으로 생각합니다.

24장 35절에서는, '당신을 알게 된 때부터(ex quo didici te)'라는 표현이 세 번 반복됩니다.[6] 이런 짧은 문장에서 똑같은 표현이 왜 이렇게 반복되는 것일까요? 이 부분을 읽고 있으면, 이는 '진리를 소중히 여기게 되면서부터, 신을 진리로 인식하게 되면서부터'라는 내용을 말하고 있다고 생각합니다. 키케로의 『호르텐시우스』를 읽고 '불멸의 지혜'를 원하게 되면서부터라고 해석하는 사람도 있을지 모르지만, 나는 '회심'의 시점을 말하고 있다고 봅니다. 왜냐하면 『호르텐시우스』 체험이 '당신을 아는' 것은 아니었기 때문입니다. 그래서 회심 체험 이후에, 나는 당신을 잊은 적이 없다고 말하는 것입니다. 실제로 여기에서의 서술은 10권의 탐구의 출발점인 '나는 무엇을 사랑하고 있는 것일까요'로 돌아갑니다.

26장은 결론에 해당합니다.

"그러면 내가 당신을 알기 위해서는 어디서 당신을 찾아뵈어야 합니까? 내가 당신을 알게 되기 이전에는 당신은 내 기억 안에 계시지 않으셨습니다. 그러면 내가 당신을 어디에서 찾아 만나 당신을 알 수 있게 되겠습니까? 내 위에 계시는 당신 안에서만 당신을 찾을 수밖에 없습니다."

ubi ergo te inveni, ut discerem te? neque enim iam eras in memoria mea, priusquam te discerem. ubi ergo te inveni, ut discerem te, nisi in te supra me?(X, xxvi, 37)

결론은 '내 위에 계시는 당신 안에서(supra me in te)'라는 부분입니다. 기억은 자기 자신의 것이고, 자기 자신의 내면성을 구성합니다. 기억 안에서 신을 찾아보지만, 어디에서도 찾을 수 없습니다. 이렇게 '망각론'과 '오류론'을 거쳐 '진리론'에 이르러, 그곳에서 자기 자신을 넘어서는 존재로서의 신을 발견하는 것입니다. 그곳은 자신의 가장 깊은 내면보다도 더 깊은 곳이었습니다. 내 위에 계시는 당신 안에서 어떤 신을 어떻게 탐구하는 것이 좋을지 고민하는 지점에서, 『고백록』은 11권 이후의 성서해석으로 향해갑니다.

보론 1

'정원 장면'에 대한 하나의 코멘트

『고백록』에서 회심의 결정적인 순간을 말하는 '정원 장면'(VIII, viii, 19~xii, 30)에 대해 앞의 9강에서 밝힌 나의 해석을 뒷받침할 만한 몇 가지 내용을 '보론'으로서 간단히 적어두려 합니다. 이견이 많은 이 부분에 관한 여러 설에 대해서는 장차 전문적인 검토가 이루어지기를 기대하겠습니다.

(a) nugae nugarum, vanitates vanitantium, antiquae amicae meae ('덧없고 덧없는', '어리석고 어리석은', '오래된 나의 여자친구들')(VIII, xi, 26)

'내 옷자락을 슬쩍 치면서' 회심을 위한 최후 결단을 망쳐놓으려는 듯한 '**오래된 나의 여자친구들**(antiquae amicae meae)'의 뒤에서 들려오는 외침인 '당신이 우리를 정말 버리고 떠나가렵니까?'……'이제부터는 당신이 **이런 일 저런 일**(hoc et illud)을 영원히 할 수 없다는 말입니까?'라는 말투에서 풍기는 **미묘한 '성적 유혹'의 뉘앙스**는 '마음의 밀실에서(corde meo)'(VIII, viii, 19) '내 영혼을 상대로(cum anima mea)' 시작한 '강렬한 싸움'이라고 했던 '정원 장면'에서, 아우구스티누스의 마음 깊은 곳에서 일어나는 갈등이 주로 '성적 유혹'과 관련되면서 이를 끊어버리려는 싸움이었다는 해석이 나오는데, 이것이 오늘날의 현대인에게는 정서적으로 가장 유력한 해석인 듯합니다.[1]

그러나 이 대목(VIII, xi, 26)에서 '나를 살짝 잡아당기는(retinebant)' 것으로서 '오래된 나의 여자친구들(antiquae amicae meae)'에 앞서 '어리석고 어리석은(nugae nugarum)', '덧없고 덧없는(vanitates vanitantium)'이라는 말이 서두에 등장하는 데에 주목하려고 합니다. 앞에서 이미 설명했듯이 '허망의 극치'가 『코헬렛(집회서)』 도입부의 유명한 말이라는 것은 누구나 알고 있을 것입니다. 이 부분이 『코헬렛』 전체를 관통하는 키워드이고, '(신으로부터 벗어나는) 세속적인 것에 대한 집착'을 의미한다는 것도 분명합니다. 거기에 '성적 집착'이 포함되어 있다 해도, 그것은 그것으로만 한정되지 않는 '(신으로부터 벗어나는) 세속적인 것 일반에 대한 집착'을 두루 나타내는 표현인 것입니다. 그렇다면 그다음에 바로 이어지는 '오래된 나의 여자친구들(antiquae amicae meae)'이라는 말은 이 『코헬렛』의 표현이 변형된 수사적 표현이 아닐까요. 그러니까 아우구스티누스는 '성적 집착'에 한정되지 않는 '(신으로부터 벗어나는) 세속적인 것에 대한 집착'을 의인화해 '오래된 여자친구들'이라고 표현했다고 생각하는 것이 자연스러울 듯합니다. 이 장면과 관련해 세르주 랑셀Serge Lancel이

최근 저서에서, 아우구스티누스는 이 대목에서 고전문예작품 일반의 상투적인 '극적' 효과를 노리며 '일종의 인형극적 수법을 구사하고 있다(manupule comme sur un theatre les mationettes)'고 해석한 것은 참으로 적절한 듯합니다.[2] 따라서 '이런 일 저런 일(hoc et illud)'이라는 것 역시 마찬가지로 성적인 일을 포함할 수 있을 테지만, 성적 욕망으로만 한정되지 않는 다양한 '세속적 욕망'이 이제까지 여러 군데에서 '정욕(cupiditates)'으로 표현되었음은 앞에서 자주 살펴본 대로입니다.[3] 조지 롤리스George Lawless의 해석처럼,[4] 『고백록』의 서술에서는 고전기 이후 라틴 문학의 전통을 이루는 '욕망'의 세 가지 정형표현인 '야심(ambitio)', '사치(luxuria)', '탐욕(avaritia)'이 점차 '명예(honores)', '결혼(coniugium)', '부(lucra)'(VI, vi, 9)로 탈바꿈하여, 논의의 일관된 줄기가 되었다고 보는 것이 적절하리라 생각합니다. 이를 '정원 장면'과 관련짓는다면 그것은 '변론술 교사'라는 영예로운 직분을 단념하는 것이 됩니다. 변론술 교사라는 자리는 밀라노 궁정에서의 영예로운 지위, 황제나 귀족들과의 친밀한 관계, 나아가서는 높은 지위에 대한 야망, 안정된 생활(수입), 그리고 좋은 가문 여성과의 결혼과 같은 모든 것을 포함하는 것이며, 거기에는 '명예', '이득', '탐욕'의 세 가지가 모두 포함되어 있기 때문입니다.[5] 즉, 랑셀이 비유한 것처럼, '인형극적 효과'를 동원해 '오래된 나의 여자친구들의 외침'이라는 식으로 '(신으로부터 벗어나는) 세속적인 것에 대한 집착'을 말하고 있는 것이 됩니다.

(b) 두 가지 의지의 갈등, 육체의 규범과 영혼의 규범

'정원 장면'에서는 내면의 갈등이 8권 8장 19절부터 10장 25절까지 길게 서술되는데, 이는 앞의 9강에서 설명한 것처럼 '영혼 안에 내재하는 두 가지 의지의 갈등'에 대한 이야기입니다. 이것은 바울의 『로마서』 7~8장에 나오는 '영혼의 율법'과 '육체의 율법'에 대한 내면의 갈등과 (마니교에 대한 논박이라는 면을 포함하면서) 실질적으로 합치되는 것이겠지요. '선을 바라면서도 하지 못하고, 악을 바라지 않으면서도 그것을 하고 맙니다'(『로마서』 7:19)라고 했던 '아담의 아들' 사도 바울의 마음 깊은 곳에서 나오는 한탄을, 아우구스티누스는 여기에서 자기 자신의 솔직한 고백으로 표현하고 있습니다 (VIII, x, 22).

그러나 아우구스티누스가 여기에서 길게 서술한 '두 가지 의지의 갈등'이나 사도 바울의 『로마서』에 나오는 '영혼의 율법과 육체의 율법에 대한 갈등'을 그저 '성적 유혹'에 한정된 것으로 이해하는 것은 무리입니다. 그것은 '영혼에 이끌려 신에게 향하는 영혼의 모습'과 '육체에 이끌려 신을 등지는 영혼의 모습' 사이의 모든 갈등을 말하는 것입니다. 그렇기 때문에 이를 바탕으로 서술한 정원 장면에서, 아우구스티누스의 내면의 갈등을 주로 '성적 유혹'과 관련지어 해석하는 것은 부적절하다고 생각합니다.[6]

(c) continentia

'정원 장면'에서 제시된 마음 깊은 곳에서의 영혼과의 갈등이 주로 '성적 유혹'에 맞서는 것이었다는 식의 해석을 뒷받침할 수 있

는 또하나의 이유는, '오래된 여자친구들'이 뒤쪽에서 소리치는 '유혹'의 목소리에 대해, 역시 랑셀이 말하는 인형극 수법으로, 아우구스티누스의 마음 깊은 곳에 'continentia의 맑은 위엄(casta digntas continentiae)'이 모습을 드러내며 그 유혹을 잘라버리고 자기 쪽으로 걸어오라고 권하는 부분에 있습니다. 만약 여기에서 continentia가 여성과의 육체관계를 모두 끊어버리는 '독신생활(celibacy)'을 의미한다면, 아우구스티누스의 회심의 중심은 역시 이 '독신생활'에 대한 회심일 것이므로, 이를 멈추도록 했던 '오래된 여자친구들'의 외침은 '성적 유혹'이 됩니다.

이 점에 대해서는 좀더 음미해볼 것이 있지만, 여기에서는 『고백록』을 하나의 '문예작품'으로서의 '총체'로 보고, 그것을 본문 자체 속에서 '내재적'으로, '구성적'으로 해석한다는 나의 기본자세에 따라, 이 continentia라는 말이 『고백록』에서 어떤 의미로 사용되고, 특히 8권의 '정원 장면'에서 어떤 의미로 사용되는지 정하기 위해 몇가지만 지적해두고 싶습니다.

10권 29장에서, 시련으로 가득찬 '이 세상의 삶'을 신을 향해 살아가도록 하려고 '당신(신)은 우리에게 continentia를 명령하셨다(imperas nobis continentiam)'(X, xxix, 40)고 했는데, 이 경우에 continentia는 이어지는 30장 이하에서 전개되듯이, 『요한서간1』 2:15에 나오는 '육의 욕망, 눈의 욕망, 살림살이에 대한 자만(concupiscentia carnis, concupiscentia oculorum, ambitio saeculi)'을 '금하는 것(continere)'(X, xxx, 41)으로서 동사형으로 제시된 '금기(continentia)'를 의미하는 것은 확실합니다. 『요한서간1』 2:15의 '육신의 욕망, 눈의 욕망, 살림살이에 대한 자만'은 '성적 욕망'에 한정되지 않는 것으로, 앞에서부터 언급해온 '(신으로부터 벗어나는) 세속적인 것에 대한 집착'을 말하고 있음이 분명합니다. 10권의 후반부는 이러한 '정욕(concupiscentia)' 일반으로부터의 '정화淨化' 문제를 상세히 전개하는 것입니다.

『고백록』 전체를 통틀어 continentia라는 말이 모든 '성적 욕망'으로부터의 탈각을 의미하는 사례는 달리 찾아볼 수 없을 듯한데,[7] 이러한 사정을 고려하면 continentia가 '정원 장면'에서만 '성적 욕망'으로부터의 탈각과 '독신생활(celibacy)'을 의미한다고 생각하는 것은 부자연스러울 수밖에 없습니다. 이미 설명했듯이, continentia는 여기에서도 고전 라틴어 본래의 용법으로 쓰이며, 그리스어 *enkrateia*와 동일한 의미로 이야기된다고 생각합니다.[8] 따라서 이것을 '신으로부터 벗어나려는 세속적 욕망' 일반에서 멀어지는 '(마음 깊은 곳에서의) 영적 순결'인 '금기'를 의미하는 것으로 해석하고자 합니다.

덧붙여 말하자면, '정원 장면'에서 continentia가 내미는 거룩한 손에 안겨 있는 '사람들'이라고 이야기되고, 이들 무리에 가담하도록 continentia가 재촉하고 있는 '(선례가 되는) 좋은 사람들(gregibus bonorum exemplorum)'(VIII, xi, 27)은 '소년 소녀들, 젊은이들, 여러 연령층의 사람들, 과부들, 처녀로 늙은 많은 동정녀들'이며, 그들은 continentia가 주로 신을 배우자로 삼아 살았던 '기쁨의 자녀들(filiorum gaudiorum)'(VIII, xi, 27)이라고 이야기되고 있습니다. 그러나 이 사람들이 모두 '독신생활'을 유지했다고 하지는 않습니다. 이 점에 대해서도 랑셀이 적절히 시사하고 있듯이,[9] 그들은 '최후의 순간에 천국으로 가게 될 사람들이라고 해석하는 것이 옳다고 나는 생각합니다. 이들은 영혼의 이끎에 따라 '이 세상에 대한 집착'에서 벗어나 신에게로 향하는 삶을 관철한 사람들인 것입니다.

(d) 『로마서』 13장 '주 예수 크리스트를 입으십시오'

'마음 깊은 곳'에서의 갈등이 극에 달했을 때, 이웃집에서 들려온 소년 또는 소녀가 거듭 노래하는 '들고 읽어라(tolle, lege)'(VIII, xii, 29)라는 소리를 듣고는, 그것은 곧 '성서를 펼쳐서 첫눈에 들어온 곳을 읽으라는 하느님의 명령'이라고 이해하며 서둘러 알리피우스가 앉아 있는 곳으로 돌아가 거기에 있던 사도 바울의 책을 집어 들고 (arripui) 첫눈에 들어온 '장(capitulum)'을 읽었습니다.

"흥청대는 술잔치와 만취, 음탕과 방탕, 다툼과 시기 속에 살지 맙시다. 그 대신에 주 예수 크리스트를 입으십시오. 그리고 욕망을 채우려고 육신을 돌보는 일을 하지 마십시오."(『로마서』 13:13~14)

"이 구절을 읽은 후 즉시 '확신의 빛(luce securitatis)'이 '나의 마음 깊은 곳에(corde meo)' '부어지며(infusa)', 의심의 모든 어두운 그림자를 몰아냈습니다."(VIII, xii, 29)

이것이 회심의 최종 성취를 서술하는 감동적인 부분입니다.

바울의 말을 냉정한 눈으로 바라보면, 그저 '성적 유혹을 끊어버려라'고 하는 단순한 권유의 말이 아님은 명료합니다. 전반부(13절)가 로마적인 방탕한 '세속적 욕망'의 충족을 바라지 말라는 권유인 것은 분명합니다. 앞에서 언급한 『코헬렛』 구절과 관련지어 보면, 그와 같은 '세속적 욕망의 충족'을 말하고 있다는 것은 확실합니다. 아우구스티누스의 직업적 소임인 변론술과 관련지으면, 그것이 변론으로 상대를 꺾으려 하는 '쟁투'의 장소로부터 멀어지라는 권유의 의미가 됩니다. 거기에 아우구스티누스가 다가서야 할 '내면의 확신의 빛'이 있었음이 분명합니다. 또 **'이 구절을 읽은 후** 즉시 (statim quippe cum fine huiusce sententiae)'라는 부분을 굳이 의식한다면, 그것은 이 구절의 마지막(14절)에 나오는 '주 예수 크리스트를 입으십시오'라는 말에, 그에 앞선 '세속적인 것에 대한 모든 집착으로부터의 해방'을 가능케 하는 '요체'가 놓여 있다는 것도 의심할 수 없습니다. 그리고 이것이 『로마서』 13장 전체의 중심을 이루고 있다는 것 역시 의심할 수 없습니다. 오코넬Robert J. O'Connell의 저작은 이 단락 초입의 '내 첫눈에 들어온 장(capitulum, quo primum coniecti sunt oculi mei)'에서 '장(capitulum)'이라는 말에 주목하고, 아우구스티누스가 여기에서 주목한 것은 『로마서』 13장 전체이며, 특히 11~12절의

"여러분이 잠에서 깨어나야 할 시간이 이미 되었습니다.…… 밤이 물러가고, 낮이 가까이 왔습니다. 그러니 어둠의 행실을 벗어버리고 빛의 갑옷을 입읍시다"

라는 부분이 회심의 결정적 순간에 아우구스티누스의 눈에 들어와 박힌 말이라고 지적한 것은 타당하다고 생각합니다.[10]

내가 이제껏 거듭 강조해온 해석과 관련짓는다면, 『고백록』에서 아우구스티누스가 '회심'의 핵심으로 이해하고 있는 것은 '예수 크리스트를 입으십시오'라는 한 구절로 마무리되며, 그것은 '육화肉化'의 비의秘義이자 '육신이 되어 우리 안에 머무르는 예수 크리스트의

지혜와 힘'을 '몸에 걸치는 것'이었습니다. 그것이 7~8권을 통해 이해와 의지의 결단이라는 양면에서 설명된 내용이고, 지금 주교가 되어 있는 아우구스티누스의 내면에서도 이 '육화의 말씀'인 '예수의 겸손(humilitas)'만이 자기 내면에 담긴 '인간으로서의 육신의 연약함'을 극복하고 '영혼의 이끎'에 따르는 '(신의) 은총의 규범'을 구현하며 살아가는 것입니다. 따라서 이미 고찰했듯이, 10권의 '정화론'과 8권의 '회심론'은 사실상 불가분의 관계에 있다고 이해해야 할 것입니다. 그리고 『고백록』에서 continentia라는 말은 확실히 '(영적) 순결이자 (마음 깊은 곳에서의) 금기'의 의미로 쓰이고 있다고 이해해야 할 것입니다.

(e) 『고백록』의 주요 언어

더 논해야 할 것이 많이 남아 있지만, 마지막으로 『고백록』에서는 (1) 주교로서의 아우구스티누스의 말, (2) 과거의 자기를 있는 그대로 서술하는 말, (3) 과거의 자신에게 주어진 신의 은총을 서술하는 말의 세 가지 언어가 같은 문맥의 앞뒤에 섞여든 채로 이야기되고 있음에 주목해야 한다는 점만은 지적해두고 싶습니다. 이러한 구성이 『고백록』을 유례없는 독특한 형식의 '문예작품'으로 만듭니다. 그것이야말로 (신과 사람들 앞에서) '진리를 행하는(veritatem facere)' 것이며, 그것이 '고백(confessio, 찬미)'이라는 행위입니다.

『고백록』을 '자전문학'으로 읽음에 따라 생기는 대부분의 착오는 이 점을 이해하지 못한 데서 비롯됩니다. '전기傳記자료'로서 보면, 거기에는 '의식하지 못하거나' 또는 '의식하고도' 굳이 '서술하지 않은 것(=침묵을 지키고 있는 것)'이 다수 있습니다. 그러나 이 점에 대해 논하는 것은 별도의 기회로 미루겠습니다.

보론 2

아름다움, 올바름, 선함
—13강 말미의 질문에 답하며

문: 가장 근원적인 것은 '아름다움'입니까?

답: 아닙니다. 아우구스티누스는 '오래되고 새로운 아름다움'이라고 말했는데, 인간에게 최종적인 것은 '올바름(*dikaion*)의 형상形相'입니다. '올바름의 아름다움'인 것입니다. 자연물의 아름다움이나 예술품의 아름다움과 같이 다양한 아름다움이 있지만, '올바름의 아름다움'은 그것들과 다릅니다. 플라톤은『파이드로스』에서 아름다움은 눈에 보이지만 올바름의 이데아는 눈으로 볼 수 없다고 말합니다.[1] 이것을 크리스트교의 문제로서 말하자면,『루카복음서』 23:47에서 예수가 십자가 위에서 숨을 거두었을 때 이를 보고 있던 백인대장百人隊長이 '이 사람은 올바른 분이셨다'라고 말했다고 합니다. '이 사람은 올바른 분(*dikaios*)이셨다'는 말에는 일의적一義的으로 정해진 '올바름'이 제시되어 있습니다. 이는 예수라는 존재 전체가 '올바름'의 무엇인가를 보여주고 있다는 것입니다. 아우구스티누

스가 올바른 사람(homo iustus)으로서 머리에 그리고 있었던 것은 바로 이런 것입니다. 바울을 사랑했던 아우구스티누스는 '우리는 모두 더욱더 영광스럽게 그분과 같은 모습으로 바뀌어갑니다'라는 『코린토서2』 3:18의 구절을 매우 중시했습니다. 아우구스티누스는 『삼위일체론』에서 '더욱더 영광스럽게'라는 표현을 '창조의 영광(gloria creationis)'에서 '정의로 여겨지는 것에 대한 영광(gloria iustificationis)으로'라고 해석하며, 이것이 성령의 움직임에 의해 일어난다고 설명하고 있습니다.[2] 인간이 신의 모습을 따라 만들어졌다는 것은 인간의 정신이 신의 영광을 반영하고 있다는 것이지만, 그것은 죄로 인해 얼룩져 있습니다. '신학'에서는 '의화義化(iustificatio)'와 '성화聖化(sanctificatio)'를 구별하는 경우가 있습니다. '성화'란 성인으로 여겨지는 것이고, '의화'란 세례를 통해 원죄로부터 정화되어 올바른 자로 여겨지게 되는 것을 말합니다. 그러나 올바른 인간이란 올바름을 체현하고 있는 사람이자 곧 성인聖人이므로, 이 둘은 본래 구별될 만한 것이 아니라고 생각합니다. 바울은 편지에서 이따금 '성스러운 자(hagios)에게'라고 쓰고 있는데, 이것은 '크리스트 신자로서 초대되어 성스럽다고 여겨지는 사람들에게'라는 뜻입니다. 여기에서 의화와 성화를 구별할 필요는 없습니다. 이것은 대단히 중요한 부분입니다. 유럽에서는 일반적으로 신자를 '성도聖徒'라고 부르지는 않지만, 바울은 확실히 그렇게 말하고 있습니다. 또한 아우구스티누스는 물론이고 플라톤이나 플로티노스 역시 '선善'은 더더욱 눈에 보이지 않는 것이라고 말합니다. '아름다움', '올바름', '선함' 세 가지를 명확히 이해하는 것은, 인간이 인간에 걸맞은 존재로서 형성되는 근본이라고 나는 생각합니다. 이 세 가지의, 그 자체로서 값어치 있는 존재인 '가치'는 어린이들이라도 알 수 있을 것입니다. 그러므로 이러한 내용들을 초·중등교육에서 학생들에게 가르쳐야 합니다. 이 세 가지는 같은 것이 아니고, 각각 형태가 다릅니다. '올바름'은 공정과 평등으로 나타납니다. 그러나 이것이 반드시 '아름다움'인 것은 아닙니다. '영웅적인 아름다움'이라는 것이 있습니다. 또한 예수의 말씀 가운데 '어찌하여 나에게 선한 일을 묻느냐? 선하신 분은 한 분뿐이시다'[3]라는 구절이 있습니다. 따라서 '선'이란 내면의 신에게 있으며, 창조의 근본에서 존재 전체를 지탱하고 있는 것입니다. 예수 크리스트로서 제시된 '올바름의 형상(forma iustitiae)'만이 우리를 '선한 존재'로 만듭니다. 우리는 '아름다움'에 의해 근원적인 것의 존재를 깨닫게 됩니다. 그때 우리는 스스로가 진실로 '올바른 존재'인가 하는 질문을 받게 됩니다. 그리고 우리는 '올바름'에 의해서만 '선한 존재'로 여겨집니다. '선'에는 쾌락도 포함됩니다. 그러나 이것이 반드시 '아름다운 것'은 아닙니다. '아름다움'은 우리를 추함으로부터 떼어놓습니다. 이것은 플라톤 철학의 근본이며, 아우구스티누스 신학의 근본이기도 합니다. 그렇지만 근현대 영미권의 공리주의 논리학이나 정치학에서는 '선이란 즐거운 것'이라는 점을 기본으로 삼고 있습니다. '즐거움'에도 여러 가지가 있겠지만, '선'이란 '즐거운 것'으로만 정해지는 것은 아님을 오늘날의 현실이 말해줍니다. 그래서 민주주의 원리에 의해 가능한 한 많은 사람들에게 즐거움을 제공하자는 민주주의적 공정성 원리가 등장합니다. 그러나 거기에서 진정한 아름다움은 상실되고 있습니다. 아우구스티누스의 경우, 예수의 복음은 '올바른 사람'인 '예수의 현실'에서의 '진정한 아름다움'과 관련되고 일체화됨으로써 생명력을 얻을 수 있는 그런 것입니다.[4]

1강_『고백록』이라는 책

1) 고전 그리스어에서 *phemi*(infin. *phanai*)는 '말하다, 주장하다, 긍정하다'를 뜻하는 말입니다.(그리스 문자는 라틴 문자 이탤릭체로 표기, '머리말' 참조)

2) confessio라는 말은 전통적으로 (1) '신앙고백', (2) '죄의 고백', (3) '찬미'라는 세 가지 의미로 쓰여왔다고 합니다. cf. J. Ratzinger, "Originalität und Überlieferung in Augustins Begriff der Confessio"(*Revue des Études Augustiniennes*, 3, 1957, pp.375~392), Bibliotheque Augustinienne; Œuvres de Saint Augustin 13, *Les Confessions*, Livers I~VII, Paris, 1962, introduction 9, note 1.

3) 『찬미록』이라는 번역어를 일본에서 처음 사용한 인물은 이와시타 소이치〔岩下壯一, 1889~1940〕 신부였습니다(岩下壯一, 『中世哲學思想史研究』, 岩波書店, 1942, 15쪽과 21쪽 주-7). 그전까지는 『참회록』이라는 번역어가 보통이었습니다. 예를 들면, 나카야마 마사키〔中山昌樹, 1886~1944〕 역, 『聖アウグスティヌス懺悔錄』, 新生堂, 1924. 일본에서의 아우구스티누스 연구 및 소개에 관한 서지학적 연구는 미야타니 요시치카(宮谷宣史), 「日本におけるアウグスティヌス文獻 松村克己博士への感謝として」(『神學研究』 24호, 1976, 36~63쪽); 「日本におけるアウグスティヌス文獻(2)」(『神學研究』 27호, 1979, 87~95쪽)에 상세한 총람이 실려 있습니다. 그리고 같은 연구자에 의한 『고백록』 일본어역(『アウグスティヌス著作集』, 教文館)

하권은 곧 출간될 예정인데(2007년 7월 출간—옮긴이), 거기에도 상세한 해설이 실려 있다고 들었습니다.

4) 생애의 마지막에는 세례를 받고 크리스트교도가 되어 세상을 떠났다고 합니다(『고백록』 IX, ix, 22. 이하 『고백록』 인용은 『고백록』이라는 제목을 생략하고, 권수를 라틴 숫자 대문자, 장을 라틴 숫자 소문자, 절을 아라비아 숫자로 표기하겠습니다. '머리말' 참조).

5) 아우구스티누스가 태어난 시대의 북아프리카 사회 상황 일반에 대해 공부할 수 있는 것으로는 アダルベール·アマン, 『アウグスティヌス時代の日常生活』上·下(東丸恭子·印出忠夫 譯, リトン社, 2001·2002)가 있습니다. 또 아우구스티누스의 전기에 관해서는 고대 말기·중세·초기 유럽사의 권위자 피터 브라운의 저작이 번역, 출간되어 있습니다(P. ブラウン, 『アウグスティヌス傳』上·下, 出村和彦 譯, 教文館, 2004〔정기문 역, 『아우구스티누스』, 새물결, 2012〕). 또한 이 교수의 방일 중 강연집은 『ピーター·ブラウン: 古代から中世へ』(後藤篤子 編, 山川出版社, 2006)로 출간되어 있습니다.

6) 어머니 모니카가 자란 환경과 그후의 생애에 관해서는 IX, viii, 17~ix, 22에 기술되어 있습니다.

7) 닐 맥린Neil McLynn은 아우구스티누스의 사상을 idiosyncratic(=독자적인 것)으로 특징지었습니다. 암브로시우스를 비롯해 당시 지식인의 교양은 그리스어와 그리스적 교양에 의한 것이었습니다. 크리스트교 시대가 되면서, 크리스트교적 교양을 이끈 것은 그리스 교부들이었습니다. 아우구스티누스의 경우, 이것은 간접적인 일반적 교양에 그쳤습니다. 아우구스티누스의 크리스트교 이해는 그리스 교부의 저작에 이끌려 형성된 것이 아닙니다. 아우구스티누스의 경우에는 『성서』(라틴어역)를 일종의 기본 소재로 독해하는 과정에서 크리스트교 이해가 형성되었습니다. 이 점에 아우구스티누스 사상의 독창성이 있는 것은 틀림없습니다. 『パトリスティカ: 敎父研究』5호(1955)에 실린 맥린의 논문 "Augustine's Roman Empire: Reaching out from Hippo Regius", pp.1~23과 그날의 토론 pp.117~133 참조.

8) 다만 어머니의 이름 모니카는 그 지방에서는 매우 일반적인 이름이었고, 토착신 모나Monna의 축소사인 점이 지적되고 있으며, 그런 면에서 아우구스티누

스가 태어난 베르베르와의 연관성을 상정할 수도 있을 것입니다(Serge Lancel, *Saint Augustin*, Paris, 1999, p.20). 그리고 아우구스티누스 자신이 아프리카 출신임을 숨기지 않고 소중히 여기고 있었다는 증거로, 고향의 순교자인 미긴 Miggin과 남파모Namphamo라는 페니키아 이름에 관해 그가 처음으로 고전 교양을 전수받은 마다우라 지역의 문법학자 막시무스Maximus가 내비친 경멸에 맞서서 '아프리카적 의식'이라고 항변하고 있는 것(『서간』 17, 2)이나, 또 『신국』(8권 12장과 14장)에서 마다우라의 위대한 인물인 아풀레이우스Apuleius가 '아프리카 출신'임을 강조하고 있는 것을 들 수 있습니다(랑셀의 같은 책, 1999, p.21). 다만 베르베르어로 설교하는 것을 알리피우스Alypius에게 맡긴 것은, 그가 고향의 언어에 별로 뛰어나지 않았음을 보여주는 예일 것입니다.

9) 카시키아쿰에서 쓴 첫 저작 『아카데미아학파 논박』은 이 은인 로마니아누스 Romanianus에게 헌정된 것으로 기록되어 있습니다.

10) 아우구스티누스가 관계했던 '마니교'는 어떤 것이었는가, 그것은 『고백록』이 전하는 바를 통해 정확하게 추정할 수 있는가, 또 그 밖에도 여럿 있는 아우구스티누스의 마니교 관련 저작(설교, 서간을 포함)이 전하는 것에서 어느 정도나 정확하게 추정할 수 있는가에 대해서는, '마니교'의 『원전』이 복원되기 시작한 20세기 후반 이후에 연구자들 사이에서 격렬한 논쟁거리가 되고 있습니다. 이 강의에서는 『고백록』이란 무엇인가를 『고백록』 자체로부터 내재적으로 이해하려는 방법적 관점에 근거해 이 부분은 다루지 않겠습니다. 우선은 '마니교'의 『원전』에 직접 다가갈 수 있는 일본어 문헌으로 大貫隆, 『グノーシスの神話』(岩波書店, 1999)에 수록된 '마니교' 관련 논술을 참고하기 바랍니다.

11) 이 부분에 포함된 문제들, 그리고 거기에 관련된 동시대적인, 나아가 현대적인 문제 상황에 관한 상세하고 뛰어난 연구로는 간자키 시게루(神崎繁), 「〈信なき生〉をめぐって: アウグスティヌスと古代懷疑論」(『人文學報』, 1991, 53~126쪽)이 있습니다. 또 이 문제와 관련해 아우구스티누스가 카시키아쿰에서의 수행 생활중 저술한 저작 『아카데미아학파 논박Contra Academicos』에 관해서는 오카베 유키코(岡部由紀子)의 훌륭한 연구 『アウグスティヌスの懷疑論批判』(創文社, 1999)이 있습니다.

12) 이 점에 관해서는 피에르 쿠르셀Pierre Courselle의 고전적 저작 *Recherches*

sur les Confessions de Saint Augustin, Nouvelle édition augmentée et illustrée, Paris, 1968이 있습니다. 다만 쿠르셀의 주장에는 검토를 필요로 하는 점이 있습니다.

13) '신플라톤주의(Neoplatonists)'라는 것은 근대의 명칭이고, 당시에는 '플라톤 학파(Platonici)'라고 불렸습니다.

14) 그것은 마리우스 빅토리누스Marius Victorinus에 의한 라틴어역이었습니다 (cf. VIII, ii, 3).

15) 『안토니우스의 생애De vita Antonii』는 알렉산드리아의 주교 아타나시우스 Athanasius의 저작인데, 아타나시우스 생전에 라틴어로 번역되어, 크리스트 교 고대에 널리 읽혔던 책입니다. 『パトリスティカ: 教父研究』 3호(1996)에 수 록되어 있는 찰스 카넨기서Charles Kannengiesser의 강연 'My Life-long Adventure with Saint Athanasius'의 토론 기록 참조.

16) 그것은 성서의 '영적 해석' 또는 '비유적 해석' 등으로 이야기됩니다.

17) 필생의 대작 『신국』에서 제시한 '지상의 나라'에 대한 자리매김은 그러한 것이 었던 듯합니다(加藤信朗(13) 1~22쪽 참조).

18) Henri-Iréné Marrou, *Histoire de l'éducation dans l'antiquité*. 영어 번역본: *History of Education in Antiquity*, New York: Mentor Book, 1964/ 일본어 번 역본: 『古代教育文化史』, 岩波書店, 1985 참조.

19) 플라톤, 『파이드로스』 261a7~8. 그러나 이것은 플라톤의 정의가 아니라, 당 시의 변론가가 정의한 것입니다.

20) Aristotetles, *Rhetorica*(戸塚七郎 譯, 『アリストテレス弁論術』, 岩波書店) 1권 3장 참조. 거기에서는 변론술의 세 가지 작용, 즉 민회에서의 토론을 어떻게 할 것인가, 법정에서의 토론을 어떻게 할 것인가, 또 공적인 식전에서 연설을 어 떻게 할 것인가, 그 각각의 원리를 서술하고 있습니다. 민회에서의 변론을 규 정하는 것은 '무엇이 더 나은가(=유리한가)(opherimon)'라는 관점이고, 법정에 서의 그것은 '무엇이 올바른가(dikaion)', 공적인 발언의 경우는 '무엇이 아름 답고 훌륭한 것(kalon)인가'로 설정하고 있는 것은 아리스토텔레스 『변론술』의 뛰어난 부분입니다. 미사여구, 어휘선택, 구성 등의 기교적 요소로 변론이 규 정되는 것은 아니라는 말입니다.

21) 아우구스티누스가 살았던 시대인 로마 제정기 후반과 거기에서의 '교양'의 내용이나 사회와의 관계에 대해 명확하게 분석한 것은 앙리 이레네 마루의 고전적 명저 *Saint Augustin et la fin de la culture antique*(제4판, 1958)인데, 오늘날의 본격적인 아우구스티누스 연구는 모두 이 명저에서 출발하고 있다고 말할 수 있습니다(岩村淸太 譯, 『アウグスティヌスと古代敎養の終焉』, 知泉書館, 2008—옮긴이).

22) 앙리 이레네 마루는 아우구스티누스를 Orateur Chrétien(크리스트교 변론가)이라고 불렀습니다(앞의 책). 변론술 교사였던 아우구스티누스는 『고백록』에서 변론술을 '사기술'이라 부르고 있습니다. 그러나 아우구스티누스는 그런 교양에 따른 라틴어 달인이었고, 진정한 의미에서 '말하는 데에 특히 뛰어난 인물(vir eloquentissimus)'이었습니다. '언어'는 아우구스티누스를 살리는 것이었습니다. 사람을 살리는 언어란 어떤 것인가, 거기에 아우구스티누스의 일생의 문제가 있습니다. 우리가 『고백록』을 공부하는 것도 그것을 배우기 위함입니다.

2강_ 제1권 도입부의 두 행에 대해

1) 1595년 아마쿠사판天草版 『羅葡日對譯辭典』(DICTIONARIUM LATINO LVSITANICVM AC IAPONICVM IN AMACVSA IN COLLEGIO IAPONICO SOCIETATIS IESV cum facultate Superiorum. ANNO M. D. XCV, 〔勉誠社, 1979〕)을 보면, 예를 들어 '철학'을 의미하는 philosophia 항목은 ae라는 라틴어 속격형이 제시된 후, 포르투갈어로 Lus. Amor, e estudo da sciencia, ou filosophia라고 설명되며, 이것이 일본어로 번역되어 Iap. Gacumonno suqi, bannmotno rio aquiramuru gacumon이라고 적혀 있습니다. 지금으로부터 400여 년 전에 일본의 엘리트들이 포르투갈 등지에서 온 예수회 선교사들과 협력해, 라틴어 philosophia를 일본어로 번역해 설명해주는 로마자 표기를, 우리는 지금 '학문 애호[Gacumonno suqi]', '만물의 이치를 밝히는 학문[bannmotno rio aquiramuru gacumon]'이라고 쉽게 읽을 수 있습니다. 선인들의 이런 위업이 가지는 학문적 의의는 그다지 충분하게 연구되지 않은 듯한데, 여기에서는 일단 생략하겠습니다. 놀라운 것, 또는 당시 사람들에게

는 당연한 것이었을지 모르는 것은, '학문의'는 gacumonno〔學問の〕로, 또 '만물의'는 banmotuno〔万物の〕로 체언과 조사가 묶여서 하나의 단어로 표기되어 있는 것입니다. 당시 일본어의 표기가 어떠한 것이었는지 확실하지는 않지만, 여기에는 격변화를 동반하는 라틴어 명사의 작용이 일본어에 그대로 반영되어 있는 듯합니다. 포르투갈어에서는 da sciencia라고 '전치사'와 '명사'의 두 단어로 되어 있는 것이 gacumonno로 하나의 단어로 표기되어 있습니다. 마치 그리스어 *philosophia*를 amor sapientiae라고 라틴어로 번역한 키케로의 의도를 이 무렵의 일본인들이 배운 것 같기도 한데, 라틴어 명사의 격변화를 일본어로 옮길 때에는 조사를 붙인 하나의 단어로 이해해야 한다는 것을 당시 사람들이 알고 있었음을 보여주는 듯합니다.

2) 이것은 이어서 설명할 『시편』 47편 등에 근거한 구절로, 이스라엘에서 신앙고백의 중심을 이루는 것이었습니다. 이슬람교에서도 이슬람교도가 매일 5회 노래하는 '기도'(살라트)의 도입부에서 읊는데, 각 절마다 몇 번이고 반복해서 읊는 말이 바로 '알라후 아크바르(알라는 위대하다)'입니다. 중세 크리스트교 신학자로 유명한 안셀무스가 '신'을 특징짓는 것으로서 '그 이상으로 거대한 존재가 생각될 수 없는 존재'(『프로슬로기온』 2장)라고 규정하고, 이러한 특징에 근거해 '신은 존재한다'는 결론을 이성적으로 필연적인 논증으로서 제시했던 것은 유럽 철학사와 신학사에서 유명한 일입니다.

3) Ps. 146:5, magnus Dominus noster, et magna virtus ejus; et sapientiae ejus non est numerus. (*megas ho kyrios hemon, kai megale he ischys autou, kai tes syneseos autou ouk estin arithmos.*)

4) cf. Anne-Marie La Bonnardiére, 'Recherches sur les antécédents, les sources et la rédaction du livre VI du De Trinitate de Saint Augustin', École Pratique des Hautes Études, Vᵉ séction: Sciences Religieuses, Annuaire, tome LXXXIII (fasc. III), Compte rendues des Conférences de l'année universitaire, 1974~1975, pp.202~211.

5) 이렇게 생각하면, 이어서 설명할 『고백록』의 구성 역시 잘 이해될 것입니다.

6) 이 논쟁은 Adolf Harnack, "Augustins Konfessionen", Giessen, 1888(Reden und Aufsätze, I, 2, 1906에 수록)에서 촉발된 것이라고 합니다. 이 논쟁의

개관은 Bibliothèque Augustinienne 판 Œuvres de Saint Augustin 13, *Les Confessions*, Paris, 1962에 실린 A. Solignac의 "Historicité des *Confessions*", pp.55~84에 소개되어 있습니다.

3강_ '거대한 존재'

1) intellectus를 '이해'라고 번역했습니다. 일본의 중세철학 연구자들 사이에서 는 '지카이(知解)'라고 번역하는 것이 통례가 되어 있습니다. 이 말은 일본에 서 별로 사용되지 않는데, intellectus는 라틴어로 '이해하다, 알다'를 의미하는 intellegere의 명사형으로, 보통 '이해'라는 뜻으로 사용되는 말입니다. 또 그것 은 그리스 철학 용어인 '*noein*(이성에 의해 이해하다, 알다는 뜻)'이라는 동사의 명사형인 '*nous*'에 해당하는 라틴어이므로, 그리스 철학과의 연속성을 유지한 다는 관점에서도 그렇게 번역하는 것이 적절하다고 생각합니다.

2) 자기 '존재'가 '(부여한 주체에 의해) 부여받은 존재'임을 인정하지 않는 것, 즉, 자기 존재의 '피조성(=피증여성被贈與性)'을 인정하지 않는 것은 '자기'가 '자 기'만으로 존재한다는 것이며, '자기를 신과 동등한 존재로 여기는' '교만함 (superbia)'입니다. 이 '교만함'은 '존재' 자체이자 '생명' 자체인 신과의 연관에서 자기를 잘라내는 것이며, 이로써 인간은 '유한한 존재'라는 '본성(natura)'을 지 닌 존재가 됩니다. 이것은 인간이 가지는 '유한한 성질(mortalitas)'을 설명하는 존재론적 해석이자 '원죄'의 존재론적 해석입니다. '주는 교만한 존재에 저항한 다(Deus superbis resistit)'는 『잠언』 3:34 전반의 구절(*Septuaginta Paroimiai* 3, 34: *kyrios hyperephanois antitassetai*의 라틴어판—아우구스티누스가 사용했던 것)은 아우구스티누스에게 근간적인 의미를 가지고 있습니다. 이 점에 대해서 는 加藤信朗(13) (2003) 5쪽 참조.

3) 주-1 참조.

4) 플라톤, 『메논』 80d~e.

5) 『루카복음서』 11:9에도 같은 구절이 나옵니다.

6) 최후의 순간이 이미 가까워지고 있는 때에도, 제베다이의 아들 야곱과 요한 이 예수에게 바라는 소원(『마태복음서』 20:20~21; 『마가복음서』 10:35~37)이 나 '고별 설교' 중에도 '아버지를 보여주십시오'라고 청하는 필리포의 말(『요한

복음서』14:8)은 그 전형적인 예입니다.

7) 『요한복음서』1:14.

8) *De diversis quaestionibus VII ad. Simplicianum*. 1, 2, 22 등. O'Donnell은 그러한 예가 열 군데나 더 있다고 말합니다(James J. O'Donnell, *Augustine Confessions II Commentary on Book* 1-7, p.17, Oxford, 1992).

9) 도입부에 관한 좀더 상세한 내용은 加藤信朗(6) (1993) 1~24쪽 참조.

4강_ 제1권 2~6장

1) 플라톤의 학교 '아카데미아'에서 시작된 인간교양 일반의 학습체계는 헬레니즘 시기를 거쳐 '자유학예(artes liberales)'라고 불리는 일곱 학과로 구성된 학습체계로 정비되었습니다. 아우구스티누스도 이에 따르는 학습 과정으로 공부했다고 생각됩니다. 카시키아쿰 저작은 기본적으로는 그런 형식에 따르고 있습니다. '자유학예'란 '산술(arithmetica)', '기하(geometria)', '천문학 (astronomia)', '음악학(musica)'의 '(수학) 4분과(quadrivium)'와 '문법학(grammatica)', '변론술(rhetorica)', '변증학(dialectica)'의 '(인문) 3분과(trivium)'로 구성된 '자유 7학예 (septem artes liberales)'입니다. 이 '자유 7학예'가 교양의 기초로 여겨진 카롤링 왕조 르네상스부터 그후의 유럽 중세에 학문 탐구의 일반적 방법론을 이룬 과정에 대한 일본어 문헌으로는, クラウス·リ—ゼンフ—バ—, 『西洋古代中世哲學史』 (放送大學教育振興會, 1991), 151쪽 이하에 간명하지만 정확한 논술이 제시되어 있으므로 참조 바랍니다.

2) 어째서 주체적인가 하면, 이 경우에 탐구는 자기가 자기에게 돌아가 스스로 이해할 수 있는 언어의 범위에서, 자기를 넘어서는 것(=초월적인 것)을 어떻게 생각할 수 있는가를 다양하게 음미하려 하고 있기 때문입니다.

3) 이 점에 관해서는 加藤武, 『アウグスティヌスの言語論』(創文社, 1991), 특히 제1부 1장의 '부름의 구조'를 다룬 61쪽 이하에 주목할 만한 논술이 이루어져 있습니다. 또 荒井洋一, 『アウグスティヌスの探究構造』(創文社, 1997)에도 곳곳에 유심히 보아야 할 논술이 제시됩니다. '부르고 있는 존재'가 '어디에서' 부르고 있는가 하는 장소 역시 중요한 문제가 될 것입니다.

4) 철학사에서는 대개 '초월론적(transcendental) 탐구'라고 불리는데, 이 탐구가

'어디에서' 이루어지는가 하는 '장소론'의 문제는 중요합니다. 이 점에 관해서는 12강 이하의 제10권 해석 참조.

5) 『고백록』에서의 '진리를 행한다(veritatem facere)'는 표현의 작용에 관해서는 12강 참조.

6) 'esse(존재)의 철학' 문제와 그 전통에 관해서는 8강도 참조.

7) XIII, xxi, 46 또는 『요한복음서』 8:24에는 예수가 자기 자신에 관해 말하는 '나는 있다(ego eimi)'라는 구절이 전해지고 있습니다.

8) 이 사변의 끝은 아름답게 마무리됩니다. "그렇습니다, 주여, 사실 그렇습니다. 내가 이미 당신 안에 있거늘 당신을 어디로 불러오시게 하겠으며 또는 어디로부터 내 안에 오시게 하겠습니까? 내가 하늘과 땅을 초월하여 어디로 가서 당신을 내 안으로 오실 수 있도록 할 수 있겠습니까?"

9) 『아가』 1:3, 3:4 참조.

10) 마르틴 하이데거Martin Heidegger, 『형이상학 입문Einführung in die Metaphysik』, 1953 등 참조.

11) 이 격언은 『시경』 소아·요아 편에 나오는 '망극罔極'이라는 말에서 유래했다고 합니다.

12) 쇠얀 키에르케고어, 『죽음에 이르는 병』 서두 참조.

13) 『西田幾多郎全集』 제10권, 7쪽 이하 참조.

14) 1강 주-17에서 인용한 加藤信朗(13) (2003) 5~6쪽 참조.

5강_ 회심의 과정(이향離向과 귀향歸向)

1) cf. II, iii, 6~7; III, xi, 19~xii, 21; V, vii, 13; V, ix, 16; VI, I, 1; VI, xiii, 23; VIII, xii, 23.

2) To Carthage then I came./ Burning burning burning burning/ O Lord thou pluckest me out./ O Lord Thou pluckest/burning(그곳으로부터 나는 카르타고로 왔습니다/ 불타고 불타고 불타고 불타고 있습니다/ 오 천주여, 당신은 나를 구원하셨습니다/ 오 천주여, 당신은 나를 구원하셨습니다/ 불타고 있습니다(西脇順三郎 譯, 『荒地』, 創元社, 1952 참조)), T. S. Eliot, *The Waste Land*, 1922. III The Fire Sermon 307~311.

3) 루오의 판화집 〈미세레레〉는 이를 훌륭하게 조형화해서 보여줍니다. cf. *Le Miserere de Georges Rouault*, L'étoile filante aux édition du seuil, Paris, 1952. 일본에서는 이 판화전이 1951년 '가나가와 현립미술관 가마쿠라' 개관기념으로 열렸습니다. 나는 친구 이노우에 다다시(井上忠, 1926~2014)와 함께 관람하면서, 영혼이 흔들리는 듯한 감동을 받았습니다.

4) 1권 도입부(I, i, 1)에서도 같은 식으로 언급되고 있습니다.

5) Vulgata Clementina, Ps. 34, 10, omnia ossa mea dicent: Domine, quis similis tibi?; Septuaginta, Ps. 34, 10, *panta ta ossa mou erousin Kyrie, tis homoios soi?*

6) 雨宮慧, 「心身二元論をこえて: 詩篇が述べる人間」(『地球化時代のキリスト教: 自己變成の途』, 聖心女子大學キリスト教文化研究所 編, 春秋社, 1998, 63~78쪽) 참조.

7) V, vi, 10에는 다음과 같이 서술되어 있습니다. 즉, 아우구스티누스는 파우스투스의 변론이 아무리 '유쾌하고(suavius)' '교묘한(diserta)' 것이라 해도, 자신이 절실하게 찾던 '진실(vera)'을 가르쳐주지는 않음을 깨달았다는 것입니다. 그리고 사실 그것을 가르쳐준 존재는 하느님이며, 하느님은 그것을 **숨겨진 놀라운 방식으로 가르쳐주었습니다**(docueras miris et occultis modis)'라고 서술하고 있습니다. 이렇게 '놀라운 방식으로(miris modis)'라고 말하며 '하느님의 숨겨진 손의 움직임'을 설명하는 방식은 1권에서 9권에 걸쳐 네 군데에서 제시되는데, 모두 자기에게는 숨겨진 곳에서 이루어지는 신의 섭리의 내밀한 움직임과 관련되어 있습니다(V, vi, 10; vii, 13; VI, xii, 22; VII, xxi, 27).

6강_ 이향(aversio)의 요소들

1) 加藤信朗(11) (1999) 51~55쪽 참조.

2) 1강 주-21에서 인용한 Henri-Iréné Marrou, 1983 참조.

3) 이 점에 관해서는 荒井洋一, 「泣くことはなぜ甘美であるのか」(『東京學藝大學紀要』第2部門第32集, 1981) 참조. 4강 주-3에서 인용한 荒井洋一, 『アウグスティヌスの探究構造』에서도 『고백록』에서의 '눈물'과의 관계에 대한 아름다운 논술을 볼 수 있습니다. 또 친구의 죽음과 『고백록』에서의 '눈물'의 의미에 대한 뛰어난 논술을 川崎千里, 「アウグスティヌスの神認識における視覺表現について」(『中世思想研究』

44호, 2002, 67~77쪽)에서 볼 수 있습니다. 그리고 그녀의 최근 논고 「アウグスティヌスの涙」(『創文』491호, 2006년 10월, 23~26쪽)도 참조.

7강_ 귀향(conversio)의 과정과 요소들

1) 9강, 특히 주-1에 인용된 논문 참조.

2) 野町啓, 「フィロンの聖書解釋の一側面」(『パトリスティカ: 教父研究』 창간호, 1994, 65~95쪽) 참조.

3) 小高毅, 「オリゲネスのヨハネ福音書序文 (ロゴス贊歌) 解釋: 他のギリシャ教父の解釋と比較しつつ」(『パトリスティカ: 教父研究』 4호, 1997, 45~79쪽); 久山道彦, 「オリゲネスにおける解釋學的原理: 『原理論』と『ヨハネによる福音書注解』から」(『パトリスティカ: 教父研究』 4호, 1997, 80~117쪽); 秋山學, 「アレクサンドリアのクレメンスにおける古典學の變容: 『オデュッセイア』の解釋に向けて」(『パトリスティカ: 教父研究』 창간호, 1994, 96~139쪽) 참조. 또한 〈中世思想原典集成〉 제1권 『初期ギリシア教父』(平凡社, 1995); 제2권 『盛期ギリシア教父』(1992) 참조.

4) 荻野弘之, 「'始まり'の問いとその行方: 「ヘクサメロン」の西と東」(『パトリスティカ: 教父研究』 4호, 1995, 93~117쪽); 〈中世思想原典集成〉 제4권 『初期ラテン教父』(平凡社, 1999) 533~599쪽; アンブロシウス, 『エクサメロン(天地創造の六日間)』(荻野弘之 譯·解說) 참조.

5) 柴田有, 「靑銅の蛇の物語: 豫型論の意義をめぐって」(『パトリスティカ: 教父研究』 8호, 2004, 104~154쪽) 참조.

6) 1강 주-11에 인용된 간자키 시게루 씨의 논문 참조.

8강_ 플라톤 철학과의 만남 (7권)

1) 6강 '마니교' 부분 참조.

2) 후술할 '빛의 직시' 부분 참조.

3) 7강 '암브로시우스와의 만남' 부분, 그리고 후술할 9강에서 폰티키아누스가 내방하는 부분 참조.

4) 9강 참조.

5) 서양의 근대철학은 이것을 '심신이원론'으로 문제시했습니다. 이것은 데카르트

에서 시작된 탐구입니다. 그렇지만 이것은 철학자의 논의였을 뿐, 일반 사람들은 특별히 문제삼지 않은 듯합니다.

6) V, xi, 21; VI, iv, 6, VII, i, 1~2.

7) VII, i, 1~2.

8) 8권 2장에서는 암브로시우스를 이끈 인물인 심플리키아누스Simplicianus를 밀라노 체류 시절에 방문했을 때의 일이 설명되는데, 아우구스티누스가 마리우스 빅토리누스Marius Victorinus의 라틴어역으로 플라톤주의의 책을 읽었다고 말하자, 심플리키아누스가 기뻐하며 플라톤주의 서적에는 '신과 신의 언어(deum et eius verbum)'가 모든 방식으로 암시되어 있다고 말했다는 대목이 나옵니다(VIII, ii, 3). 이것은 다음에 설명할 『요한복음서』와 플라톤주의 서적의 조응 이야기로 이어집니다.

9) 카시키아쿰 저작 이후에 저술된 『자유의지론』이나, 펠라기우스 논쟁에 관한 저작, 또는 『은총과 자유에 대해』 등.

10) 후술 참조.

11) 『진정한 종교에 관하여De vera religione』 39, 72.

12) collyrium은 그리스어 *kollyrion*에서 유래한 말인데, 의학용어로 히포크라테스나 갈레노스 같은 사람들도 사용했습니다. 여기에서는 '눈에 바르는 약, 연고'를 뜻합니다.

13) 『고백록』에는 (a) 『고백록』을 집필중인 '현재'의 아우구스티누스로부터 자연스럽게 나오는 말, (b) 회상되고 있는 '과거'의 아우구스티누스의 있는 그대로를 표현하는 말, (c) '과거'의 자기가 진리인 '신'의 눈앞에서 어떠한 존재로 보였는지 서술하는 말, 이렇게 세 가지의 말이 엇갈리고 뒤섞여 나오는 것에 유의할 필요가 있습니다.

14) 山田晶, 『在りて在る者: 中世哲學研究 第三』 四 在りて在る者: アウグスティヌスの解釋, 249~253쪽(創文社, 1976); 加藤和哉, 「突き放す神: アウグスティヌス『告白錄』第7卷 研究ノート」, 東京大學哲學研究室『論集』X, 1992, 131~142쪽 참조.

15) 『요한복음서』 6:35, 48에서 예수가 '나는 생명의 빵이다'라고 말할 때, 그것은 이러한 음식으로서의 빵을 말합니다.

16) 플라톤 철학에서는 '학습하는 것'이 '영혼을 자라게 하는 음식'이라고 여겨졌

는데(cf. *Protagoras* 313c~314b), 이는 '철학'에서 말하는 바와 같은 종류의 것을 가리키는 말로, 매우 흥미롭습니다.

17) 3권에서 '진리'인 신을 부르는 호칭인 '자기의 가장 깊은 곳보다도 더 깊은 존재, 자기의 가장 높은 곳보다도 더 높은 존재(interior intimo meo, superior summo meo)'(III, vi, 11)라는 표현은 이것을 나타냅니다.

18) 그 밖에도 『고백록』에는 라틴어 문법으로는 파격적 어법인 '계시는 존재(qui est eat)'로 신을 칭하는 표현이 나옵니다(XIII, xxi, 46). 플로티노스 철학에서는 최고의 근거인 '하나 자체'를 '존재하는 다양한 것'과 구별하기 위해 '존재하지 않는 존재'라고 부르는 방식이 있는데, 이것이 그리스 교부 이후 '부정신학 否定神學'으로 일반화되었다고 생각합니다. 아우구스티누스의 여기에서의 어법은 이것과 구별되는 부분입니다.

19) 여기에서는 후각의 표상에 종교적 의미가 주어져 있습니다. 대체로 『고백록』에서의 감각적 표상이 가지는 종교적 의미를 생각해보는 것은, 아우구스티누스의 언어사용의 특징을 부각시키는 일이 아닐까요.

9강_ 회심의 성취, 정원 장면, '톨레 레게' (8권)

1) 加藤信朗(1) (1967). 이후 'Cor, praecordia, viscera, Remargues sur quelques espressions psychosomatiques des *Confessions* d'Augustin'(Saint Augustin, Dossier conçu et dirigê par Patrique Ranson, L'Age d'Homme, Giromagny, 1988, pp.313~326)으로 수정해 발표했습니다(독일어판, 'Cor, Praecordia, Viscera: Bemerkungen zu einigen psychosomatischen Ausdrücken in Augustins *Confessiones*', *Studia Ephemeridis Augustinianum* 25, Congresso internationale su S. Agostino nee XVI Centenario della Conversione, Roma, 15~20 Settembre 1986, Atti Sezioni di Studio II~IV, S.131~154, Institutum Patristicum Augustinianum, 1987). 또 cor에 대한 새로운 연구로는 出村和彦, 「アウグスティヌスにおける「心」と聽衆: 三九七年『告白錄』と同時期の「說敎」の視座」(ノート ルダム清心女子大學『キリスト敎文化研究所年報』27호, 2005, 71~91쪽; Kazuhiko Demura, 'anima una et cor unum': St. Augustine's Congregations and his Monastic Life', in P. Allen, W. Mayer, L. Cross (eds.), *Prayer and Spirituality*

in the Early Church, St. Pauls Publications Vol. 4, 2006, pp.257~266이 있습니다.

2) 加藤信朗(1) (1967) 60쪽 참조.

3) John O'Meara, *The Young Augustine, The Growth of St. Augustine's Mind up to his Conversion*, London, 1954 참조.

4) 『아카데미아학파 논박』 II, ii, 5; 『고백록』 VIII, xii, 29에서의 회심 장면. 또 『지복至福의 생에 대하여』 I, 4; 『고백록』 VII, xxi, 27도 참조.

5) 피에르 쿠르셀Pierre Courcelle은 '정원 장면'의 정점을 폰티키아누스와 나눈 대화에 두고 있는데, '회심'의 실질적 계기는 '변론술 교사직 사임'에 있었다고 보고 있습니다. 그리고 아우구스티누스는 이런 하나의 사건을 세 저작에서 각각의 관점으로 서로 다른 상황인 것처럼 묘사하는 독특한 해석을 보여줍니다(1강 주-12에 인용한 Courcelle 1968, pp.188~190). 세 저작이란 『행복한 생에 대하여De beata vita』(I, 2; 12), 『믿는 것의 효용에 대하여De utilitate credendi』(VIII, 20), 『고백록』(VIII, xii)입니다. 여기에서는 이런 독특한 해석에 대해 상세히 논하지는 않겠지만, '회심'의 핵심에 변론술 교사직 사임이 포함되어 있었다는 점에서는 쿠르셀의 뛰어난 안목이 돋보인다고 생각합니다.

6) 어머니 모니카도 아우구스티누스의 야심을 억누르려 하지는 않았다는 점에 대해서는 6, 7강 참조.

7) 카시키아쿰에서는 네 권의 책을 저술했습니다. 『아카데미아학파 논박』, 『행복한 생에 대하여』, 『질서론De ordine』, 『솔리로키아Soliloquia』.

8) cf, VIII, i, 2.

9) 이 점에 대해서는 보론 참조.

10강_ 구원의 평안함, 카시키아쿰 (9권 1)

1) hostiam laudis를 '찬미를 바치는 것', '찬미라는 제물'이라고 번역했습니다. 1권 도입부와 조응하여, 인간이 신에게 바치는 '제물'에 걸맞은 것은 '찬미(laus)'뿐이라고 생각하기 때문입니다. hostia는 『羅葡日辭典』에서는 tamuqe(手向け, 공물)라고 번역되어 있습니다.

2) 7강 및 9강 참조.

3) Septuaginta에서는 Ps. 115, 7 *o kyrie, ego doulos sos, ego doulos sos kai hyios tes paidiskes sou. Dierrexas tous desmous mou, soi thyso thysian aineseos.*라고 되어 있으며, 『고백록』과 완전히 일치합니다. 아우구스티누스가 이용하던 라틴어 『성서』 역시 여기에 따랐을 것입니다.

4) 『갈라테아서』 2:20. 또한 『로마서』 7:15도 참조.

5) 『요한복음서』 8:32.

6) 이 문장은 10권 6장 8절의 '당신의 말씀이 내 마음을 관통한 때부터 나는 당신을 사랑하게 되었습니다(percussisti cor meum verbo tuo, et amavi te)'(X, vi, 8)라는 표현과 전적으로 조응합니다. 이는 아우구스티누스의 회심의 최종 성취를 서술하는 표현입니다. 거기에서는 '큐피드의 화살에 맞아 사랑에 빠진다'는 유럽 문학의 상투적 표현이 원용되고 있는데, 따라서 10권은 '메모리아' 안에서의 '신의 장소' 탐구가 시작되는 원점이 됩니다. 13강 참조.

7) 아우구스티누스에게 신앙이란, '가까운 사람과 함께하는 공동의 것'이어야 했습니다.

8) 바로 앞(IX, ii, 2)에서는 '당신은 내가 계획한 바를 알고 계셨습니다만,……우리들끼리는 이런 사실을 사람들에게 알리지 말자고 의견을 같이했습니다'라고 했습니다. 8권 2장 5절에서 심플리키아누스가 들려준 마리우스 빅토리누스의 회심 이야기에서는, 빅토리누스가 신자들 앞에서 당당히 신앙고백을 했다면서 빅토리누스의 그런 행동에 대한 선망의 마음이 서술되어 있는데(9강 참조), 아우구스티누스 자신은 밀라노에서 변론술 교사라는 영예로운 직분을 가지고 있어서, 빅토리누스처럼 대중 앞에서 신앙선언을 하는 것은 피했습니다. 여기에서 설명되듯, 굳이 그렇게까지 해서 '명성을 떨치는' 일은 피했다고 생각되는데, 거기에는 무언가 곤란한 일이 생기는 것을 꺼릴 만한 이유가 있었는지도 모르겠습니다.

9) 加藤信朗(12) (2002) 참조.〔한국어판: 김남우 역, 『투스쿨룸 대화』, 아카넷, 2014〕

10) 키케로의 생몰년은 BC 106~43년입니다.

11) 1강 주-11에 인용된 오카베 유키코의 저작에서는 아우구스티누스의 난해한 첫 저작인 『아카데미아학파 논박』의 존경할 만한 일본어역과 해설, 역주를 볼

수 있습니다.

12) 『신국』 8권 4~5장 등 참조.

13) 예외적으로 『질서론』의 한 대목(1권 8장 23절)에는 청년 리켄티우스가 식사 후 화장실에 가서 큰 소리로 『시편』 구절을 노래하자, 어머니 모니카가 그런 찬송을 늘 그런 곳에서 바쳐서는 안 된다며 나무랐다는 일화가 실려 있습니다. 그리고 그 선율이 리켄티우스에게 익숙한 것은 아니었지만, 그 무렵에 배워서 즐겨 불렀다고도 했습니다. 이것은 밀라노 교회에서 부르던 동방 스타일의 선율이었다고 생각됩니다.

14) 여기에서 '항상 동일하신 자(id ipsum)'라는 표현은 직접적으로는 『시편』 4편에 근거해서 서술되고 있지만, 4강과 8강에서 다룬 '존재의 철학'과 연관될 수 있는 말입니다. '변하는 일이 없다'는 설명이 그것을 보여주는데, 이후 유럽 철학에서 '자기원인자(causa sui)'라고 불리는 관념과 연관될 수 있습니다.

15) 『코린토서1』 15:54.

16) 아우구스티누스의 경우, 이 대목은 주-13에서 언급된 『질서론』 부분과 함께 전례 성가의 중요성을 뒷받침하는 귀중한 부분입니다.

12강_ 메모리아 안에서의 신의 장소 탐구 (10권 1)

1) 『마태복음서』 5:8. "마음이 깨끗한 사람들은 행복합니다. 그 사람들은 신을 바라봅니다."

2) 『요한복음서』 3:21. Qui autem facit veritatem, venit ad lucem. veritatem facere에 대해서는 후술 참조.

3) 『솔리로키아』 1권 2장 7절.

4) 加藤信朗(5) (1991) 11~13쪽; (10) (1999) 39~59쪽 참조.

5) caritas는 앞에서 설명한 dilectio와 마찬가지로 그리스어 *agape*에 해당하는 말입니다. 6강 참조. 加藤信朗(11) (1999) 1080~1081쪽; (10) (1999) 53~55쪽 참조.

6) 9권 말미에서도 같은 방식으로 이야기되고 있습니다. 11강 참조.

7) 『고백록』 11권 29장 39절에서도 신을 가리키는 말로 pater meus라는 말이 사용되고 있다는 것을 아라이 요이치(荒井洋一) 씨에게 배웠습니다. qui genuit

me라는 표현은 다른 곳에는 나오지 않는 듯합니다.

13강_ 메모리아 안에서의 신의 장소 탐구 (10권 2)

1) 오노데라 이사오(小野寺功) 씨는 『聖靈の神學』(春風社, 2003)을 비롯한 여러 저작을 통해 자신의 관점에서 이 문제에 관한 투철한 사색을 전개하고 있습니다.

2) 『요한복음서』 14:2.

3) 加藤信朗(2) (1981). 이 논문은 일본어로 개정되었습니다: 加藤信朗(7) (1993). 또 신의 장소에 관한 논고로 加藤信朗(4) (1988)도 참조하기 바랍니다.

4) *theologia*라는 말의 첫 용례인 아리스토텔레스, 『형이상학』의 해당 부분(A권 2장, 983b29)에서, theologia는 '시인들이 신들에 대해 말하는 것들'을 뜻하며, 오히려 '신화神話(신들에 관한 이야기)'라고 번역하는 것이 적절합니다. 아리스토텔레스는 '신'에 대해 논하는 학문적 탐구를 가리켜 *theologike*라고 했습니다(『형이상학』 E권 1장, 1026a19). 이것이 훗날 라틴어에서 theologia로 불리게 되었습니다.

5) 稻垣良典, 「キリスト敎と西洋」, 『地球化時代のキリスト敎』(聖心女子大學キリスト敎文化研究所 編, 春秋社, 1998), 29~43쪽.

6) 위의 논문 35쪽에는 다음과 같은 언급도 있습니다. "따라서 서양에서는, 인간 이성에 의한 실재의 전체에 대한 근원적 탐구로서의 철학은 신에 관한 탐구, 특히 신 존재 논증을 중심과제로 삼을 수밖에 없게 되었다. 이렇게 신의 탐구를 중심과제로 삼는 철학(그리스 철학 전통)과, 신을 문제시하며 탐구하도록 다그치는 종교(계시종교)로서의 크리스트교가 결합됨으로써 크리스트교 신학(그것은 크리스트교적 철학을 전제로 하는 것이었다)이 등장한 것이라 할 수 있다. 이에 비해 동양의 종교적 전통이나 사상의 흐름 속에서는 신을 문제시하며 탐구하는 경우가 없었다고 할 수 있지 않을까."

7) 稻垣良典, 앞의 논문, 35~36쪽.

8) 加藤信朗(5) (1991) 9~11쪽 참조. 또 加藤信朗(11) (1999)의 번역·해설, 주, 관련 논문도 참조.

9) '크리스트교의 독점은 없었다'에 대해서 말하자면, 확실히 크리스트교가 로마의 국교로 받아들여지는 형태에서 독점화의 문제성은 있습니다. 그러나 이에

대해서는 여기에서 다루지 않겠습니다.

10) 정원 장면의 회심에서 바울이 했던 '예수 크리스트를 입으십시오'라는 말에 응축되어 있다고 생각해도 좋을 텐데, 그것은 회심 과정 전체를 이끌어 온 신의 은총을 상징하는 표현입니다. 또한 7권에서 '나(=신)는 존재한다(ego sum.)'라고 이야기된 신의 말이라고 생각해도 좋을 것입니다.

11) 『루카복음서』 19:40.

12) 여기에서는 '창조했다(creavit)'고 하지 않고 '만들었다(fecit)'고 하지만, 그래도 문제는 달라지지 않습니다.

13) 이것은 일본인이라면 이해하기 쉬울 것이라 생각합니다. 加藤信朗(3) (1984) 참조.

14) 아우구스티누스 역시 이 논문을 읽었을 것으로 짐작됩니다.

15) 플로티노스의 저작에서 '아름다움(*kalon*)'이라는 말은 '부르다(*kaleo*)'라는 동사와 관련되며, 감각적인 사물이나 다수 안에 매몰되어 '이성적인 것', '근원적인 것', '하나인 존재'를 잊어버리는 사람들을 '하나인 존재'로 '바꿔 부르는 것'이라고 설명됩니다.

14강_ 메모리아 안에서의 신의 장소 탐구 (10권 3)

1) 『사도행전』 15, 바울의 아레오파고스 설교 「알려지지 않은 신에 대하여」 참조.

2) 여기에서 아우구스티누스의 물음은 우선 '초기 그리스 자연학'의 흐름을 따라 나아가고 있습니다. 그리스 자연철학에서 우주를 구성하는 원소는 불, 공기, 물, 흙의 4원소이고, 그것들은 '신적인 것'으로 여겨졌습니다. 加藤信朗(8) (1996) 참조.

3) 외부로 향해 있는 시선을 내부로 돌리는 것에 대해서는 13강 참조.

4) 12강 참조.

5) 키에르케고어, 『죽음에 이르는 병』(1849) 1부의 도입부입니다.

6) 『로마서』 8:19~21.

15강_ 메모리아 안에서의 신의 장소 탐구 (10권 4)

1) VII, x, 16. 8강 참조.

2) X, xviii, 27; 『루카복음서』15:8.

3) '망각의 기억'을 문자 그대로 이해하면, '잊어버린 것을 기억하고 있다'는 말입니다. 그러나 만약 '완전히 잊어버린' 것이라면, 그것을 '기억하고 있는' 것은 아니지 않을까요. 따라서 이것 역시 '탐구의 역설'과 유사한 역설입니다. '탐구의 역설'에 대해서는 3강에서 '당신을 모르고서야 누가 당신을 부르겠습니까'라는 1권 1장의 구절과 관련지어 설명했습니다. 그것은 플라톤의 『메논』에 제시된 '역설'로, '모르는 존재를 탐구하는 것이 가능한가' 하는 역설입니다. 이 '망각의 기억'의 역설도 그와 비슷합니다. 그러나 그것은 여기에서 아우구스티누스에게 더욱 근본적인 문제로 다뤄지며 제시됩니다. 그것은 '아우구스티누스 철학(=신학)'에서의 최종 문제인 '완전한 행복의 추구'라는 틀 안에 포함되어 있기 때문입니다. 여기에서는 플라톤의 '이데아론' 문제가 아우구스티누스적으로 '변용(modification)'됨을 상정할 수 있지만, 이에 대한 상세한 언급은 생략하겠습니다. 『パトリスティカ: 教父研究』10호, 加藤信朗 「卷頭言」(2006) 참조.

4) 야마다 아키라 번역에서는 beata vita를 '지복의 생'이라고 했지만, 여기에서는 '참다운 행복'으로 번역했습니다.

5) 앞의 주-3 참조.

6) nam ex quo didici te, non sum oblitus tui. ubi enim inveni veritatem, ibi inveni deum meum, ipsam veritatem, quam ex qui didici, non sum oblitus. itaque ex quo te didici, manes in memoria mea. 이어서 25장 36절 말미에서도 두 차례 반복됩니다.

보론 1: '정원 장면'에 대한 하나의 코멘트

1) 이 해석을 지지하는 대목으로, 실제로 '성적 유혹'만은 마지막까지 극복하지 못했다고 서술한 부분도 있습니다(VIII, i, 2).

2) 1강 주-8에 인용된 Serge Lancel, 1999, pp.141~142.

3) 6강 참조.

4) George Lawless, "*Honores, coniugium, lucra (conf. 6, 6, 9)*: A Greco-Roman Rhetorical Topos and Augustine's Asceticism", *Augustinian Studies* 33: 2, 2002, pp.183~200.

5) 앞의 두 가지는 더이상 별로 문제가 되지 않는다고 말하기도 하는데(1강 주-1 에 인용된 부분), '애욕' 역시 실제로 변론술 교사라는 영예로운 직분과 무관 했다고는 생각되지 않습니다.

6) "그러므로 그 싸움의 원인은 내가 아니라, 내 안에 있는 죄였습니다. 그리고 내 안에 있는 죄란 자발적으로 지은 아담의 죄에 대한 벌로부터 온 것인데, 사 실 나는 그 아담의 후손입니다."(VIII, x, 22) 참조.

7) cf. John F. Harvey, *Moral Theology of the Confessiones of Saint Augustine*, The Catholic University of America Press, Washington, D. C., 1951, pp.55~58.

8) enkrateia. *Reallexikon fur Antike und Christentum*, Vol. V, pp.343~365, 채드 윅H. Chadwick에 의한 enkrateia 항목의 논의 참조.

9) 주-3에 인용된 부분 참조.

10) cf. Robert J. O'Connell, s. j., *Images of Conversion in St. Augustine's Confenniono*, Fordham University Press, 1996, p.220. O'Connell이 현재 가 장 유력해 보이는 해석에 굳이 맞서서 제시하는 '정원 장면' 및 아우구스티누 스의 '회심' 일반에 관한 해석은, 내가 앞에서 제시한 해석과 기본적으로 같 습니다.

보론 2: 아름다움, 올바름, 선함

1) 플라톤, 『파이드로스』 250b.

2) *De trinitate*, XV, 8, 14. cf. 加藤信朗(10) (1999) 참조.

3) 『마태복음서』 19:16; 『마르코복음서』 10:17; 『루카복음서』 18:19.

4) 加藤信朗(9) (1997), 17~35쪽 참조.

후기

머리말에도 적었듯이, 이 책 성립의 계기는 10년 전쯤 가톨릭 마쓰바라 교회에서 신앙을 함께하는 분들을 대상으로 〈아우구스티누스에게 배운다〉라는 주제의 강좌를 1년 반에 걸쳐 진행한 일이었습니다. 이를 글로 다듬고 싶다는 나의 바람을 야마모토 요시히사(山本芳久), 무라카미 아키오(村上晶郎), 가와사키 지사토(川崎千里) 세 분이 흔쾌히 받아들여, 5년 전쯤에 당시의 녹음 테이프를 글로 옮겨주었습니다. 강좌에 참여해준 분들과, 테이프를 글로 옮겨준 세 분께 거듭 감사의 뜻을 전합니다. 지센쇼칸(知泉書館)의 고야마 미쓰오(小山光夫) 씨는 이것을 책으로 출간하고 싶은 나의 바람을 곧바로 승낙해주었습니다. 그럼에도 긴 세월이 지났습니다. 그사이 여러 요구 사항에 가로막혔다고는 해도, 이 책을 여러분에게 선보이게 된 데에는 많은 노고와 세월이 필요했던 것도 사실입니다.

이제 팔순을 맞이하는 해에 이 책을 출간할 수 있게 되어 더없이

기쁩니다. 돌아보면 아우구스티누스의 『고백록』을 처음 접한 것은 중학교 시절에 핫토리 에이지로(服部英次郎) 선생 번역의 『고백』 상권, 중권을 손에 쥔 때였을까요. 전운戰運이 감돌더니 급기야 학우들과 함께 몸을 숨기고 있던 교정의 방공호 앞에 B29가 투하한 폭탄이 터져 거대한 웅덩이를 만들었던 것도 그 무렵이었습니다. 전시에 성장한 다른 분들과 마찬가지로, 그리 오래 살 수는 없으리라는 심정에서 내 안에 '철학'에 대한 생각이 싹튼 것도 그 무렵이었을 텐데, 그것은 역시 당시 읽기 시작했던 플라톤의 『파이돈』(오카다 쇼조〔岡田正三〕 역)과 아우구스티누스 『고백』을 통해서였던 듯합니다. 전쟁이 끝나고 도쿄대학 문학부 철학과에 입학해 '그리스어 초보'와 '라틴어 초보'를 간다 다테오(神田盾夫) 선생에게 배우며 고전어의 매력에 빠져들었고, 플라톤을 그리스어로, 고백록을 라틴어로 읽는 기쁨을 맛보았습니다. 그 시기에 침대에서 고백록을 라틴어 원문으로 읽는 것이 좋았다고 말한다면, '잘난 체'라고밖에 여기지 않겠지요. 그럼에도 내 안에서 '철학'과 '신앙'―그것은 점차 나에게 같은 하나가 되기 시작했습니다―이 자라나며 마음 깊은 곳에 뿌리내리고 있었던 것은 그런 시절의 일이었다고 기억됩니다.

그후 교원이 되어 여러 대학에서 '그리스어·라틴어' 수업이나 '철학' 수업, 세미나를 담당하게 되었습니다. 정년퇴직 후에는 세이신(聖心)여자대학 크리스트교문화연구소의 '공개 세미나' 강사로서, 또 '아사히 컬처 센터(도쿄)'의 강사로서 지금도 강의를 맡고 있습니다. 이 책은 근 50년 동안 여러 곳에서 플라톤과 아우구스티누스의 수업이나 세미나를 함께해준 학생 여러분과 청강한 모든 분들과의 그때그때의 '공동 탐구' 결과입니다. '철학'도 '신앙'도 (우리가 그 위에, 또 그 안에 놓여 있는) '진실한 것(vera)'을 추구하는 진지한 '공동 탐구'의 유대 속에서만 다져질 수 있다고 믿습니다. 아우구스티누스의 『고백록』은 바로 그것을 설명하고 있는 '책'입니다. 내 안에서 오래도록 숙성되어온 이런 확신을 이 책을 통해 여러분이 공유해준다면 더없이 기쁘겠습니다.

이 책을 초교 단계에서 전부 읽고 따뜻한 격려의 말을 해준, 50년도 넘는 아우구스티누스 연구의 동료인 경애하는 가토 다케시(加藤武) 선생에게 감사의 뜻을 전합니다. 나는 이 책을 가토 선생에게 보여드리지 않고는 차마 공개할 용기를 가지고 있지 않았다고만 말씀드리겠습니다. 이 책이 두 사람 사이에서, 또 장차 이 길을 이어갈 분들과 함께 공동연구의 새로운 길을 여는 단초가 되기를 바랍니다.

아울러 책의 완성도를 높이는 데 여러모로 큰 도움을 준 아내 요코(耀子)의 노력에 감사하고, 녹음 테이프의 대부분을 아름다운 문장으로 옮기고 인용부분 등을 체크하면서 온갖 노고를 마다지 않은 가와사키 지사토 씨에게 존경과 감사의 인사를 드립니다.

끝으로 출간까지 여러 해를 기다리고 격려하면서 이런 '완성의 영예'를 함께 기뻐해준 지센쇼칸의 관계자 여러분에게 말로 다 하지 못할 감사의 뜻을 표합니다.

주님 안에서 감사하며

2006년 11월
가토 신로

역자 후기

　아우구스티누스의 『고백록』은 제목 그대로 '고백'의 기록이다. 먼 과거에 쓰인 이 고백의 기록을 오늘날 왜 읽는가? 아우구스티누스의 생애에 그 대답이 있다. 고백록은 무엇보다도 시류에 편승하여 세속적인 야망을 추구하던 아우구스티누스가 회심回心의 순간 이후 자신의 과거를 회고하면서, 신으로부터 멀어지려던 마음을 신에게로 되돌리게 된 과정을 담고 있다. 저자인 가토 신로 선생은 '세상에서 번영하는 것이 마땅하다(I, ix, 14)'고 하는 『고백록』의 문장을 인용하면서, 성공과 야망을 추구하던 로마 시대 말기의 세태가 오늘날의 세태와 매우 닮아 있음을 고백록을 통해 거듭 강조한다. 우리 시대의 모습에 대한 성찰이 곧 고백록 독서의 시작이다. 그렇지만 고백록 독서는 만만치 않다. 적절한 안내서가 없다면 성취하기 어려운 일인 것이다.

이 책은 도쿄의 한 가톨릭교회에서 일반 신자들을 상대로 진행되었던 강연 기록이다. 그래서인지 저자는 무엇보다도 오늘날 '신앙인'으로서 살아가는 자세와 책임에 관해 거듭 강조한다. 신앙이란 '진정한 이성'을 회복하는 것이어야 하며, 사회에 만연한 고통 속에서 이성적 판단을 형성해갈 수 있어야 비로소 신앙이라고 할 수 있다는 것이다. 아우구스티누스가 신이 아닌 속세로 향하던 마음에서 비롯된 이향離向 시기를 부끄러움으로 회상할 수 있게 된 것은 바로 이러한 '이성'을 되찾았기 때문이다. 저자는 '신에 대해 묻는 것'을 『고백록』의 출발점으로 설명하는데, 유한자로서의 인간이 절대적 존재인 신을 인식하며 신을 상대로 자신을 낮추는 것은 곧 크리스트교 신앙의 원점이기도 하다.

저자는 철학을 가리켜 '삶의 방식을 얻기 위한 지식 탐구'라고 규정한다. 특정 철학자의 학설을 배우는 '철학사'를 곧 철학으로 여기는 인식을 넘어서야 한다는 것이다. 세속적인 입신과 출세를 향한 야망을 쉽게 버리지 못했던 아우구스티누스가, '진정한 이성'의 회복을 통해 신에게로 '회심'하게 되는 『고백록』의 기록은 곧 '철학' 그 자체의 기록이라고 할 수 있을 것이다. 이때의 신이란 중세 가톨릭의 맥락에 한정되기보다는, 유한한 삶을 부여받은 인간에 대비되는, 특정한 종교나 시대를 초월한 무한자로서의 절대자로 이해해도 무리가 없을 것이다.

저자는 1926년생이다. 그는 이른바 '전전戰前 쇼와(昭和)시대'에 성장기를 보낸 사람이다. 그런 점에서 그가 『고백록』을 접하고 철학을 공부하게 된 시점이 바로 일본제국주의의 정점인 전시체제 한가운데에 해당한다는 사실은 주목할 만하다. 동아시아에서 태어난 한 소년이 서유럽 정신세계의 근간을 이루어온 철학과 종교를 바탕으로 사색하게 되었다는 것은, 급속한 서구화를 추진하던 일본근대사의 한 단면을 보여주는 것이다. 저자는 대학시절부터 플라톤을 그리스어로, 아우구스티누스를 라틴어로 읽으면서, '철학'과 '신앙'을 마음속에 하나로 뿌리내리게 된 자신의 경험을 독자들에게 간접적으로나마 전달하고 있다. 이러한 학적 배경을 바탕으로 그는 아우구스티누스의 라틴어 원문을 수시로 직접 인용하고 라틴어 문법과 용어 설명에도 비교적 많은 비중을 할애해 상세히 다룬다. 이에 더해 아우구스티누스의 텍스트를 자신의 모어인 일본어를 통한 적확한 표현으로 옮기기 위해 애쓰면서, 그 내용들을 오늘날 일본의 현실에 비추어 끊임없이 통찰한다.

저자는 서양 철학의 고전 문헌들을 적절히 인용해 설명하는 한편, 근대화 초기 일본인 철학자들이 시도했던 서양 철학과 동아시아 철학의 비교, 접목 과정도 충분히 고려하고 있다. 또한 유럽 신학 전통에서 '신이란 무엇인가'라는 문제가 지속적으로 제기되어온 데 비해, 아시아 사상의 흐름 속에서는 상대적으로 신의 존재에 대한 탐구가 중시된 일이 거의 없었다는 점을 부각시킨다. 따라서 이 책은 4세기 말에 집필된 아우구스티누스의 텍스트를 공부하는 동시에, 전후戰後 일본과 동아시아의 인식을 함께 엿볼 수 있다는 점에서도 의미를 갖는다고 할 수 있다.

동아시아에서 서구의 역사와 사상을 공부하는 데에서 부딪치는 한계는, 서구인들의 오랜 관습과 전통에 기반을 둔 논의들을 그대로 '이해'하고 '학습'해야 한다는 강박에서 비롯되는 것이 아닌가 싶다. 우리가 발 딛고 있는 지금 이곳에서 생겨나는 질문들을 직시하지 못한다면, 아무리 훌륭한 고전이라 해도 그 안에 담긴 본질적 의미를 얻어내기 어려울 것이다. 이런 점에서 『아우구스티누스『고백록』강의』는 서양의 학문을 탐구하는 동아시아인들에게 공부방법의 적절한 사례를 제시해주는 문헌으로 받아들일 수도 있을 것이다.

본문에 인용된 한국어판『고백록』은 주로 선한용 선생 번역본을 참고했지만, 번역 작업이 마무리되던 즈음 주교황청 한국 대사를 지냈던 성염 선생 번역의『고백록』이 출간되었다. 가톨릭의 관점에서 번역된『고백록』인 만큼, 함께 읽어보면 좋겠다.

2016년 7월
장윤선

(1) 「Cor, praecordia, viscera: 聖アウグスティヌスの『告白錄』における psychologiaはanthoropologiaに關する若干の考察」, 『中世思想研究』 9호, 1967, 54~80쪽. 〔독일어판〕 "Cor, Praecordia, Viscera: Bemerkungen zu einigen psychosomatischen Ausdrücken in Augustins *Confessions*", *Studia Ephemeridis 'Augustinianum'* 25, Congresso Internationale su S. Agostino nel XVI Centenario della Conversione, Roma 15-20 settembre 1986, Atti II Sezioni di studio II-IV, Institutum Patristicum "Augustinianum", 1987, pp.131~154. 〔프랑스어판〕 "Cor, praecordia, viscera: Remarques sur quelques expressions psychosomatiques des Confessions d'Augustin", in *Saint Augustin: Dossier concue et dirigé par Patrique Ranson*, Giromagny, L'Age d'Homme, 1988, pp.313~326.

(2) "Der metaphysische Sinn topologischer Ausdrücke bei Augustin", *Miscellanea Mediaevalia, Veröffentlichungen des Thomas Institutes der Universitat Köln*, pp.701~706, Berlin, 1981.

(3) 「かた・かたち・すがた: 日本語における存在把握の基本構造についての思索」, 講座美學 2 『美學の主題』, 東京大學出版會, 1984, 257~265쪽. 〔독일어판〕 "Kata, katachi, sugata. Besinnung auf die Grundstruktur der

Seinsergassung in der japanischen Sprache", *Theologie zwischen Zeiten und Kontinenten, für Elizabeth Gössmann*, Freiburg, 1993, pp.358~363.

(4)「神はどこに住むのか、人間はどこに住んでいるのか」、大森莊藏 外 편저、『科學と宗教』、放送大學教育振興會、1988、45~56쪽.

(5)「アウグスティヌスの三位一體論」、『中世思想研究』33호、1991、1~25쪽.

(6)「大いなるもの: アウグスティヌス『告白錄』冒頭箇所(I, i, 1) 逐語解釋の試み」、聖心女子大學キリスト教文化研究所編、『宗教と文化』15호、1993、1~24쪽. 〔개정 영어판〕"Great Art Thou": An Interpretation of the Opening Chapter of the *Confessions* of St. Augustine, *Studia Patristica* Vol. XXXIII, Papers presented at the Twelfth International Conference on Patristic Studies held in Oxford 1995: Augustine and His Opponents, Jerome. other Latin Fathers after Nicaea, Orientalia. Ed. by Elizabeth A. Livingstone. Leuven, 1997, pp.114~118.

(7)「アウグスティヌス『告白錄』における場所論的表現の存在論上の意味について」、『聖心女子大學論叢』81호、1993、5~21쪽.

(8)『ギリシャ哲學史』、東京大學出版會、1996.

(9)「價値語の構造: 倫理學の基礎」、上智大學哲學會『哲學論集』26호、1997、17~35쪽.

(10)「鏡を通して(per speculum)、'謎のうちに(in aenigmate)': アウグスティヌス『三位一體論』第十五卷における三一論思考の方法をめぐって」、聖心女子大學キリスト教文化研究所 編、『宗教と文化』19호、1999、39~59쪽.

(11)〔飜譯・解說〕アウグスティヌス『三位一體論』(上智大學中世思想研究所 監修・編譯〈中世思想原典集成〉第4권『初期ラテン教父』、平凡社、1999)979~1083쪽.

(12)「二つの閑暇: トゥスクルムとカッシキアクムと」、『キケロー選集12』月報14、岩波書店、2002.

(13)「アウグスティヌス『神の國』における二つの國の理念」、『中世思想研究』45호、2003、1~22쪽.

(14) 「忘れ去られていものの記憶」, 敎父硏究會 編, 『パトリスティカ: 敎父硏究』 10
    호, 2006, 2~5쪽.

가토 신로 加藤信朗

1926년생. 1950년 도쿄 대학 철학과 졸업. 조치上智 대학 및 도쿄도립대학 교수, 케임브리지 대학 객원연구원, 세이신聖心 여자대학 교수, 펜실베이니아 대학 객원교수를 거쳐 현재 슈토首都대학도쿄(전 도쿄도립대학) 명예교수로 재직중이다. 저서로 『철학의 길』 『초기 플라톤 철학』 『그리스 철학사』 등이 있고, 역서로 아리스토텔레스의 『분석론후서』 『니코마코스 윤리학』 등이 있다.

장윤선

대학과 대학원에서 음악사를 전공하고 「근대 일본의 서양음악 수용 연구」로 석사학위를 취득했다. 현재 라디오 PD로 재직중이다.

아우구스티누스 『고백록』 강의

초판 1쇄 인쇄 2016년 9월 30일
초판 1쇄 발행 2016년 10월 10일

지은이 가토 신로 | 옮긴이 장윤선 | 펴낸이 염현숙
편집인 신정민

편집 최연희 | 디자인 김선미 | 저작권 한문숙 박혜연 김지영
마케팅 방미연 최향모 오혜림 함유지 | 홍보 김희숙 김상만 이천희
모니터링 이희연 | 제작 강신은 김동욱 임현식 | 제작처 영신사

펴낸곳 (주)문학동네
출판등록 1993년 10월 22일 제406-2003-000045호
임프린트 교유서가

주소 10881 경기도 파주시 회동길 210
문의전화 031)955-1935(마케팅) 031)955-2692(편집)
팩스 031)955-8855
전자우편 gyoyuseoga@naver.com

ISBN 978-89-546-4244-6 93100

www.munhak.com